D1726483

DYNAPRO II

LOGIS

Dieses Forschungs- und Entwicklungsprojekt wird bzw. wurde mit Mitteln des Bundesministeriums für Bildung, Wissenschaft, Forschung und Technologie (BMBF) innerhalb des Rahmenkonzeptes „Produktion 2000" gefördert und vom Projektträger Fertigungstechnik und Qualitätssicherung, Forschungszentrum Karlsruhe, betreut.

Dr.-Ing. Matthias Hartmann ist einer der international führenden Forscher auf dem Gebiet der ganzheitlichen Gestaltung wandlungsfähiger Produktionsunternehmen und ein Mitbegründer des von Professor Warnecke entwickelten Konzeptes der Fraktalen Fabrik. Direktor am Fraunhofer-Institut für Fabrikbetrieb und -automatisierung und Leiter des Bereichs Unternehmensentwicklung, Lehrauftrag für Fabrikplanung an der staatlichen Berufsakademie Stuttgart und Dozent für Unternehmens- und Innovationsmanagement an der Otto-von-Guericke-Universität Magdeburg.

Herausgeber:
Matthias Hartmann

DYNAPRO II
Erfolgreich produzieren
in turbulenten Märkten

Band 2
Leitfäden zur Umsetzung
dynamischer Strukturen

LOGIS

DYNAPRO II – Erfolgreich produzieren in turbulenten Märkten,
Hrsg. von Matthias Hartmann. – Stuttgart, LOGIS Verlag GmbH 1997.
Bd. 2. Leitfäden zur Umsetzung dynamischer Strukturen.
ISBN 3-932298-01-2

Umschlaggestaltung: Hanjo Schmidt, Stuttgart
Satz: Jürgen G. Rothfuß, Neckarwestheim
Druck und Bindung: DRUCKtuell, Gerlingen
Printed in Germany

Inhalt

Vorwort

Die Sicherung des Produktionsstandortes Deutschland ist nach wie vor in aller Munde. Kaum scheint sich ein leichter Konjunkturaufschwung abzuzeichnen, stehen dem fast unmittelbar Meldungen über Produktionsverlagerungen ins billigere Ausland oder über die Entlassung Tausender von Mitarbeitern gegenüber.

Vom Bundesministerium für Bildung, Wissenschaft, Forschung und Technologie (BMBF) wurde frühzeitig erkannt, daß bei grundlegenden Änderungen des industriellen Umfeldes „kosmetische" Korrekturen zum Erhalt bzw. zur Steigerung der Wettbewerbsfähigkeit deutscher Unternehmen auf den immer härter umkämpften – turbulenten – internationalen Märkten nicht ausreichen. Unter dem Titel „Strategien für die Produktion im 21. Jahrhundert" wurde bereits 1992 eine vom BMBF (früher BMFT) geförderte Untersuchung mit dem Ziel durchgeführt, forschungsrelevanten Handlungsbedarf von Industrie, Staat und Wissenschaft zu dieser verflochtenen Problemstellung zu ermitteln. Auf Basis dieser Vorarbeiten wurde 1994 das Forschungsprogramm „Produktion 2000" initiiert, um einen Prozeß zur ständigen Verbesserung der Produktionsbedingungen am Standort Deutschland in Gang bringen zu können.

Als Leitprojekt innerhalb des Programms „Produktion 2000" befaßt sich DYNAPRO (Dynamische Produktions- und Organisationsstrukturen in einem turbulenten Markt) seit gut zwei Jahren intensiv mit der Identifikation und Beschreibung von Wegen zur ganzheitlichen Neustrukturierung produzierender Unternehmen, die sich bereits in turbulenten Märkten zurechtfinden müssen oder sich auf solche Märkte vorbereiten wollen.

Zwei grundlegende Voraussetzungen zur Teilnahme an DYNAPRO sind hier zu nennen: Der ernsthafte Wille zur Veränderung und die Bereitschaft, Veränderungen geschehen zu lassen.

Auch wenn sich dieser Satz leicht schreiben und sicher ebenso leicht lesen läßt, verbergen sich dahinter viele der Hauptprobleme unserer Unternehmen. Denn letztlich geht es darum, bekannte – und in den früher weitgehend planbaren Märkten sehr erfolgreiche – Grundsätze der Unternehmensführung aufzugeben und gegen eine weitgehend unsichere Zukunft einzutauschen. Nun kommt in solchen Fällen hinzu, daß gerade der Erfolg von gestern und heute eine der größten Gefahren für eine erfolgreiche Zukunft darstellt. So halten nach wie vor viele Unternehmen an den bisher erfolgreichen Grundsätzen fest oder verändern diese nur halbherzig. Eine solche Strategie wird jedoch keinen dauerhaften Erfolg ermöglichen. Denn eines ist sicher: so wie es lange Jahre war, wird es zumindest auf absehbare Zeit nicht mehr werden. Die globale Verfügbarkeit von Wissen und moderner Technologie hat neue Wettbewerber und wesentlich komplexere Marktkonstellationen geschaffen, die sich nicht mehr auf Fragestellungen über die Wachstumsgeschwindigkeit von gut übersehbaren Absatzmärkten reduzieren lassen. Grundlegende Veränderungen der Strukturen, der Denk- und Handlungsweisen sind notwendig.

7

Im bisherigen Projektverlauf konnten wir beobachten, daß der Wille, die notwendigen Veränderungen voranzubringen, in den Betrieben immer wieder Potentiale offenlegt – und zwar unabhängig von der Ausgangslage des Unternehmens und den Anstrengungen, die für den Wandel erforderlich sind. Wichtig ist, alle Mitarbeiter frühzeitig einzubinden und sie mit dem Wissen auszustatten, das in neuen, dynamischen Strukturen erforderlich ist. Dieses Wissen zu generieren, zu dokumentieren und zu vermitteln, ist ein Schwerpunkt unserer Arbeit. Auf diese Weise entstanden Leitfäden und Methoden, die in den DYNAPRO-Unternehmen erfolgreich eingesetzt werden.

Mit dem vorliegenden Buch verfolgen wir das Ziel, diese DYNAPRO-Leitfäden und DYNAPRO-Methoden auch den Unternehmen zugänglich zu machen, die nicht direkt am Projekt beteiligt sind, die aber die Notwendigkeit erkannt haben, dynamische Strukturen einführen zu müssen, um in turbulenten Märkten erfolgreich zu sein. Durch den Erfolg unseres ersten DYNAPRO-Buches wissen wir, daß dies für zahlreiche Unternehmen zutrifft. Alle Methoden, die Sie in diesem Buch finden, haben sich in der Praxis bewährt.

Einen allgemeingültigen „goldenen Weg" zum dynamischen Unternehmen soll dieses Buch nicht vorzeichnen, vielmehr hat sich in der Projektpraxis bewahrheitet, daß es einen solchen gar nicht geben kann. Wir möchten Ihnen die praxistauglichen Methoden nahebringen, die Sie auf Ihrem spezifischen Weg in eine erfolgreiche Zukunft einsetzen können – immer abhängig von Ihrer betrieblichen Situation.

Mein Dank als Projektleiter und Koordinator von DYNAPRO sowie als Herausgeber dieses Buches gilt den Mitinitiatoren und Wegbereitern unseres Projektes am BMBF und beim Projektträger Fertigungstechnik und Qualitätssicherung (PFT). Weiterhin bedanke ich mich bei den Leitern der Querschnittsfunktionen des Projektes sowie bei allen weiteren DYNAPRO-Partnern aus Industrie und Wissenschaft für die große Einsatzfreude und engagierte Mitarbeit im bisherigen Projektverlauf. Dank gilt auch dem LOGIS Verlag, der großen Anteil an der Realisierung des Buches hat.

Magdeburg, August 1997

Matthias Hartmann

Teil I
Menschen, Märkte, Unternehmen

►LOGIS

1   Erfolgreich produzieren in turbulenten Märkten

von Matthias Hartmann

Der Wert der Industrieforschung wird an ihrem Nutzen für die betriebliche Praxis gemessen. Es genügt also nicht, innovative Konzepte zu ersinnen, Forschungsberichte zu schreiben und sich dann neuen, spektakulären Aufgaben zuzuwenden. Ein solches Verfahren ist ebensowenig erfolgversprechend wie die häufig geübte Zurückhaltung vieler Unternehmen gegenüber neuen wissenschaftlichen Erkenntnissen. Letzteres ist im Zusammenhang mit der Organisationsforschung besonders ausgeprägt: nicht wenige Betriebe sind durch zahlreiche vermeintliche Patentlösungen der letzten Jahre, durch die damit verbundenen Umstellungen und durch den ausbleibenden Erfolg groß angekündigter Umstrukturierungen in gewissem Maße „reorganisationsgeschädigt". Dabei ist es gerade im Bereich der Produktionsorganisation so notwendig wie selten zuvor, sich den Herausforderungen des globalen Wettbewerbs zu stellen. Die Turbulenz macht vor keiner Branche, vor keiner Werkseinfahrt halt. Wer hieraus keine Konsequenzen zieht, wer sich den notwendigen Veränderungen verweigert, wird spürbare Wettbewerbsnachteile in Kauf nehmen müssen.

Um die Lücke zwischen akademischer Forschung und industrieller Anwendung zu schließen, initiiert das Bundesministerium für Bildung, Wissenschaft, Forschung und Technologie (BMBF), unterstützt durch die Projektträgerschaft Fertigungstechnik und Qualitätssicherung (PFT), im Umfeld industrieller Forschung sogenannte Verbundprojekte, in denen Unternehmen und Institute gemeinsame Lösungen entwickeln, die so direkt in die Praxis einfließen. Gerade dieser Umsetzungsaspekt macht die besondere Qualität der Verbundprojekte aus: was in der Praxis nicht funktioniert, wird verworfen – und das zurecht!

Im Verbundprojekt DYNAPRO arbeiten bereits seit Projektbeginn in jedem der beteiligten Unternehmen Teams zusammen, die mit Firmenvertretern und Forschern besetzt sind. Konkrete Problemlagen in den Betrieben werden aufgegriffen, bearbeitet und gemeinsam gelöst. Die wissenschaftliche Begleitung sorgt dafür, daß die Erkenntnisse nicht einzelfallbezogen bleiben, sondern für weitere Anwendungen zur Verfügung stehen. Um ein möglichst breites Betrachtungsfeld zu bekommen, wurden in DYNAPRO Firmen mit sehr unterschiedlichen Ausgangslagen zusammengefaßt. Das Spektrum reicht vom chancenorientierten Marktführer, der sich prospektiv für zukünftige Anforderungen wappnet, bis zum krisengeschüttelten Sanierungsopfer mit weggebrochenen Märkten und akutem Beraterschaden. Eines verbindet jedoch alle am Projekt beteiligten Partner: Das Ziel, die Wettbewerbsfähigkeit der in einem turbulenten Umfeld produzierenden Unternehmen nachhaltig zu steigern und die gemeinsame Arbeitshypothese, daß hierfür Reaktions- und Anpassungsfähigkeit erforderlich sind.

1.1 Turbulenz – Mythos oder Wirklichkeit?

Arbeitsteilige, tayloristische Organisationen sind effizient und funktionell. Dieser Satz war so lange wahr, wie die Marktbedingungen stabil und große Absatzmengen sicher vorhersehbar waren. Heute gilt dies nicht mehr: die Bedingungen sind turbulent.

Neue Bedingungen in turbulentem Umfeld

▓ geringe Planbarkeit der Ereignisse

▓ Anpassungsfähigkeit an sprunghafte, kurzzyklische Veränderungen

▓ höhere Kundenorientierung

▓ hohe Innovationstätigkeiten

▓ Bewältigung einer steigenden Komplexität

▓ permanente Unternehmenspositionierung und -ausrichtung

Bild 1: Neue Bedingungen in turbulentem Umfeld

Über Turbulenz wird viel geredet, doch was steckt dahinter? Wesentlich ist, daß Veränderungen schneller, kurzzyklisch, sprunghaft und kaum planbar auftreten. Der Markt, die Kunden, die Wettbewerber verhalten sich anders, als dies von den Unternehmen geplant, gewünscht oder erwartet wird. Also benötigen die Unternehmen ein höheres Maß an Anpassungsfähigkeit, damit sie, dem Markt entsprechend, kurzzyklisch reagieren können. Dies wird letztlich durch eine deutlich erhöhte Kundenorientierung erreicht, was wiederum eine hohe Innovationsfähigkeit erfordert. Wenn sich Kundenwünsche laufend ändern, geht es darum, neue Problemlösungen, neue Produkte, neue Dienstleistungen bereitzustellen – allesamt Resultate von Innovation.

Ständige Innovationen führen zu steigender Komplexität, indem das Produktprogramm immer breiter und diversifizierter wird. Die Diskussionen um eine vermeintlich zu breite Produktpalette sind ein ständiges Thema zwischen Vertrieb und Produktion. Dabei gehen die Anstrengungen, das Spektrum einzudämmen, an der Wirklichkeit vorbei – die Unternehmen müssen heute eine breite Produktpalette akzeptieren. Mehr noch: sie wird noch breiter werden und weitere Produktdiversifikationen müssen bewältigt werden. Also müssen wir lernen, mit Komplexität umzugehen.

Bezogen auf Organisationsstrukturen und deren Entwicklung folgt aus diesen Bedingungen ein erkennbarer Trend von mechanistischen, hierarchisch und arbeitsteilig aufgebauten Organisationen zu dynamischen, dezentralen, prozeßorientierten Organisationen.

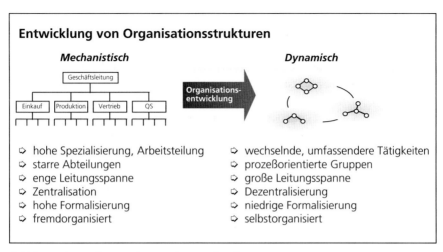

Bild 2: Von der mechanistischen zur dynamischen Organisation

In dynamischen Organisationen gibt man, pauschal gesprochen, Kompetenz und Verantwortung näher an den Prozeß. Kann diese Dezentralisierung tatsächlich Erfolge zeitigen? Wie weit kann Dezentralisierung gehen? In der Tat entbrennen immer häufiger Debatten um die Sinnhaftigkeit radikaler Dezentralisierung, die mit abnehmender Formalisierung einhergeht. Bei geringer Formalisierung können Kommunikations- und Abstimmungsprobleme auftauchen. Die Kernfrage lautet: Wie können dezentrale Organisationseinheiten dynamisch arbeiten, sich selbst organisieren und trotzdem die totale Anarchie verhindern?

Die Erfolgsquote betrieblicher Reorganisationen ergibt zunächst ein erschreckendes Bild:

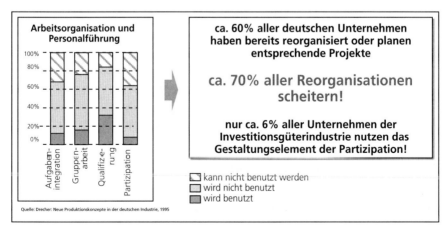

Bild 3: Erfolgsquote betrieblicher Reorganisationen

Gleichgültig, ob man die große Zahl durchgeführter Reorganisationen nachvollziehen will oder nicht: die enorme Quote gescheiterter Projekte ist alarmierend. Als Scheitern wird in diesem Zusammenhang auch verstanden, daß die Reorganisation nicht den gewünschten Erfolg bringt, das Unternehmen also noch „funktioniert", die erhofften Effekte aber nicht eintreten. Eine detaillierte Betrachtung kann hier mehr Klarheit bringen.

Beginnen wir bei der Gruppenarbeit. Gruppenarbeit ist bei weitem nicht so konsequent eingeführt, wie man aufgrund der zahlreichen Publikationen zu diesem Thema glauben sollte. Der häufigste Fehler bei der Einführung von Gruppenarbeit ist die mangelnde Prozeßorientierung. Gruppen oder – moderner – Teams werden innerhalb bestehender Abteilungen gebildet, unabhängig von übergreifenden Prozeßbetrachtungen. In aller Regel bildet man Gruppen vorrangig in der Produktion, eine Übertragung auf den Vertrieb, den Einkauf oder andere Funktionen findet selten statt. Aber: wer Gruppenarbeit innerhalb einer funktional orientierten und aufgegliederten Organisation implementieren will, greift zu kurz.

Im Zusammenhang mit der Aufgabenintegration tritt ein Fehler auf, der mit der sogenannten Kongruenz, also der Aufgabenzuordnung und Aufgabenverteilung, mit Verantwortung und Kompetenz im Sinne von Entscheidungsbefugnis zu tun hat. In arbeitsteiligen Strukturen finden wir direkt am Prozeß geringe Kompetenz, aber auch geringe Entscheidungsbefugnis. Es herrscht also ein gewisses Gleichgewicht – mit ein Grund dafür, daß derartige Strukturen lange gut funktioniert haben. Unter den bekannten Prämissen wie der guten Planbarkeit des Unternehmensumfeldes allerdings. Bei dynamischen, ganzheitlichen Ansätzen muß sowohl Verantwortung als auch Kompetenz direkt an den Prozeß, an die einzelnen Organisationseinheiten gegeben werden. Auch hier muß ein Gleichgewicht herrschen. Häufig wird allerdings mit „Mogelpackungen" gehandelt, oder das „Schlaraffenland-Phänomen" tritt ein.

Die Mogelpackung:
„Liebe Mitarbeiter, wir überreichen Ihnen heute ein ganz besonderes Geschenk: neue Strukturen, eine dynamische Organisation. Natürlich sind sie ab jetzt voll verantwortlich, daß die Liefertermine eisern eingehalten werden, daß die Durchlaufzeiten runtergehen und daß der Laden läuft." Verschwiegen wird, daß die Möglichkeiten zur Terminsteuerung gar nicht in die Kompetenz der Gruppe fallen, die Zeitziele also nur unzureichend beeinflußt werden können.

Das Schlaraffenland-Phänomen:
Die Leute freuen sich über die neu gewonnene Freiheit, über die vergrößerte Entscheidungsbefugnis, sie feiern die schöne neue Welt. Dann geht etwas schief, und alle schauen im Kreis herum und keiner will's gewesen sein, niemand übernimmt die Verantwortung – das war im Schlaraffenland nicht vorgesehen.

Bild 4 veranschaulicht das Zusammenspiel von Kompetenz und Verantwortung in dynamischen Organisationen. Erst durch das Schaffen von Handlungsspielräumen, als notwendiger Konsequenz aus der Dezentralisierung, kann eigenverantwortliches Handeln im Sinne von Selbstorganisation und Selbstoptimierung, kann also eine erfolgversprechende, zielführende Delegation stattfinden.

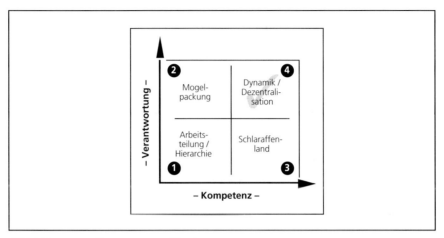

Bild 4: Kompetenz-Verantwortungs-Matrix

Ein ganz heißes Eisen ist die Qualifizierung: Diskussionen gibt es dabei immer, Idealfälle selten. Empfehlenswert ist, die Qualifizierung je zur Hälfte auf fachliche Qualifikation und auf überfachliche Qualifikation zu richten. In der Produktion heißt letzteres vor allem organisatorisches Know-How, Moderationsfähigkeit, Sozialkompetenz, Kritikfähigkeit, Teamfähigkeit. Wir dürfen diese Dinge nicht als gegeben voraussetzen. Menschen, die lange in hierarchischen Organisationen gearbeitet haben, fangen nicht von heute auf morgen an, alles dynamisch, dezentral und teamorientiert zu sehen. Noch immer wird zu wenig auf die überfachliche Qualifikation geachtet.

Wann qualifiziert man? Qualifiziert man zuerst, setzt dann um? Setzt man zuerst um und qualifiziert dann? Auch in dieser Hinsicht gibt es keinen Königsweg. Je näher man an den Prozeß, an die operativen Tätigkeiten kommt, um so mehr wird wichtig, daß die Qualifizierung praxisnah, pragmatisch erfolgt. Die Mitarbeiter haben nicht das Interesse, sich tagelang theoretische Ausführungen anzuhören, sie müssen Inhalte greifen und erleben können. In den DYNAPRO-Projekten versuchen wir, im Vorfeld nur Grundinformationen zu vermitteln und dann begleitend zu einer ersten Pilotphase zu qualifizieren. Der Mitarbeiter wird qualifiziert, indem er lernt, wie man Probleme beseitigt.

Natürlich werden auch in den dynamischen, wandlungsfähigen Strukturen, die sie in diesem Buch kennenlernen werden, Probleme auftreten. Allerdings sind die Menschen in den Strukturen in der Lage, diese Probleme schneller und effizienter zu lösen. Wir müssen sie befähigen, daß Entscheidungsprozesse in Unternehmen wieder schneller ablaufen können, daß die Komplexität reduziert wird, daß Maßnahme-Wirkungsbeziehungen wieder transparenter werden: wenn ich nach links steuere, dann fahre ich auch wirklich nach links.

Die Todsünde der Rationalisierung

Häufig wird aus einer Krise heraus in die Reorganisation gestartet. Der Fokus liegt dann auf den Rationalisierungseffekten, anstatt auf der Kundenorientierung. Denn mit der Rationalisierung erzielt man einen kurzfristigen Effekt dadurch, daß irgendwo Kosten eingespart werden. Und an kurzfristigen Erfolgen wird gemessen. Sehr beliebt ist die Rasenmäher-Methode: 10% Kosten müssen eingespart werden, also wird das Personal um 10% reduziert, indem man 10% der Mitarbeiter aus jeder Abteilung herausnimmt. Damit ist jedoch kein einziger Prozeß optimiert, vielmehr sind weitere Schwachstellen im Unternehmen entstanden.

Die Ursachen für das Scheitern von Reorganisationen sind vielfältig, lassen sich jedoch in Form von Verfahrens- und Ergebnisfehlern aufzeigen:

Verfahrensfehler:	⇨ Unzureichende oder zu späte Mitarbeiterbeteiligung
	⇨ Unzureichender Markt- und Zielbezug
	⇨ Fokus auf Einmal-Charakter anstelle von Strukturdynamik
Ergebnisfehler:	⇨ Fehlende Prozeßorientierung bei der Gruppenbildung
	⇨ Inkonsistente Zuordnung von Verantwortung und Kompetenz
	⇨ Fokus auf Rationalisierung anstelle von Kundenorientierung

Bild 5: Ursachen für das Scheitern von Reorganisationen

Die unzureichende und zu späte Mitarbeiterbeteiligung, in Bild 3 als Partizipation bezeichnet, kippt viele Projekte. Grundlegende Reorganisationen sind häufig die hochgeheime Angelegenheit kleiner Stäbe – die Geschäftsleitung entwickelt die neue Struktur in trauter Runde – gegebenenfalls mit externen Beratern – und fällt dann einsame Entscheidungen. Sicherlich können auf diese Weise gute Lösungen entstehen, diese werden bekanntgegeben, umgesetzt und – scheitern. Weil sie von den Mitarbeitern nicht akzeptiert werden. Zudem nutzt dieses Vorgehen die

16

Potentiale im Unternehmen nicht. Es ist immer wieder erbaulich, wenn in einem Unternehmen Mitarbeiter aus der Produktion ihrer Geschäftsleitung Vorschläge präsentieren und letztere auf diese Weise hocherstaunt feststellt: „Wir haben ja Menschen beschäftigt, die wissen, wo Fehlerquellen liegen und dann auch noch gute Ideen zu deren Beseitigung haben. Warum nutzen wir das eigentlich nicht?" Also heißt eine Aufgabe, Mittel und Wege zu finden, wie wir die Belegschaften effizient in die Reorganisation einbinden – und zwar parallel zum Tagesgeschäft, schließlich verdienen Sie Ihr Geld nicht durch Reorganisationen, sondern indem Sie Produkte herstellen und verkaufen.

Reorganisation als Selbstzweck. Das führt uns zum nächsten Punkt, nämlich dem unzureichenden Markt- und Zielbezug. Man kann die These wagen, daß einige Unternehmen reorganisieren, weil man zur Zeit eben reorganisiert – Reorganisation aus modischen Gründen also. Das genügt nicht. Jedes Reorganisationsvorhaben muß aus einer klar definierbaren Motivlage heraus gestartet werden. Unternehmen, deren Märkte weiterhin planbar bleiben, die genau genug prognostizieren können, was der Markt wann von ihnen will, müssen möglicherweise überhaupt nicht reorganisieren. Wenn diese Unternehmen jedoch feststellen, daß ihre Märkte sich verändern, daß die Unsicherheiten und Unwägbarkeiten zunehmen, daß eine Dynamisierung der Organisation angebracht ist, dann sollten die eingeleiteten Maßnahmen keinen Einmalcharakter haben.

Falsch und richtig

Falsch:
„Neue Besen kehren gut. Jetzt organisieren wir uns mal prozeßorientiert, damit fahren wir schöne Effekte ein. Das muß es dann aber für eine Weile gewesen sein."

Richtig:
„Wir müssen den Speer weiter werfen. Wir brauchen tatsächliche Strukturdynamik. Wie aber gehen wir mit diesen ständigen Veränderungen um? Wie bewältigen wir es, daß wir unsere Organisation öfter dynamisch anpassen müssen und nicht mehr in langen Zyklen oder wenn es wirklich brennt?"

Die DYNAPRO-Ziele

In DYNAPRO geht es darum, die höchste Reaktionsfähigkeit zur wirtschaftlichen Erfüllung des Kundenwunsches zu erreichen. Wir stellen uns also dem Markt, dem Kunden und seinen Wünschen. Die Vorgabe der Wirtschaftlichkeit ist in der Marktwirtschaft eine 'conditio sine qua non'.

**Höchste Reaktionsfähigkeit
zur wirtschaftlichen Erfüllung des Kundenwunsches**

> ⇨ **Verkürzung der Lieferzeit um 20 - 50 %**
> ⇨ **Reduzierung der Bestände um 10 - 30 %**
> ⇨ **Erhöhung der Liefertreue auf 95 - 100 %**
> ⇨ **Steigerung der Produktivität**
> ⇨ **Stärkung der Innovationskraft**

**Gestaltung und Umsetzung dynamischer
Produktions- und Organisationsstrukturen**

Bild 6: Die DYNAPRO-Projektziele

Wie jedes Projekt benötigt auch DYNAPRO meßbare und operative Ziele: Verkürzte Lieferzeiten, verringerte Bestände und gleichzeitig – oder gerade deshalb – größere Liefertreue. Produktivitätssteigerungen gehören zum Zielkatalog aller Reorganisationen, wohingegen die Forderung nach verstärkter Innovationskraft mit der bereits angesprochenen Anpassungsfähigkeit zu tun hat. Trotz sehr unterschiedlicher Ausgangslagen haben sich die Unternehmen in DYNAPRO unter der gemeinsamen Zielsetzung versammelt, dynamische Produktions- und Organisationsstrukturen zu gestalten und umzusetzen. Was aber verbirgt sich hinter dieser Bezeichnung?

Bild 7: Definition

18

Die Forderung nach Wandlungsfähigkeit zieht sich wie ein roter Faden durch die Organisationsforschung der letzten Jahre. Bereits in den sechziger Jahren forderte Chandler, die Struktur habe der Strategie eines Unternehmens zu folgen (structure follows strategy). Seit damals geht man also von Wechselwirkungen zwischen Struktur und Strategie aus. In DYNAPRO gehen wir hier einen Schritt weiter. Wir koppeln die Struktur von der Strategie ab, da die Strategie mittel- bis langfristigen Charakter hat, woraus sich dann die bereits angesprochenen klassischen Reorganisationszyklen von 5–7 Jahren ableiten. Wir wollen durch Selbstorganisation, also durch die Fähigkeit, sich aus eigenem Antrieb anpassen zu können, zur Wandlungsfähigkeit von Strukturen kommen. Auf diese Weise kommen wir zu strukturellen Veränderungszyklen von 6–12 Monaten, so daß in DYNAPRO die Struktur dem Marktgeschehen folgen kann (structure follows market).

Um dies erreichen zu können, müssen wir die Komplexität und Arbeitsteiligkeit in den Entscheidungsprozessen auflösen. Die Organisationseinheiten müssen eigenständig agieren können – und zwar getreu dem Kongruenzprinzip in einem Gleichgewicht zwischen Verantwortung und Entscheidungskompetenz.

> „Dezentrale Einheiten? Die haben wir bei uns schon. Wir sind sogar schon einen Schritt weiter: das Zerlegen unseres großen Unternehmens-Schlachtschiffes in kleine Schnellboote hat schon dazu geführt, daß diese Schnellboote aufeinander schießen...“

Das sollte natürlich nicht passieren. Deshalb ist das Prinzip der Selbstähnlichkeit in der Zielausrichtung von Bedeutung. Die Ausrichtung aller Organisationseinheiten an den übergeordneten Unternehmenszielen mittels Zielvereinbarungen ist ein zweckmäßiges Instrument, um nicht alle Synergien im Unternehmen verpuffen zu lassen und übergreifende Leistungsvollzüge stabil zu halten.

In der Praxis zeigt sich, daß das chancenorientierte Initiieren von Veränderungsprozessen der schwierigste Punkt überhaupt ist. Nahezu alle Reorganisationen werden aus einer Krisensituation heraus gestartet. Es gibt also eine leicht begründbare existentielle Notwendigkeit zur Veränderung. Chancenorientiert verändert man sich in der Regel nicht. Wir wollen jedoch Dynamik in die Unternehmen bringen, um sie dauerhaft erfolgreich zu machen – Krisensituationen sollen also die Ausnahme sein, Veränderung die Regel. Ein Widerspruch. Allerdings ist der Erfolg von heute kein Garant für künftige Erfolge, wie zahlreiche Beispiele zeigen. Diese Tendenz wird in turbulenten Märkten noch verstärkt, eine Beobachtung, die wiederum Möglichkeiten bietet. In einem Markt, in dem Bewegung herrscht, bilden sich neue Potentiale und Nischen, ein dynamisch agierendes Unternehmen kann sich offensiv Marktanteile erarbeiten. Voraussetzung ist eine grundsätzliche Chancenorientierung, eine ständige Veränderungsbereitschaft, die zur Wandlungsfähigkeit von Unternehmen führt.

Wandlungsfähige Unternehmen sind in der Lage, in turbulenten Märkten erfolgreich zu agieren, indem sie

- ihre Wandlungsfähigkeit als Stärke einsetzen und strategisch nutzen,
- Markteintrittsstrategien auf Basis besserer Entscheidungsgrundlagen entwickeln,
- Erfolgspotentiale zukunftsrelevanter Märkte mit Hilfe optimierter Methoden bewerten.

Bis Anfang der achtziger Jahre traten unterhalb eines generellen Wachstumstrends weltweiter Marktvolumina nur relativ geringe Schwankungen auf. Noch vor Beginn der Neunziger jedoch verstärkten sich die Schwankungen trotz einer weiterhin auf Wachstum gerichteten Trendlinie. Die Märkte neigen seither dazu, sich innerhalb weniger Monate überproportional aufzublähen, um dann in den nächsten Monaten überproportional zu schrumpfen, wieder zu wachsen, zu schrumpfen usw. Wichtige Indikatoren wie die Börsenkurse spiegeln dieses Verhalten ebenfalls wider.

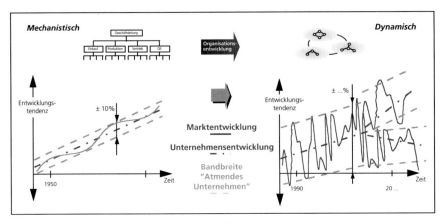

Bild 8: Marktentwicklung versus Unternehmensdynamik

Für die Unternehmen bedeutet dies Unsicherheit in der strategischen Ausrichtung, ein Schwanken zwischen Wachstumseuphorie/Ausdehnungsstrategie einerseits und Schrumpfungsangst/ Rückzugsstrategie andererseits. In der aufkommenden Anpassungshektik an neue Gegebenheiten gerät eine Tatsache leicht ins Hintertreffen: der globale Wachstumstrend ist ungebrochen. Das Wachstum hat sich verschoben – in neue Segmente oder Regionen – aber die Märkte wachsen weiter, „gute Geschäfte bleiben machbar". Es wäre zu einfach, immer nur auf das augenscheinliche Beharrungsvermögen deutscher Unternehmen zu verweisen oder die mangelnde Anpassungsfähigkeit der Unternehmen zu beklagen.

20

Eine der wesentlichsten Ursachen für die unzureichende Nutzung der sich bietenden Marktchancen liegt in der Unzulänglichkeit strategischer Instrumente für das erfolgreiche unternehmerische Agieren in turbulenten Märkten begründet.

Noch immer werden strategische Leitaussagen und -handlungen aus den Analysen nach BCG-Portfolio abgeleitet und auf operative Maßnahmen heruntergebrochen. Dieses Instrumentarium unterstellt jedoch eine kontinuierliche Entwicklung über den Achsen Marktwachstum und Marktanteil, die wesentlichen Determinanten, nämlich die Veränderungsdynamik von Markt und Unternehmen, finden keine Berücksichtigung. Ein Unternehmen, das in turbulenten Märkten agiert, benötigt aber strategische Instrumentarien, die die tatsächliche Situation abbilden, um richtige Folgerungen und adäquate Handlungen ableiten zu können. Will man bei der gewohnten Portfolio-Darstellung bleiben, muß man der „klassischen" Achse Marktpotential zumindest die zusätzlichen Achsen Markt- und Unternehmensdynamik hinzufügen. Hier ist ein Schwerpunkt künftiger Arbeiten zu sehen.

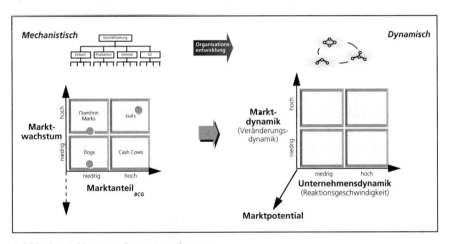

Bild 9: Entwicklung von Strategiewerkzeugen

Ausdrücklich sei an dieser Stelle darauf verwiesen, daß ein Schwerpunkt künftiger Arbeiten in der Entwicklung geeigneter Instrumentarien zur dynamischen Bewertung und Optimierung marktorientierter Unternehmensstrategien liegen muß.

1.2 Wandlungsfähigkeit gibt es nicht „von der Stange zu kaufen"

These:
Jedes Unternehmen geht den Wandel aus einer eigenen, ganz spezifischen Ausgangslage an. Das geeignete Vorgehen zur Strukturveränderung baut auf dieser Ausgangslage auf.

Bereits im ersten DYNAPRO-Buch haben wir die DYNAPRO-Matrix vorgestellt, mit deren Hilfe sich eine Klassifizierung der gegenwärtigen Ausgangslage eines Unternehmens hinsichtlich Strukturverhalten und Veränderungstreiber durchführen läßt.

Insbesondere in den neuen Bundesländern mußten in den letzten fünf Jahren zahlreiche Firmen den Zusammenbruch der osteuropäischen Märkte und, damit verbunden, verschiedene Umstrukturierungen bewältigen. Dies führte vielfach zu überschnellen Reaktionen und Strukturveränderungen in den Betrieben. Gerade kleine Firmen waren besonders betroffen und äußerten den Bedarf nach Stabilisierung der Zustände. Opfer von Rationalisierungsmaßnahmen waren insbesondere innovationssichernde Funktionen, wie z. B. Forschungs- und Entwicklungskapazitäten sowie Patentabteilungen, die für die Erlangung eines neuen, erfolgreichen Unternehmensprofils jedoch von größter Bedeutung sind. Gleichzeitig konnte nicht in dem Maße auf fundierte Markterschließungsstrategien zurückgegriffen werden, wie sie der Wettbewerb gerade in turbulenten Märkten erfordert. Dies wirkte sich besonders nachteilig beim Versuch aus, in neue Märkte einzutreten, neue Produkte zu plazieren und „sich zu verkaufen". Direkt nach der Wende getätigte Investitionen flossen vielfach in Maschinen und Prozeßverbesserungen, anstatt auch für neue innovative Ideen verwandt zu werden.

Die bisherigen Erfahrungen aus DYNAPRO zeigen, daß strukturelle Voraussetzungen für eine höhere Kundenorientierung und Marktnähe in den Firmen von vorrangiger Bedeutung sind. Solchermaßen am Marktgeschehen ausgerichtete Strukturen sollen die Innovationsfähigkeit der Betriebe nachhaltig stärken. Impulse aus dem Unternehmensumfeld sollen besser aufgefangen und in geeigneter Weise interpretiert werden können. Hierzu wurde für einen der Industriepartner beispielsweise eine Organisationsform umgesetzt, die Vetrieb, Entwicklung und Produktion zu produktorientierten Einheiten integriert. Synergieeffekte gleicher Funktionen in verschiedenen Segmenten werden in diesem Unternehmen durch übergreifende Fachkreise sichergestellt.

Den interessanten Gegenpol repräsentieren Firmen, die aus einem verhältnismäßig stabilen Zustand gezwungen sind, ihre starren, gewachsenen Strukturen aufzubrechen und dynamisch zu gestalten. Es gilt hier, technische, organisatorische und humanbezogene Voraussetzungen zu schaffen, die letztlich ebenfalls eine höhere Anpassungsfähigkeit an Markt- und Kundenbedürfnisse bewirken.

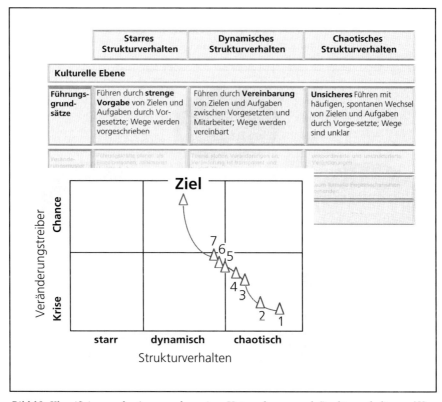

Bild 10: Klassifizierung der Ausgangslage eines Unternehmens nach Strukturverhalten und Veränderungstreibern

Trotz der gemeinsamen Ausrichtung aller DYNAPRO-Partner auf die Gestaltung und Umsetzung dieser dynamischen, marktorientierten Organisationsstrukturen hatte der bisherige Weg zu dynamischen Strukturen sehr unterschiedliche Ausprägungen, woraus sich eine weitere These ableiten läßt:

These:
Es gibt keinen Königsweg zu dynamischen Strukturen. Vielmehr existiert eine Reihe von Modulen mit relevanten Querschnittsaspekten. Diese Module werden miteinander vernetzt und, abhängig von Problemstellung und Lösungsweg, wechselweise bearbeitet.

An den Firmenfällen zeigte sich, daß der Pfad herkömmlicher Projektvorgehensweisen insbesondere für die Gestaltung und Umsetzung dynamischer Strukturen verlassen werden muß. Klassische Vorgehensweisen konnten die in der Pro-

23

jektpraxis durchgeführten Arbeiten zu dynamischen Strukturen, nicht mehr hinreichend beschreiben. Die DYNAPRO-Projektpraxis ergab, daß die Vorgehensschritte individuell kombiniert und abgearbeitet werden.

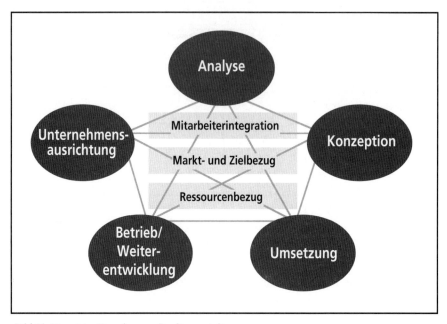

Bild 11: Vernetztes Vorgehen zur Strukturgestaltung

Der Weg, der in DYNAPRO für die Gestaltung und Umsetzung dynamischer Strukturen beschritten wurde und wird, orientiert sich also an einem Netzwerk von Aktivitäten, die jeweils von Querschnittsaspekten durchdrungen sind. Nur so konnte es uns gelingen, die vielfältigen Potentiale und Einflüsse zu fassen sowie eine ganzheitliche, systemische Sicht zu bewahren.

Aus den oben genannten Projektbausteinen wird in DYNAPRO, ausgehend von der spezifischen Ausgangslage des Unternehmens, eine jeweils auf die individuell vorliegende Projektsituation und -anforderung zugeschnittene Vorgehensweise zur Bildung dynamischer Produktions- und Organisationsstrukturen generiert.

Als grundlegende Erfolgsfaktoren – und somit integrative Bestandteile aller Bausteine – wurden im bisherigen Projektverlauf die frühzeitige Mitarbeiterintegration, der durchgängige Markt- und Zielbezug sowie der Ressourcenbezug identifiziert. Gerade die durchgängige Integration der Mitarbeiter innerhalb der Konzeptionsarbeit und darüber hinaus erwies sich als Motivationsschub für alle Beteiligten. Gleichzeitig konnte dadurch eine hohe Identifikation der Mitarbeiter mit dem jeweiligen Konzept erzielt werden, was die Umsetzung bei den einzelnen Projektpartnern erheblich erleichterte.

24

These:
Wer zur Steigerung der Wettbewerbsfähigkeit seines Industriebetriebes jedoch die Potentiale seiner Mitarbeiter voll nutzen möchte (und nur so erscheint eine erfolgreiche Zukunft möglich zu sein), muß den Mitarbeitern auch das hierzu erforderliche Vertrauen entgegenbringen – und das bereits in der Planungs- und Umsetzungsphase neuer Strukturen, nicht erst im Betrieb.

Nun sind gerade bei der „Partizipation", also der Einbindung der Mitarbeiter, häufig enorme Hemmschwellen zu durchbrechen, da umfassendere organisatorische oder auch technologische Veränderungen als „Geheimsache" hochrangiger Stäbe verstanden werden. Um hier Abhilfe zu schaffen, wurden in DYNAPRO verschiedene Module zur Mitarbeitereinbindung entwickelt und bereits in der Praxis erprobt.

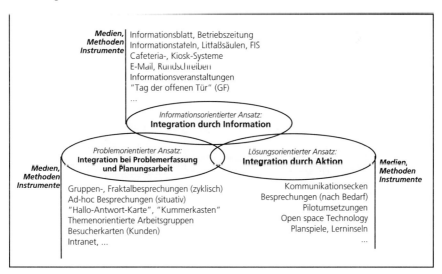

Bild 12: Information und Kommunikation als Erfolgsfaktor bei der Mitarbeiterintegration

Ausführliche Erläuterungen zu den drei Modulen sind im DYNAPRO-Buch, Band 1, enthalten und werden zudem in den Beiträgen zu den Industriepartnern (Teil 3) nochmals punktuell aufgegriffen.

Verändern und sich verändern: der Mensch im Mittelpunkt

Der Dreischritt der Organisationsentwicklung nach Lewin (Lewin 1953) unterstellt ein Kräftegleichgewicht zwischen systembewahrenden und systemverändernden Kräften, letztlich einen stabilen Zustand, der aufgetaut (unfreezing), verändert (change) und konsolidiert (refreezing!!) wird. Mit dem „Wiedereinfrieren" in Phase 3 ist es in Zeiten turbulenter Bedingungen allerdings nicht mehr weit her. Konsolidierung kann abnehmende Wandlungsfähigkeit und mithin Niveauverlust bedeuten. Als Frage formuliert:

Was passiert, wenn wir die Zeit zur Konsolidierung gar nicht haben, wenn wir permanent verändern müssen?

In dynamischen Systemen findet hinsichtlich der Veränderung eine „Phasenverschiebung" statt (Bild 13). Die Auftau- oder Konsolidierungsphasen werden sehr kurz oder entfallen ganz, die eigentliche Veränderungsphase wird zum übermächtigen Handlungsdogma. Hierüber herrschen kaumen Zweifel. Unklar sind jedoch die Konsequenzen: Wo brauchen wir in den Unternehmen Fixpunkte, eine geistige Heimat? Wie können wir eine Vertrauenskultur schaffen, damit die Unternehmen bereit sind, Veränderung auch operativ durchzuführen? Es geht hier letztlich um das Schaffen von Veränderungskompetenz – ein wichtiges Untersuchungsfeld von DYNAPRO.

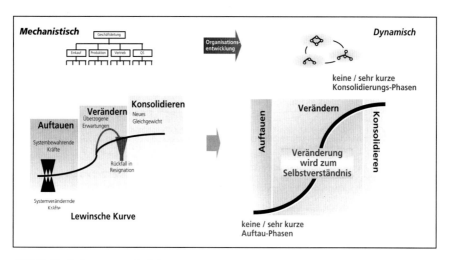

Bild 13: Veränderungsverständnis

Erste Anhaltspunkte bietet das Ebenenmodell der Fraktalen Fabrik (Kühnle und Spengler 1993). Auf den Handlungsebenen Kultur und Strategie muß eine dauerhaft stabile Plattform für operative Veränderungen geschaffen werden. Hier muß man Vertrauenskultur leben, müssen die Voraussetzungen für wirkliche Verantwortungsdelegation geschaffen werden. Nur so wird es überhaupt legitim, höchste Flexibilität und Veränderungsbereitschaft der Mitarbeiter auf den operativen Ebenen zu fordern: „Wer wollen und können soll, muß dürfen und sollen".

Der Sprung in eine „kulturlose", ad-hoc-gesteuerte Veränderung ohne unterstützende Strategie ist ein Sprung ins Nichts.

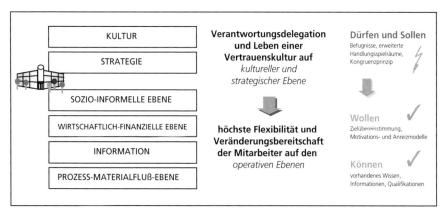

Bild 14: Veränderungskompetenz aus Sicht des Ebenenmodells

Der Mensch steht im Mittelpunkt betrieblicher Veränderungsprozesse und ist einer der entscheidenden Erfolgsfaktoren. Untersuchungen belegen: Mitarbeiterorientierte Unternehmen arbeiten besser und profitabler als der jeweilige Branchendurchschnitt. Die Veränderungsbereitschaft der Menschen basiert allerdings auf einer Reihe von Voraussetzungen:

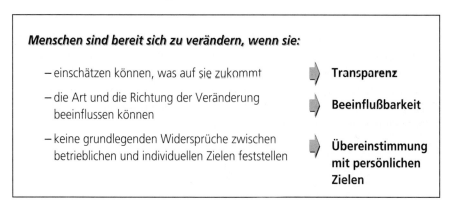

Bild 15: Voraussetzungen der Veränderungsbereitschaft

Die Menschen müssen wissen, was auf sie zukommt. Das heißt nicht, daß Ergebnisse vorweggenommen werden müssen, sondern, daß Möglichkeiten und Eventualitäten aufgezeigt und im Team besprochen werden müssen. Geben Sie den Mitarbeitern die Chance, die Entwicklungsrichtung aktiv mitzugestalten. Nicht immer werden alle Widersprüche auflösbar sein – das ist eine Erkenntnis, die jedem Praktiker vertraut ist. Schließlich steckt, banal gesagt, das ganze Leben voller Widersprüche. Deshalb ist auch hier die Transparenz wichtig: Nachvollziehbarkeit ist der Mindestanspruch.

Information und Kommunikation – eine Frage der Qualität

Dynamische Strukturen gestatten die wirtschaftliche Erfüllung von Kundenwünschen. Dazu benötigen sie eine hohe Informations- und Kommunikationsqualität. Dieser Forderung steht die Wirklichkeit heutiger Informations- und Kommunikationsinfrastrukturen (IuK-Infrastrukturen) diametral entgegen. Eine Studie des Fraunhofer-Instituts IPA aus dem Jahr 1996 rechnet mit diesen Systemen, insbesondere aber mit der PPS als zentraler Funktion, ab:

Nutzwert heutiger IuK-Infrastrukturen:

- in 90% aller Fälle sind die zentralen und funktionsorientierten PPS-Systeme für Stillstände in der Produktion verantwortlich

- 70% aller Systeme erfüllen nicht den angestrebten Nutzen wie Durchlaufzeitreduzierung, Bestands- und Kostensenkung

- Für die Abbildung veränderter Unternehmensstrukturen in vorhandenen IuK-Infrastrukturen werden im Mittel 3 Jahre benötigt

Jeder Praktiker kann wohl nachvollziehen, wie es zu dieser vernichtenden Einschätzung kommen kann. War das suboptimale Funktionieren bisher aber unangenehm und durch intensive Nacharbeiten immerhin zu reparieren, so sind die Folgen in Zeiten turbulenter Veränderungen tödlich. Die Reaktionsdauer auf Umfeldänderungen ist viel zu lang. Auch hier liegen, wie im Falle der Organisationsstrukturen, die Fehler in der Natur der Systeme.

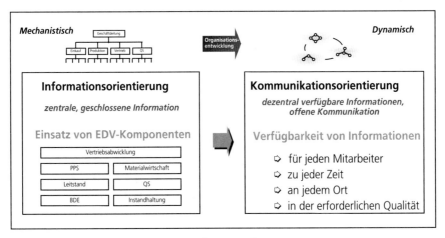

Bild 16: Entwicklung von Informations- und Kommunikationssystemen

In funktionalen, „mechanistischen" Unternehmen waren und sind die EDV-Systeme ebenso funktionsorientiert und spezialisiert wie die Organisation selbst. Die einzelnen Komponenten bilden zentrale, geschlossene Informationskreise, die auf das Erzielen von Bereichsoptima ausgerichtet sind. Derartige Systeme müssen sich im dynamischen Kontext unter der generellen Maßgabe einer Kommunikationsorientierung dahingehend wandeln, daß dezentral verfügbare Informationen für eine offene, unternehmensübergreifende Kommunikation zur Verfügung stehen. Somit herrscht freie Verfügbarkeit von Informationen im Unternehmen.

Die freie Verfügbarkeit von Informationen kann nur gewährleistet werden, wenn unterschiedlichste Tools und Medien zum Einsatz kommen. Bild 17 veranschaulicht dies vor dem Hintergrund verschiedener Raum-/Zeit-Konstellationen der Zusammenarbeit in einem Unternehmen.

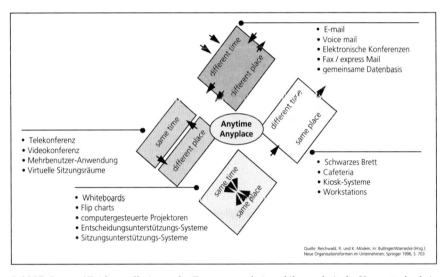

Bild 17: Raum- / Zeitkonstellationen der Zusammenarbeit und ihre technische Unterstützbarkeit

EDV-Systeme müssen dynamische Abläufe fördern und nicht hemmen. Was wie eine Binsenweisheit klingt, ist in Zeiten wohlbekannter Systemreleases für viele Unternehmen bittere Wirklichkeit. Welcher Praktiker kennt nicht das Bestreben der Softwarehäuser, die Organisation des Kunden an die Struktur der Programme anzupassen.

Die IuK-Systeme für dynamische Strukturen müssen sich dem Primat der Ablauforganisation ohne „wenn" und „aber" beugen. Das heißt, sie dürfen nicht weniger wandlungsfähig sein als die Organisation, die sie unterstützen. Ein hoher Anspruch. Und doch ist es in DYNAPRO teilweise gelungen, ihm gerecht zu werden. Die Zauberformel hieß wiederum „Partizipation". Wenn die Mitarbeiter frühzeitig in die Gestaltung ihres IuK-Systems einbezogen werden, wenn sie die Möglichkeit haben, ihre Anforderungen an Systemfunktionen und Maskenaufbau bereits in die Systemumgebung einzubringen, können wirkliche Optima erzielt werden.

Auch im Hinblick auf die Iuk-Systeme begnügt sich DYNAPRO nicht mit der Feststellung theoretischer Defizite. Vielmehr wird ein Systemprototyp entwickelt, der den im Projekt erarbeiteten Kriterien genügt. Bild 18 zeigt den beispielhaften Aufbau einer Bildschirmmaske.

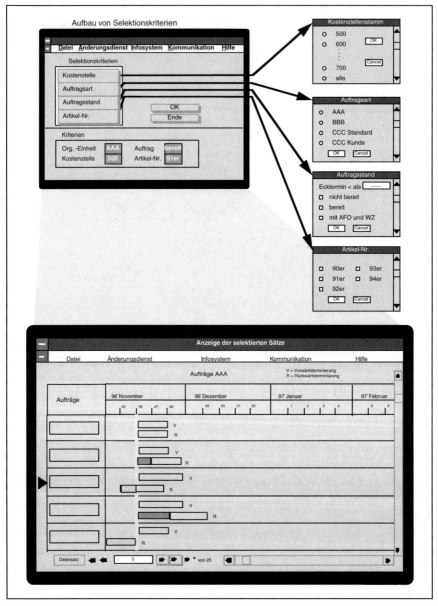

Bild 18: Bildschirmmaske

Was DYNAPRO den Unternehmen bringt

Um ein Bild über Erfolg oder Scheitern unserer Arbeit zu erhalten, haben wir die Unternehmen gebeten, die Gesamtentwicklungstendenz, Umsatzentwicklung und Mitarbeiterentwicklung im Projektverlauf subjektiv einzuschätzen.

Legende:	Unternehmen	Trend 1995-1996		Gesamtentwicklungstendenz*
		Mitarbeiter	Umsatz	
stark steigend (>10%)	UESA	↑	↗	↗
steigend (1% bis 10%)	FGSUe	↗	↗	↗
konstant (0%)	Federnwerke	↑	↑	↑
fallend (1 bis -10%)	Aurich	↗	↗	↑
stark fallend (> -10%)	VITA	↑	↑	↗
	THIMM	↑	↑	↗
* Gesamtentwicklungstendenz ist die subjektive Einschätzung der Unternehmen	DLH	↓	→	↗
	Schroff	↗	→	↗
	Condat	↗	↗	↗
	Schenck	kein direkter Vergleich möglich, da Veränderung der Rechtsform		

Bild 19: Entwicklung der DYNAPRO-Unternehmen

Bei der Gesamtentwicklungstendenz geht es um folgende Fragen: Haben wir neue Märkte erschlossen? Konnten wir neue Kunden gewinnen? Konnten wir neue Produkte entwickeln? Wie wirkt sich dies alles aus? Die Umsatzentwicklung wurde aus Gründen der Vereinfachung in Tendenzen geclustert – die Aussagen sind eindeutig. Nämlich positiv. In einem Fall haben wir allerdings eine schwierige Situation, wovon Sie sich bei der Lektüre des Firmenbeispiels im ersten DYNAPRO-Buch bzw. in Teil 3 des vorliegenden Buches überzeugen können. Hauptursache ist der Wegfall von 80 Kunden. Immerhin konnte durch die Gewinnung von 60 Neukunden der Umsatz stabil gehalten werden – das Unternehmen hat heute wohl den Wendepunkt erreicht.

Als Fazit läßt sich aber sicherlich feststellen, daß wir gemeinsam zum Teil erhebliche Aufwärtsentwicklungen erreicht haben. Das liegt natürlich nicht nur an DYNAPRO. Aber aufgrund der Tatsache, daß sich die Unternehmen nicht einfach proportional zu ihren Märkten entwickelt haben, sondern daß die Marktsituationen insgesamt als schwierig zu bezeichnen sind, darf man mit Recht von ausgezeichneten unternehmerischen Leistungen sprechen. Zu denen auch DYNAPRO beigetragen hat und weiter beitragen wird

1.3 Prinzipieller Aufbau und Anwendung der DYNAPRO-Leitfäden

Die Voraussetzungen sind hinreichend besprochen: Märkte und Unternehmensumfeld ändern sich immer schneller, die Turbulenz nimmt zu, die Planbarkeit ab. Eingefahrene, starre Unternehmensstrukturen scheitern, althergebrachte Methoden werden kontraproduktiv oder überflüssig. Aus diesen gebetsmühlenartig wiederholten Erkenntnissen erwächst vielerorts der Wunsch, daß der Weg durch die Veränderung, hin zum erfolgreich agierenden Unternehmen, zu beweglichen, dynamischen Organisationsstrukturen, vorgezeichnet ist.

> Mancher Unternehmer fühlt sich heute wie Theseus in der griechischen Sage: Wer in das finstere Labyrinth des Minotaurus hinabsteigt, wünscht sich einen straff gespannten Faden, der ihn zurück ans Tageslicht leitet.
>
> Gibt es Rezepte oder gar einen vorgezeichneten, gut ausgeleuchteten Pfad, den ich mit meinem Unternehmen beschreiten kann, um zu **der** dynamischen Oranisation zu kommen?

Sollte Ihre Erwartungshaltung die Beantwortung dieser Fragestellung beinhalten, dann werden Sie von DYNAPRO enttäuscht sein. Die DYNAPRO-Leitfäden möchten den vielen vermeintlichen Königswegen zur dynamischen Struktur keine weitere Lösung hinzufügen.

Vielmehr hat sich DYNAPRO das Ziel gesetzt, die Ergebnisse aus der Projektpraxis zur Gestaltung und Umsetzung dynamischer Strukturen in verallgemeinerte Leitfäden und Methoden umzusetzen, um damit auch unbeteiligte Unternehmen an den Ergebnissen teilhaben zu lassen und Wege zu dynamischen Strukturen eigenständig beschreitbar zu machen. Die Leitfäden zeichnen sich durch einen offen Charakter aus, und sollen nicht als der „goldene Weg" zu dynamischen Strukturen mißverstanden werden.

Das Ziel ist also die Erstellung von Leitfäden für die Entwicklung, Umsetzung und den Betrieb dynamischer Strukturkonzepte. Diese Leitfäden bestehen aus Vorgehensweisen, Methoden und Werkzeugen sowie Fallbeispielen, so daß auch unbeteiligte Firmen sowohl konzeptionelle Hilfestellung als auch praktische Hinweise erwarten können. Dabei sollen Fragen zur Entwicklung optimierter Abläufe, flexibler Organisationskonzepte sowie zur marktorientierten Zielbestimmung für Unternehmen und untergeordnete Organisationseinheiten beantwortet werden. Darüber hinaus werden Hinweise für die Überwindung von Problemen bei der Umsetzung neuer Strukturkonzepte und für den Aufbau zielorientierter Meß- und Bewertungssysteme für dezentrale Gruppen und Organisationseinheiten erarbeitet.

Die DYNAPRO-Projektpraxis hat gezeigt, daß jedes Unternehmen den Wandel aus der eigenen ganz spezifischen Ausgangslage angehen muß. Dabei hat sich jedes Unternehmen eine eigenständige Lösung zu erarbeiten. Dies beweist die im folgenden dargestellte DYNAPRO-Matrix. Sie verdeutlicht einerseits die unterschiedlichen Ausgangslagen der beteiligten Unternehmen. Andererseits kennzeichnet sie das gemeinsam angestrebte Zielfeld mit chancenorientierten Veränderungsanstößen und dynamischem Systemverhalten.

In der DYNAPRO-Praxis fokussieren wir auf zwei Motivationsmuster für die Gestaltung und Umsetzung dynamischer Strukturen. Einerseits gibt es ein krisengetriebenes Veränderungsbedürfnis von Unternehmen, d.h. (es muß etwas getan werden, um aus bestimmten Zwängen auszubrechen), um damit z.B. die Wettbewerbsfähigkeit oder sogar die Überlebensfähigkeit des Unternehmens bei zunehmender Marktturbulenz gewährleisten zu können.

Andererseits wird vor dem Hintergrund formulierter Ziele eine chancengetriebene Veränderung des Unternehmens vorangetrieben, um damit z.B. unerfüllte Markt- und Kundenbedürfnisse besser befriedigen zu können oder erkannte Marktchancen zielgerichtet wahrzunehmen.

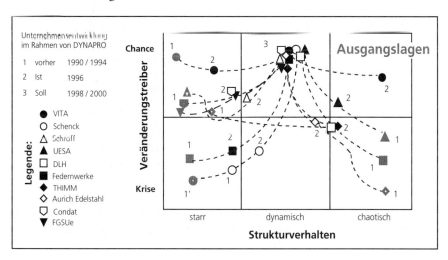

Bild 19: DYNAPRO-Matrix Fokus Ausgangslagen

Viele Betriebe reagieren mit notwendigen Umstrukturierungen erst, wenn es fast schon zu spät ist. Sie sind bereits in einer tiefen Krise, die sich nicht nur durch rote Zahlen, sondern generell durch schlechtes Erreichen betrieblicher Ziele äußert. Um dem Markt und Wettbewerb jedoch nicht hinterherzueilen, ist gerade bei turbulentem Marktverhalten chancengetriebenes Agieren erforderlich. Das Zielfeld für das Handeln in dynamischen Strukturen erfährt damit eine zweite Dimension, die zur DYNAPRO-Matrix – zur Unternehmenspositionierung führt. An dieser Stelle seien diese Aspekte nur kurz angerissen, da unser Anliegen hier darin besteht, Ihnen die Relevanz der Ausgangslage für den jeweils spezifischen Weg zu dynamischen Strukturen noch einmal ins Gedächtnis zu rufen.

Das offene Leitfadenkonzept grenzt sich deutlich von den „rezeptorientierten" Ansätzen ab. Mit den Leitfäden soll die vorherrschende Vielfalt an möglichen Lösungsansätzen und -alternativen aufgezeigt werden, so daß Leser und interessierte Unternehmen Anregungen und Hilfsmittel zur Gestaltung ihres individuellen Lösungsweges gewinnen können. Darüber hinaus bietet die angesprochene Leitfadenstruktur mit möglichen Positionierungen, z. B. in der DYNAPRO-Matrix, den Aufsatzpunkt einer Einordnung, um im weiteren anhand einer breiten Auswahl von Methoden, Instrumenten, Praxisfällen und Hilfsmitteln ein firmenspezifisches Vorgehen bei der Dynamisierung interner Strukturen zu erlauben. Bei der Nutzung und Anwendung der Ergebnisse aus DYNAPRO sind drei Teile zu unterscheiden:

1. Positionierungen, Morphologien

2. Ansätze, Instrumente und Methoden

3. Fallstudien.

Jedes Unternehmen sollte sich am Beginn eines Veränderungsprozesses die Frage stellen und beantworten „Wo befinde ich mich zur Zeit?". Interessierten Firmen wird die Möglichkeit gegeben, sich innerhalb des Problemfeldes zu positionieren. Die DYNAPRO-Matrix, in der die Ausgangslagen abgebildet sind, ist beispielsweise ein Instrument, welches das Problemfeld einer Firma genauer charakterisieren kann. Die Matrix ist methodisch hinterlegt (vgl Kapitel 2.4) und bietet gleichzeitig Gestaltungshinweise auf dem Weg zu dynamischen Strukturen an. Weiterhin gibt sie, im direkten Bezug zu den Fallstudien (Teil 3) Hinweise über mögliche Reihenfolgen von Arbeitsschritten zur Gestaltung dynamischer Strukturen. Darüber hinaus sind weitere Instrumente in der Entwicklung und Erprobung, wie z. B. Fragebögen und Morphologien, die eine Einordnung ermöglichen. Einfachheit und Verwendbarkeit stehen dabei im Vordergrund.

Im zweiten Teil werden die Ansätze und Methoden, die in DYNAPRO zum Einsatz kommen, genau beschrieben. Der direkte Bezug zum Teil 3 ist mit der Dokumentation der spezifischen Anwendung von Methoden bei DYNAPRO-Partnern in der Praxis sowie den daraus resultierenden Erfahrungen gegeben. Der Schwerpunkt in Teil 2 liegt also auf der Darstellung von Methoden, Ansätzen sowie Denk- und Verhaltensweisen auf dem Weg zu dynamischen Produktions- und Organisationsstrukturen.

Im dritten Teil wird anhand von Fallbeispielen der zehn DYNAPRO-Partner der Weg zu dynamischen Strukturen aufgezeichnet. Das Vorgehen zu dynamischen Strukturen orientiert sich dabei am „vernetzten Vorgehen". Jeder Arbeitsschritt oder Meilenstein soll hinsichtlich der konkreten Aufgabenstellung, der inhaltlichspezifischen Vorgehensweise, der Beteiligten und der Ergebnisse/Erfahrungen beschrieben werden. So ist es dem Außenstehenden möglich, den Weg zu dynamischen Strukturen anhand konkreter Fälle nachzuvollziehen.

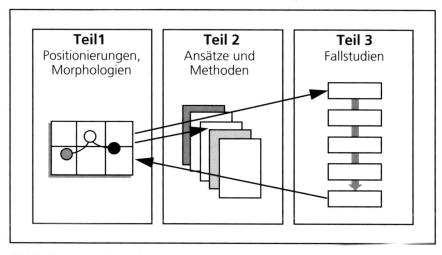

Bild 20: Leitfädenaufbau und Vernetzung der Teile

Teil II
DYNAPRO-Leitfäden
und Methoden

LOGIS

0 Einführung in Leitfäden und Methoden

von Matthias Hartmann und Mario Spiewack

Das Ende der Klassik – vernetztes Vorgehen

Die Zwischenergebnisse in DYNAPRO zeigen, daß der Pfad herkömmlicher Umstrukturierungen verlassen werden muß: die klassischen Ansätze reichen bei Turbulenz nicht aus. Es gibt eine Vielzahl dieser klassischen Ansätze, die sich mit der Planung und Gestaltung von Organisationsstrukturen auseinandersetzen. Angefangen vom Managementzyklus bis hin zur Abbildung von Planungs- und Kontrollprozessen beschreiben sie die Durchsetzung von Entscheidungen bzw. organisatorischen Veränderungen.

Am Anfang der klassischen Veränderungspfade steht sehr häufig das Problem. Dieses wird in einer ersten Phase analysiert. Von dieser Analyse verspricht man sich erste Gestaltungshinweise zur Lösung des Problems. Danach wird eine Entscheidung getroffen, welcher Lösungsansatz denn nun der beste sei. Dieser wird im Detail geplant, anschließend umgesetzt und einer Bewertung bzw. Kontrolle unterzogen. Häufig war die lange Planung Ursache dafür, daß Konzepte durch Marktentwicklungen eingeholt und überholt wurden und die Ergebnisse nicht die erhofften Erfolge mit sich brachten. Schon bald hat man erkannt, daß dieses Vorgehen nicht notwendigerweise die strikte Aneinanderreihung von Phasen ist, sondern auch bestimmte Schleifen zuläßt.

Die Möglichkeiten, diese Vorgehensweise zur Umsetzung dynamischer Strukturen und für Veränderungsprozesse in dynamischen Strukturen einzusetzen, sind jedoch begrenzt. Der Name „Managementzyklus" verrät schon, daß es sich meist um Top-down initiierte Veränderungsprozesse handelt. Die Organisation als solche ist damit häufig nicht in der Lage, den Wandel aus eigener Kraft anzustoßen. Darüber hinaus verlaufen diese Prozesse oft krisengetrieben: das Problem ist der Einstieg in die Prozesse, der erst infolge einer Krise erfolgt. Oft ist dann nur noch Reagieren möglich – von Agieren kann keine Rede mehr sein. Die Erkenntnis, daß diese sequentiell dargestellten Mechanismen auch mit Rückschleifen verbunden sind, kompensiert nicht die Tatsache, daß diese Modelle grundsätzlich mechanistisch verlaufen.

Der Weg zu dynamischen Organisationsstrukturen hat – und das zeigen auch die DYNAPRO-Firmen – trotz einer gemeinsamen Ausrichtung aller DYNAPRO-Partner auf die Gestaltung und Umsetzung dieser dynamischen, marktorientierten Organisationsstrukturen sehr unterschiedliche Ausprägungen. Das führt wiederum zu der bereits aufgestellten These, daß es eben keinen Königsweg gibt (vgl. Kapitel 1).

An den Firmenfällen zeigte sich ganz deutlich, daß der Pfad herkömmlicher Projektvorgehensweisen insbesondere für die Gestaltung und Umsetzung dynamischer Strukturen verlassen werden muß. Die DYNAPRO-Projektpraxis zeigte, daß die Vorgehensschritte individuell kombiniert und abgearbeitet werden. Zur Verdeutlichung sei hier das Bild des vernetzten Vorgehens wiederholt:

Bild 1: Vernetztes Vorgehen zur Strukturgestaltung

Aus den hier dargestellten Projektbausteinen wird in DYNAPRO, ausgehend von der spezifischen Ausgangslage des Unternehmens, eine jeweils auf die individuell vorliegende Projektsituation und -anforderung zugeschnittene Vorgehensweise zur Bildung dynamischer Produktions- und Organisationsstrukturen generiert.

Wie läßt sich das an einem Beispiel verdeutlichen?

Das Abweichen von herkömmlichen Vorgehensweisen in der Praxis zeigt sich häufig am parallelen Vorgehen von Analyse und Konzeption im Projektgeschehen. Während Lösungen erarbeitet werden, laufen simultan Analyseprozesse, z.B. des Kundenverhaltens. Daraus resultierend findet eine erneute Unternehmensausrichtung (z.B. Zielpräzisierung) und zum anderen eine schnelle partielle (pilothafte) Umsetzung der konzipierten Lösung statt. Aus der Umsetzung ergeben sich Rückschlüsse und Erfahrungen, die in das durchgängige Gesamtkonzept einfließen und dann zur Komplettumsetzung führen.

Gleichzeitig ist eine sehr starke interdisziplinäre Mitarbeiterbeteiligung Bestandteil all dieser Aktivitäten. Es werden beispielsweise aus allen funktional orientierten Bereichen Mitarbeiter in die Konzeptionsarbeitsgruppen eingebunden oder aber kurzzyklisch kompetente Mitarbeiter aus dem Prozeß zur Planung hinzugezogen. Anhand von Unternehmenszielen und aktuellen Marktentwicklungen werden schon während der Erarbeitung die Konzepte ständig auf Gültigkeit geprüft oder auf Prozeßebene mit den Mitarbeitern diskutiert und auf Machbarkeit geprüft. Dieses Beispiel zeigt, daß der herkömmliche Pfad in der Praxis häufig verlassen wird. Grund genug für DYNAPRO, diese neuen Wege bewußt zu gehen.

Die Knoten im Netz

Das entwickelte und praktizierte vernetzte Vorgehen zur Einführung und zum Betreiben dynamischer Strukturen besteht aus fünf Bausteinen, die aus der Erfahrung zwar oftmals in einer bestimmten Reihenfolge bearbeitet werden, grundsätzlich jedoch frei konfigurierbar sind. Bei den einzelnen Modulen handelt es sich um

- Unternehmensausrichtung,
- Analyse,
- Konzeption,
- Umsetzung sowie
- Betrieb und Weiterentwicklung.

Der Einsatz dieser Module gestaltet sich so, daß ein Einstieg im Regelfall über die Unternehmensausrichtung bzw. über die Weiterentwicklung erfolgt. Endlosanalysen, die häufig durch die fehlende Aktualität des Datenmaterials scheitern oder aber eine Konzeption überflüssig machen, werden im vernetzten Projektvorgehen durch ein „kompaktes" Analysemodul ersetzt. Analysen verlaufen zielgerichtet und beschränken sich auf das Wesentliche. Sollte in einer späteren Konzeptions- oder Umsetzungsphase festgestellt werden, daß weitere Analysen notwendig sind, so können die im vernetzten Projektvorgehen problemlos durchgeführt werden.

Die Konzeptionsphase des vernetzten Vorgehens beschränkt sich oft auf einen Pilotbereich. Dadurch können Effekte bei der sich anschließenden Umsetzung schneller erreicht, Ängste einer Veränderung minimiert, Erfahrungen für weitere Strukturveränderungen gesammelt und zukünftige Veränderungen aufgrund dieser Erfahrungen massiv beschleunigt werden.

Bei genauerer Betrachtung der DYNAPRO-Projektpraxis lassen sich darüber hinaus vorgehensrelevante Querschnittsaspekte erkennen. Als grundlegende Erfolgsfaktoren – und somit integrative Bestandteile aller Bausteine – wurden im bisherigen Projektverlauf die frühzeitige Mitarbeiterintegration, ein durchgängiger Markt und Zielbezug sowie der Ressourcenbezug identifiziert. Gerade die durchgängige Integration der Mitarbeiter innerhalb der Konzeptionsarbeit und darüber hinaus erwies sich als Motivationsschub für alle Beteiligten. Gleichzeitig konnte dadurch eine hohe Identifikation der Mitarbeiter mit dem jeweiligen Konzept erzielt werden, was die Umsetzung bei den einzelnen Projektpartnern erheblich erleichterte.

Ausführliche Erläuterungen zu den drei Querschnittsaspekten sind im DYNAPRO-Buch, Band 1, enthalten und werden zudem in Teil 3, in den Beiträgen der DYNAPRO-Industriepartner, nochmals punktuell aufgegriffen.

Was kennzeichnet nun die Besonderheiten des vernetzten Vorgehens auf dem Weg zu dynamischen Strukturen sowie die Unterschiede zu herkömmlichen Projektvorgehensweisen?

Die Abfolge der Einzelschritte folgt keiner strikten Vorgabe, sondern orientiert sich an den Notwendigkeiten des jeweiligen Einzelfalls. Der Einsatz aller Bausteine des Vorgehens hat eines gemeinsam: Einen ständigen Markt- und Zielbezug, die Mitarbeiterintegration und den Ressourcenbezug. Damit soll sichergestellt werden, daß Organisationsgestaltung keine Angelegenheit für den „grünen Tisch" ist. Nur die Berücksichtigung von Zielen und Randbedingungen führt zum Erfolg, klassische Planer müssen, wie gesagt, umdenken.

Der Weg, der in DYNAPRO für die Gestaltung und Umsetzung dynamischer Strukturen beschritten wurde und wird, orientiert sich also an diesem Netzwerk von Aktivitäten, die jeweils von Querschnittsaspekten durchdrungen sind. Nur so kann es gelingen, die unausgeschöpften Potentiale und Einflüsse zu berücksichtigen und die erforderliche ganzheitliche, systemische Sicht zu bewahren. Als ein Erfolgsfaktor gewinnt dabei ein professionelles Projektmanagement zunehmend an Bedeutung, welches das Vorgehen aktiv unterstützen und begleiten muß. Die weitere Arbeit in DYNAPRO richtet sich auf die Konkretisierung der einzelnen Module und die Entwicklung von einzelnen Instrumenten und Methoden innerhalb der Module. In Summe soll ein Konzept entwickelt werden, das die systematische und handhabbare Einführung und Weiterentwicklung dynamischer Strukturen zuläßt.

Das Vernetzte Vorgehen in der Praxis

Der Nutzen der Anwendung des vernetzten Projektvorgehens konnte in DYNAPRO bereits mehrfach nachgewiesen werden. So verkürzten sich bei Schroff die Zeiten für eine Strukturveränderung von 9 auf 3 Monate und die rasche Umsetzung eines Pilotfraktals (zum Fraktalbegriff vgl. Warnecke) – ohne Konzeption und Umsetzung der restlichen Fertigungsbereiche – brachte bereits in einer frühen Phase des Gesamtprojektes den gezielten Effekt einer drastischen Durchlaufreduzierung.

Wie die Praxis belegt, erwächst der Wunsch nach dynamischen Strukturen aus unterschiedlichen Ausgangslagen. Insbesondere in den neuen Bundesländern mußten zahlreiche Firmen verschiedene Umstrukturierungen in den letzten 6 Jahren sowie den Zusammenbruch der osteuropäischen Märkte bewältigen. Dies führte zu vielfach überschnellen Reaktionen und Strukturveränderungen in den Betrieben. Gerade kleine Firmen waren oftmals besonders betroffen und äußern den Bedarf nach Stabilisierung der Zustände. Ein Beispiel dafür ist das DYNAPRO-Unternehmen Aurich Edelstahl.

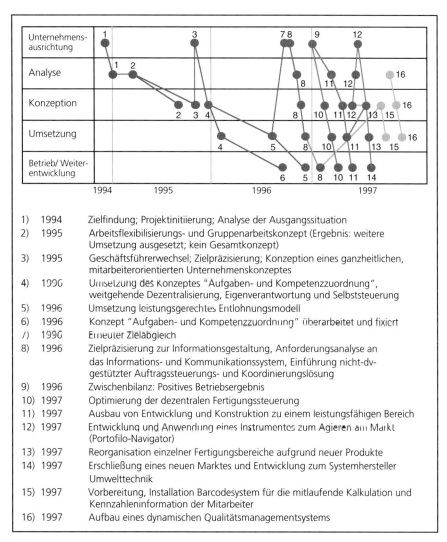

	1994	1995	1996	1997
Unternehmens-ausrichtung	1	3	7 8	9 12
Analyse	1 2		8 11 12	16
Konzeption		2 3 4	8 10 11 12 13 15	16
Umsetzung		4	5 8 10 11 13 15	16
Betrieb/ Weiter-entwicklung			6 5 8 10 11 14	

Bild 2: Grobübersicht – Projektvorgehen für die Aurich Edelstahl GmbH

1) 1994 — Zielfindung; Projektinitiierung; Analyse der Ausgangssituation
2) 1995 — Arbeitsflexibilisierungs- und Gruppenarbeitskonzept (Ergebnis: weitere Umsetzung ausgesetzt; kein Gesamtkonzept)
3) 1995 — Geschäftsführerwechsel; Zielpräzisierung; Konzeption eines ganzheitlichen, mitarbeiterorientierten Unternehmenskonzeptes
4) 1996 — Umsetzung des Konzeptes "Aufgaben- und Kompetenzzuordnung", weitgehende Dezentralisierung, Eigenverantwortung und Selbststeuerung
5) 1996 — Umsetzung leistungsgerechtes Entlohnungsmodell
6) 1996 — Konzept "Aufgaben- und Kompetenzzuordnung" überarbeitet und fixiert
7) 1996 — Erneuter Zielabgleich
8) 1996 — Zielpräzisierung zur Informationsgestaltung, Anforderungsanalyse an das Informations- und Kommunikationssystem, Einführung nicht-dv-gestützter Auftragssteuerungs- und Koordinierungslösung
9) 1996 — Zwischenbilanz: Positives Betriebsergebnis
10) 1997 — Optimierung der dezentralen Fertigungssteuerung
11) 1997 — Ausbau von Entwicklung und Konstruktion zu einem leistungsfähigen Bereich
12) 1997 — Entwicklung und Anwendung eines Instrumentes zum Agieren am Markt (Portofilo-Navigator)
13) 1997 — Reorganisation einzelner Fertigungsbereiche aufgrund neuer Produkte
14) 1997 — Erschließung eines neuen Marktes und Entwicklung zum Systemhersteller Umwelttechnik
15) 1997 — Vorbereitung, Installation Barcodesystem für die mitlaufende Kalkulation und Kennzahleninformation der Mitarbeiter
16) 1997 — Aufbau eines dynamischen Qualitätsmanagementsystems

Auch Aurich Edelstahl wagte mit ihrem neuen Geschäftsführer den schnellen Sprung in die Umsetzung: Die Steuerung der Fertigungsaufträge in den Fertigungsgruppen läuft ebenso problemlos wie das neue Arbeitszeit- und Entlohnungsmodell. Darüber hinaus werden Veränderungen nicht mehr ausschließlich durch den Geschäftsführer, sondern gleichermaßen durch die Mitarbeiter angestoßen.

Bei Betrachtung des Vorgehens (siehe Bild 2) wird deutlich, daß der beschrittene Weg zu dynamischen Strukturen von herkömmlichen Vorgehensweisen abweicht. Und nicht immer ist jeder Schritt auch ein Schritt vorwärts.

Das ursprüngliche Projektvorgehen basierte auf der Konzeption und Umsetzung partieller Lösungen. Das Unternehmen sollte, unter dem Blickwinkel unumstößlicher Liefertermine, schrittweise flexibilisiert werden. Mit dem Geschäftsführerwechsel ging eine erneute Unternehmensausrichtung einher. Mit dem im Vorfeld praktizierten partiellen Vorgehen wurden die angestrebten Ziele nicht erreicht, deshalb setzt man nunmehr auf eine zielgerichtete, schnelle Umsetzung eines ganzheitlichen mitarbeiterorientierten Unternehmenskonzeptes unter Berücksichtigung aller angesprochenen Querschnittsaspekte – und das mit Erfolg.

Einerseits ist ein sequentielles Arbeiten (einen Schritt nach dem anderen zu tun und auch lokal zu beginnen) richtig, jedoch darf man dabei nicht den ganzheitlichen Blick vernachlässigen. Andererseits fällt auf, daß in der Praxis durchaus ein paralleles und iteratives Vorgehen aus der Notwendigkeit des Einzelfalls erwächst, welches dann gezielt durch das Projektmanagement unterstützt werden muß.

Bei fokussierter Betrachtung von Arbeitsschritten (vgl. Schritt 3; Konzeption) werden querschnittsrelevante Aspekte als Erfolgsfaktoren beim Vorgehen ersichtlich. Im Fall von Aurich Edelstahl wurde im Rahmen der Konzeption eine sehr enge Diskussion und Einbindung der Mitarbeiter aller Funktionsbereiche praktiziert. Die durchgängige Integration der Mitarbeiter innerhalb der Konzeptionsarbeit und darüber hinaus erwies sich als Motivationsschub für alle Beteiligten. Gleichzeitig konnte dadurch eine hohe Identifikation der Mitarbeiter mit dem Konzept erzielt werden, was die Umsetzung erheblich erleichterte und beschleunigte.

Vernetztes Vorgehen: Folgerungen

Die Anwendung des vernetzten Projektvorgehens in der DYNAPRO-Praxis bringt vielfältige Effekte mit sich, wie das Beispiel belegt. Zusammengefaßt lassen sich folgende Schlußfolgerungen ableiten:

Die Unternehmen, insbesondere die Planer, müssen sich im Vorfeld der Unternehmensgestaltung und -entwicklung in Richtung dynamische Organisationsstrukturen von Anfang an darüber im klaren sein, daß ein Vorgehen nach „Schema F" nicht hinreichend ist.

- Im Rahmen des Vorgehens sind relevante Querschnittsaspekte wie ein ständiger Markt- und Zielbezug, die Mitarbeiterintegration und der Ressourcenbezug bei der Planung und Gestaltung zu berücksichtigen. Es ist notwendig, die erarbeiteten und umgesetzten Lösungen ständig vor dem Hintergrund der angesprochenen Querschnittsaspekte proaktiv zu gestalten und ständig anzupassen.

44

- Veränderungsprozesse mit „Einmal-Charakter" greifen unter den Bedingungen des turbulenten Umfeldes zu kurz. Ein einmaliges Projekt zur Unternehmensgestaltung und -entwicklung ist auf lange Sicht hin nicht in der Lage, den Unternehmenserfolg dauerhaft sicherzustellen. Vielmehr ist ein vernetztes Vorgehen und insbesondere die Implementierung einer Weiterentwicklungskomponente zur Unternehmensentwicklung erforderlich.

- Ein vernetztes Vorgehen bewirkt die Beschleunigung von Arbeitsabläufen/-schritten auf dem Weg zu dynamischen Strukturen bei gleichzeitig erhöhter Aktualität der Problemlösung / Lösungsfindung.

- Durch die bewußte Anwendung des vernetzten Vorgehens können Ideen und Anregungen der Mitarbeiter im Unternehmen schneller aufgenommen und in Lösungen umgesetzt werden, mit dem Effekt einer erhöhten Akzeptanz der Lösung durch eine durchgängige Mitarbeiterintegration.

- Das vernetzte Vorgehen ermöglicht ziclorientiertes, kurzzyklisches und dadurch chancenorientiertes Handeln nach Prioritäten, weil es keine strikte Reglementierung / Vorgabe von Schritten zuläßt, sondern nur den Rahmen für ein systematisiertes Handeln gibt.

Methoden und Ansätze zu Gestaltung und Betrieb dynamischer Strukturen

Im folgenden möchten wir einen Überblick und eine Einordnung über die im Buch ausgeführten Methoden geben.

Hier haben wir uns bewußt auf die Methoden beschränkt, die in DYNAPRO entwickelt und bereits erfolgreich in der Praxis erprobt wurden oder gerade in der Anwendung sind. Die berücksichtigten Methoden haben den Anspruch, daß sie insbesondere bei der Anwendung in Unternehmen eine Dynamisierung unterstützen, einleiten oder bewirken können. Sie erheben jedoch keinesfalls den Anspruch hinreichend zu sein, vielmehr stellen sie eine Ergänzung und/oder eine Weiterentwicklung herkömmlicher Methoden dar und sind in Teilbereichen durch die klassischen Methoden zu ergänzen, die auch für die Anforderungen turbulenter Märkte durchaus ihre Gültigkeit haben.

Die folgende Darstellung (vgl. Bild 3) gibt einen Überblick über die im Buch aufgeführten Methoden und verdeutlicht gleichzeitig, in welchen Modulen des „Vernetzten Vorgehens" bei der Gestaltung dynamischer Strukturen sie Anwendung finden können. Die Punkte symbolisieren den Anwendungsschwerpunkt der Methoden. Einige haben durchaus Gültigkeit bzw. Anwendungsmöglichkeiten in mehreren Modulen.

	Unternehmens-ausrichtung	Analyse	Konzeption	Umsetzung	Betrieb / Weiter-entwicklung
0	Das vernetzte Projektvorgehen	●—●	●	●	●
1	Das Leitsystem	●				●
2	Die Zieldiskussion	●				
3	Die Zielorientierte Potentialanalyse	●			●—●
4	Der Potentialcheck des Strukturverhaltens		●			
5	Veränderungstreiber		●			●
6	Die Strukturierungsmethodik			●		
7	Die Partizipative Strukturgestaltung			●—●	●
8	Die Differenzierte Steuerungskonzeption			●		
9	Die Verbindung von personalen & organisationalen Veränderungsprozessen			●		
10	Das allgemeine Regelkreismodell					●
11	Der Bewegungsraum und das Wirkmodell					●
12	Kooperation als strategische Alternative	●			●—●

Bild 3: Methodenübersicht und Einordnung

Methoden können natürlich auch bestimmte Komponenten und inhaltliche Aspekte aus anderen Modulen beinhalten. Dieser Zusammenhang wird durch die Verbindungslinien zwischen den Punkten verdeutlicht.

Die Methodeneinordnung und Wirksamkeit ist nachfolgend an den aufgeführten Methodenbeispielen verdeutlicht. Die Methode „Kooperation als strategische Alternative" stellt einen Sonderfall dar.

0. **Das Vernetzte Projektvorgehen** – spannt den Rahmen für die Methodeneinordnung und verbindet dabei alle einzelnen Module auf dem Weg zur Gestaltung dynamischer Strukturen und wirkt damit gleichzeitig durchgängig über alle Module hinweg (siehe 2.0).
1. **Das Leitsystem zur dynamischen Unternehmensausrichtung** – ist geeignet zur Schaffung eines Ausgangszustandes im Rahmen der *Unternehmensausrichtung*. Durch die ständige marktgetriebene Anpassung von Zielen und Strategie wird dieses Instrument danach im *Betrieb/Weiterentwicklung* wirksam. Hier unterstützt es Reflexions-, Führungs- und Kommunikationsprozesse zur Sicherstellung des Gesamtunternehmenserfolges.

46

2. **Die Zieldiskussion** – hat sich als Methodik zur *Unternehmensausrichtung* vielfach in der DYNAPRO-Praxis und darüber hinaus bewährt. Im Rahmen von interdisziplinär zusammengesetzten Workshops werden durch eine konsequente Mitarbeiterintegration gemeinsam Ziele für eine weitere Unternehmensentwicklung formuliert, die in allen Modulen des Vernetzten Vorgehens als *Querschnittsaspekt* wirksam werden. Mit einem kontinuierlichen Zielabgleich ist diese Zielorientierung ein entscheidender Erfolgsfaktor bei der Gestaltung und dem Betrieb dynamischer Strukturen.

3. **Die Zielorientierte Potentialanalyse** – setzt auf formulierte Unternehmensziele auf und findet im Schwerpunkt Anwendung im Modul *Analyse*. Vor dem Hintergrund dieser Ziele werden Potentiale für die weitere Unternehmensentwicklung herausgearbeitet. Inhaltlich beschränkt sie sich auf das Wesentliche und macht dabei zeit- und ressourcenintensive „Endlosanalysen" überflüssig. Darüber hinaus werden bei der zielorientierten Potentialanalyse Gestaltungshinweise für die *Konzeption* herausgearbeitet.

4. **Der Potentialcheck des Strukturverhaltens** – ist eine Methodik, die vor dem Hintergrund von Ausprägungen starren, dynamischen und chaotischen Strukturverhaltens den Ist-Zustand, bezogen auf das Strukturverhalten eines Unternehmens, in kürzester Zeit abbilden kann. Damit kommt sie im Schwerpunkt im Modul *Analyse* zum Einsatz. Darüber hinaus werden auf Grundlage der Ist-Situation Potentiale ausgewiesen und Gestaltungsempfehlungen für die *Konzeption* und Entwicklung zu dynamischen Strukturverhalten gegeben. Die Empfehlungen können im Rahmen des Moduls *Betrieb/Weiterentwicklung* gezielt genutzt werden, um Veränderungsprozesse zu initiieren. Die Wirksamkeit von eingeleiteten Veränderungsprozessen kann dabei visuell verfolgt werden.

5. **„Veränderungstreiber"** – werden in diesem Zusammenhang als eine in DYNAPRO entwickelte Methodik vorgestellt, die die Ursachen und Merkmale chancen- und krisengetriebener Veränderungen in Unternehmen aufzeigt. Bei der Betrachtung wird der Fokus auf die Effektivität und Effizienz unternehmerischen Handelns sowie auf den Einfluß des Umfeldes auf Veränderungen gelegt. Dem interessierten Leser wird ermöglicht, Veränderungen innerhalb des eigenen Unternehmens zu reflektieren und zu analysieren. Darüber hinaus gibt die Methodik auf Basis dieser *Analyse*/Reflexion Handlungsempfehlungen für die *Konzeption*, um den Prozeß des krisengetriebenen Veränderns zu überwinden. Ziel ist es, Unternehmen zu befähigen/zu qualifizieren mit chancengetriebenen Veränderungsprozessen proaktiv erfolgreich am Markt agieren zu können

6. **Die Strukturierungsmethodik** – zur Entwicklung individueller Organisationsmischformen ist ein einfach zu handhabendes, methodisches Hilfsmittel zur Erarbeitung der organisatorischen Grobstruktur von Unternehmen im Rahmen der *Konzeption*. Ziel bei der Anwendung der Methodik ist die Entflechtung der häufig komplexen Strukturierungsaufgabe in überschaubare

Gestaltungs- und Entscheidungspunkte. Sie ermöglicht individuelle Lösungen mit unternehmensspezifischer Ausprägung von funktions- und objektorientierten Ansätzen.

7. **Die Partizipative Strukturgestaltung** – ist ein wesentliches Element von DYNAPRO und wird in den Modulen *Konzeption, Umsetzung und Betrieb/ Weiterentwicklung* wirksam. Durch die interdisziplinäre Zusammenarbeit sowie durch die aktive Mitarbeiterintegration bei der Strukturgestaltung werden die in der zielorientierten Potentialanalyse identifizierten Unternehmenspotentiale optimal ausgeschöpft. Da der Mensch Träger von Veränderungsprozessen in Unternehmen ist, unterstützt die Partizipation als Kernelement dabei die schnelle, konsequente und erfolgreiche Umsetzung der erarbeiteten Lösung.

8. **Die Differenzierte Steuerungskonzeption** – ist bei zunehmender Turbulenz des Marktes ein Kernelement der *Konzeption* im Rahmen der Unternehmensgestaltung und -entwicklung, um dauerhaft erfolgreiches Handeln von Unternehmen sicherzustellen. Die ausgeführte Methodik setzt im Schwerpunkt bei der konzeptionellen Arbeit für dynamische, wandlungsfähige Strukturen durch Alternativen und Gestaltungsempfehlungen an. Die Kenntnis über aktuelle Kunden- und Marktentwicklungen ist für jede Steuerungslösung natürlich grundsätzliche Voraussetzung, was den Zusammenhang zum Modul *Analyse* kennzeichnet. Darüber hinaus gibt die Methodik Handlungsanleitungen und Empfehlungen für die *Umsetzung* und den *Betrieb/Weiterentwicklung* bezüglich differenzierter Steuerungslösungen für dynamische, wandlungsfähige Strukturen.

9. **Die Verbindung von personalen und organisationalen Veränderungsprozessen** stellt personale Aspekte in den Blickpunkt. Die Mitarbeiter müssen in einer Weise in Veränderungsprozesse einbezogen werden, die über Information oder zeitweilige Konsultation hinausgeht. Das heißt, man muß sie auch als Personen mit eigenen Werten, Einstellungen, Ideen, mit spezifischem Wissen und Fähigkeiten wahrnehmen.

10. **Das allgemeine Regelkreismodell** – stellt eine Methodik ähnlich dem Projektmanagement dar, das mittelfristige Optimierungsprozesse unterstützt. Sie dient überwiegend dem dynamischen *Betrieb/Weiterentwicklung* von betrieblichen Objekten (wie z. B. Organisationseinheiten oder Produkten). In ihr sind jedoch auch die Module Analyse, Konzeption und Umsetzung als Phasen abgebildet.

11. **Der Bewegungsraum** – ist ein zentrales Element dynamischer, wandlungsfähiger Strukturen (vgl. Hartmann). Er kennzeichnet eine wichtige Steuergröße dezentraler Organisationseinheiten. Der Bewegungsraum ist ein einfaches Erkennungs- und Visualisierungsinstrument, das die Wandlungsfähigkeit einer Organisation sicherstellt, indem es die Gestaltungsmöglichkeiten und -spielräume veranschaulicht und im Bedarfsfall entsprechende Wirkungsmodelle zur systemimmanenten Strukturveränderung verfügbar macht. Der Bewegungsraum kommt als methodische Grundlage im Modul *Betrieb/*

Weiterentwicklung zum Einsatz. **Das Wirkmodell** – der Gestaltungsmerkmale **Selbstorganisation** (mit der Eigenschaft der Anpassungsfähigkeit -reaktiv-) und **Selbstoptimierung** (mit der Eigenschaft der Entwicklungsfähigkeit -proaktiv-) ist ein Kernelement zur Herstellung der Wandlungsfähigkeit von Produktionssystemen insbesondere bei der mehrstufigen Serienfertigung. Anwendung findet das Modell beim *Betrieb/Weiterentwicklung* dynamischer Produktions- und Organisationsstrukturen.

12. **Kooperation als strategische Alternative** schildert einen im Rahmen von DYNAPRO realisierten Ansatz zur Entwicklung lokaler Unternehmensverbünde.

1   Das Leitsystem

Eine Methode zur dynamischen Unternehmensausrichtung
von Bernd Kiesel und Joachim Klink

Das Leitsystem hat grundsätzlich die Funktion, ein gemeinsames und einheitliches Bewußtsein über das Selbstverständnis eines Unternehmens, seine Strategie und seine Ziele zu schaffen.

Die Methode ermöglicht die regelmäßige Überprüfung von Veränderungen des Umfeldes und der daraus abzuleitenden Strategie- und Zielanpassungen.

Bei der Einführung des Leitsystems sollten keine unnötigen Ressourcen gebunden werden. Das bedeutet unter anderem, daß das Leitsystem aus bekannten und möglichst unkomplizierten Komponenten aufgebaut sein sollte. Deshalb wurden bei der Entwicklung bekannte Elemente der strategischen Unternehmensausrichtung herangezogen.

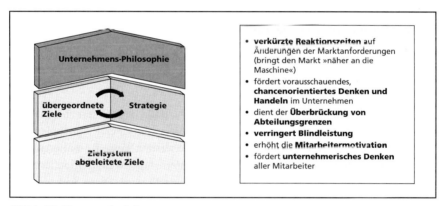

Bild 1: Die Elemente des Leitsystems

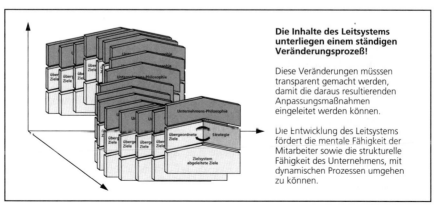

Bild 2: Dynamische Entwicklung des Leitsystems

Zwar werden die Elemente in vielen Unternehmen bereits im Rahmen der strategischen Arbeit eingesetzt, allerdings ohne den Aspekt der ständigen Veränderung. Im Zusammenhang mit dynamischen Organisationsstrukturen wird jedoch nicht auf eine einmalige Ausrichtung Wert gelegt, sondern vor allem auf eine ständig aktuelle Abbildung der Marktsituation im Leitsystem. Letztere dient dazu, Verhaltensweisen im Unternehmen zu entwickeln, die den veränderlichen Anforderungen im Unternehmensumfeld gerecht werden.

Der erste Schritt

Um sich von bisherigen Strukturen ganz zu lösen, ist es häufig notwendig, einen Neustart im Unternehmen durchzuführen, bei dem die Strukturen komplett überarbeitet werden. Dabei werden Philosophie, Strategie und Zielsystem neu festgelegt – und zwar in einer Weise, mit der der Unternehmenserfolg aus Sicht der Gegenwart am besten gesichert werden kann. Dieser „Startzustand" soll optimal auf die aktuelle Situation, bedingt durch das Umfeldverhalten, zugeschnitten sein und bildet so den Ausgangszustand für das ständig zu aktualisierende Leitsystem.

Die Philosophie als Element des Leitsystems

Die Philosophie, vielfach auch als Unternehmensleitbild oder Unternehmenskonzept bezeichnet, ist ein Instrument der unternehmenspolitischen Rahmenplanung, das Unternehmensgrundsätze, Policies usw. in expliziter Weise formulieren soll. Zum einen beinhaltet die Philosophie eines Unternehmens eine Orientierungsfunktion, in der die Soll-Identität der Firma dargestellt wird. Diese Soll-Identität könnte als das „Warum" der Existenz eines Unternehmens bezeichnet werden. Zum anderen besitzt die Philosophie eine Motivationsfunktion, die die Identifikation der Mitarbeiter mit dem Unternehmen verstärkt. Dadurch wird es erstens den Mitarbeitern möglich, sich trotz permanenten Wandels mit ihrem Unternehmen zu identifizieren. Zweitens signalisiert eine durchgängige Philosophie dem Kunden Kontinuität und Verläßlichkeit trotz möglicher Veränderungen im Unternehmen. Auf diese Weise kommt der Philosophie im Hinblick auf dynamische Strukturen stabilisierende Wirkung zu.

Die genannten Funktionen einer Philosophie werden nur dann sinnvoll erfüllt, wenn sie dauerhaften Charakter besitzt. Dies bedeutet, daß die Inhalte der Philosophie so gewählt werden sollten, daß sie nicht nur von der derzeitigen Situation geprägt sind, sondern daß grundsätzliche Aussagen über das Unternehmen gemacht werden – insbesondere darüber, wie es auf dem Markt bzw. gegenüber dem Kunden auftritt. Hierbei könnten z. B. Kernkompetenzen, Kundenorientierung, Stellung am Markt, langfristige Ziele eines Unternehmens eine Rolle spielen. Es gibt keine festen Richtlinien, wie eine Philosophie aussehen muß. Jedoch sollte sich jedes Unternehmen bewußt sein, welche Rolle der Philosophie zuzuschreiben ist. Der nach außen gerichtete Teil der Philosophie, der stark zur Imagebildung des Unternehmens beiträgt, ist um so einprägsamer, je kürzer die Botschaft ist. Wenn es also gelingt, ein Unternehmen mit wenigen kurzen Aussagen zu charakterisieren, eignet sie sich als Charakterisierung gegenüber dem Markt. Der nach innen gerichtete Teil kann durchaus ausführlicher sein, sollte aber ebenfalls nicht zu konkret werden, um den dauerhaften Charakter der Philosophie nicht zu gefährden. In jedem Fall aber sollte die Philosophie den Mitarbeitern eine Möglichkeit bieten, sich mit dem Unternehmen zu identifizieren.

Die Strategie als Element des Leitsystems

Der Begriff der Strategie ist äußerst komplex und vielschichtig. Es kann hier nicht die Aufgabe sein, die vielen Definitionen und Deutungen der Strategie aufzufächern. Ein Blick auf die Charakteristika der Strategie mag genügen:

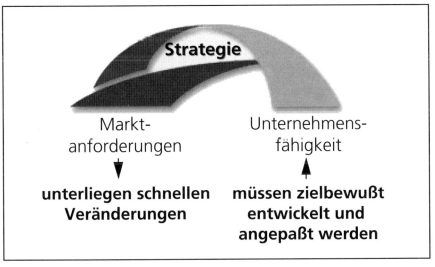

Bild 3: Strategie als Brückenschlag (nach Zahn 1992)

Ungeachtet einzelner Festlegungen bleibt die Erkenntnis, daß strategische Führung die Grundlage für anhaltenden wirtschaftlichen Erfolg bildet. Unternehmen mit einer „gesunden" Strategie sind gewöhnlich auch erfolgreiche Unternehmen. Gesund ist eine Strategie dann, wenn sie eine Brücke zwischen den Marktanforderungen und den Unternehmensfähigkeiten schlägt. Die Marktanforderungen unterliegen jedoch, wie wir gelernt haben, ständigen Veränderungen. Das bedeutet, daß Unternehmen ihre Fähigkeiten zielbewußt entwickeln und anpassen müssen, um diesen Veränderungen Rechnung zu tragen.

Bezogen auf den Komplex der dynamischen Ausrichtung kommt der Strategie eine verbindende Rolle zwischen der langfristig ausgerichteten Unternehmensphilosophie und temporären Zielvorstellungen zu. Mithilfe der Strategie werden Antworten auf unerwartete Ereignisse gegeben, die es ermöglichen, auch mit veränderten Randbedingungen den eingeschlagenen Weg weiterzugehen oder durch die Wahl einer Alternativstrategie das Ziel auf einem anderen Weg zu erreichen. Diese Überlegung muß mehr und mehr in das Alltagsgeschäft eines jeden Unternehmens übergehen.

Welche Strategie ein Unternehmen verfolgt, hängt stark von den Fähigkeiten dieses Unternehmens ab. Wichtige Fragestellungen in diesem Zusammenhang lauten beispielsweise:

- In welchen Bereichen liegen die Kernkompetenzen des Unternehmens und wie hebt es sich von den Wettbewerbern ab?
- Wie werden die Bedürfnisse der Kunden optimal erfüllt?
- Schafft das Unternehmen Grundlagen für eine wirkliche Verbesserung der Lebensqualität?

Zur Beantwortung derartiger Fragen ist eine Analyse in gewissen Bereichen notwendig, um Stärken-, Schwächen-, Fähigkeits- und auch Chancen- und Risikoprofile zu erstellen. Welche Punkte unter anderem bei der strategischen Analyse berücksichtigt werden können, zeigt Bild 3.

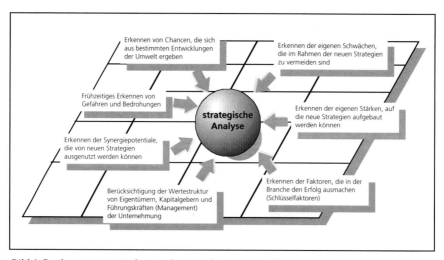

Bild 4: Punkte zur strategischen Analyse (nach Hammer 1988)

Auf die Darstellung der Methoden zur strategischen Planung, beispielsweise Umfeld- und Portfolioanalysen, soll hier verzichtet werden. Einschlägige Literatur gibt es zuhauf.

54

Das Unternehmenszielsystem als Element des Leitsystems

Das hier vorgestellte Zielsystem besteht aus verschiedenen Elementen, beispielsweise einer Unternehmenszielhierarchie und Bereichszielhierarchien. Die Unternehmenszielhierarchie stellt die Ziele der Unternehmung am Markt zur Erhaltung bzw. Verbesserung der Marktposition dar. Diese Ziele sind bereichsübergreifend fixiert und bilden somit einen Richtungsweiser für alle Bereiche des Unternehmens. Gleichzeitig sind sie Ausgangspunkt für die Bestimmung des Bereichszielsystems, das ein Subsystem des Unternehmenszielsystems darstellt. Die visuelle Darstellung der Zielhierarchie erfolgt in Form einer Zielpyramide, in der die Ziele nach ihrer Dringlichkeit geordnet aufgeführt sind, wobei die Pyramidenspitze das oder die wichtigsten Ziele beinhaltet. Diese Form wurde gewählt, um die eigentlich sehr komplexen Zusammenhänge auf das Wesentliche reduziert darstellen zu können.

Die Bereichszielhierarchie stellt die Ziele eines Bereiches im Unternehmen zur Unterstützung der Unternehmensziele durch optimale Erfüllung der Bereichsaufgaben dar. Sie ist von der Unternehmenszielhierarchie abgeleitet, aber nicht zwingend mit ihr identisch. Die Auflistung der Unternehmenszielhierarchie und aller Bereichszielhierarchien in Form eines Baumes ergibt das Unternehmenszielsystem.

Bei der Definition von Unternehmenszielen ist eine grundsätzliche Unterscheidung zwischen übergeordneten Zielen und Zielen zu treffen, die stärker konkretisiert werden können. Übergeordnete oder strategische Ziele sind als Richtungsweiser zu betrachten. Sie beinhalten die grobe Stoßrichtung, die das Unternehmen anstrebt. Einen bestimmten Umsatz zu machen, ein bestimmtes Marktsegment zu beherrschen oder ein bestimmtes Wachstum in einer vorgegebenen Zeit zu erreichen, können solche Ziele sein. Die Festlegung übergeordneter Ziele ist eng mit der Strategiefindung verbunden.

Sinn und Zweck der Aufstellung eines Zielsystems ist aus den drei wichtigsten Funktionen eines solchen Systems zu ersehen:

1. Entscheidungshilfe bei Lösungsalternativen

2. Transparenz über den Stellenwert einer Organisationseinheit bzw. über deren Beitrag zum Unternehmenserfolg

3. Kommunikation von Veränderungen der Rahmenbedingungen in der jeweiligen Organisationseinheit

Festlegung des Zielsystems

Die Zielkonstellation in Unternehmen ist meist sehr komplex. Bild 4 zeigt ein Modell dieser Zusammenhänge:

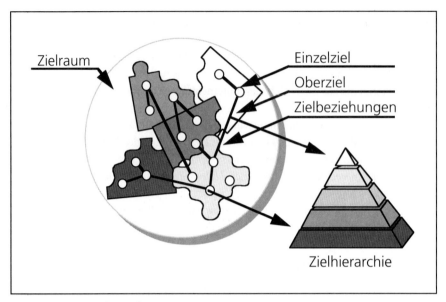

Bild 5: Komplexe Zielkonstellation

Der Zielraum eines Unternehmens sei ein Gebilde, das alle zu betrachtenden Ziele enthält. In diesem Raum befinden sich die Ziele in unstrukturierter Anordnung. Da die Abbildung der komplexen Zusammenhänge zwischen den Zielen wenig Klarheit bringt, ist es zweckmäßig, die Zielhierarchie in einer Dreiecksform darzustellen. Mit dieser Darstellung wird eine Konzentration auf das Wesentliche erreicht, indem die Momentanzustände abgebildet werden. Dazu werden Einzelziele, die inhaltliche Gemeinsamkeiten aufweisen, zu Oberzielen zusammengefaßt, priorisiert und in einer Zielhierarchie dargestellt. Dabei stehen viele Ziele untereinander in Beziehung. Bei einigen schließt sich eine gleichzeitige Zielverfolgung aus, was zu Zielkonflikten führen kann. Die Minimierung der Durchlaufzeit bei bestmöglicher Auslastung der Kapazitäten wäre ein solcher Zielkonflikt. Hierbei ist auch zu berücksichtigen, daß Mitarbeiter persönliche Ziele haben, die nicht notwendigerweise mit den Unternehmenszielen übereinstimmen müssen. Daher ist eine Zieldiskussion nötig, durch die die Möglichkeit geschaffen wird, Zielkonflikte aufzudecken und einen Kompromiß zu finden, der sowohl den Mitarbeiterzielen als auch den Unternehmenszielen gerecht wird.

Der Prozeß der Zielfindung ist in DYNAPRO, Band 1, ausführlich dargestellt, die Zieldiskussion wird im nachfolgenden Kapitel erläutert.

Festzuhalten ist, daß es sich bei der Gewichtung und Priorisierung von Zielen nicht um eine langfristige, sondern um eine temporäre Rangfolge handelt. D.h. die Festlegung der Bedeutung von Zielen beruht immer auf der derzeitigen Situation des Unternehmens, die nachhaltig durch das Umfeld und die Mitarbeiter geprägt wird.

Die Unternehmenszielhierarchie wird auf dem Wege der Zielvererbung auf die unterschiedlichen Bereiche heruntergebrochen, weil die Bereiche zwar ein identisches Gesamtziel verfolgen müssen, in ihrem Wirkungsbereich jedoch voneinander abweichende Zielprioritäten aufweisen können. Letztere sind in der bereits angesprochenen Bereichszielhierarchie verankert. Bild 5 zeigt den Prozeß der Zielvererbung schematisch.

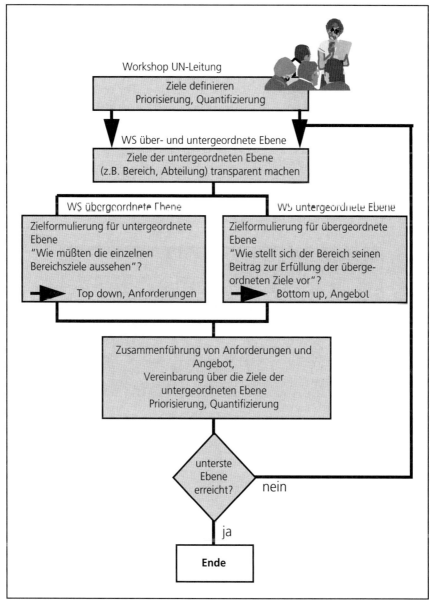

Bild 6: Zielvererbung

Ständige Anpassung und Weiterentwicklung des Leitsystems

Das Leitsystem schafft die Grundvoraussetzungen für dynamisches Arbeiten. Das System selbst ist nicht dynamisch, sondern es muß, nachdem es aufgestellt und definiert ist, ständig auf seine Sinnhaftigkeit überprüft und gegebenenfalls angepaßt oder weiterentwickelt werden. Damit verringert sich die Gefahr, wieder in starre Strukturen zurückzufallen.

Das Leitsystem schafft kein längerfristiges Optimum. Dies wäre der Turbulenz im Unternehmensumfeld nicht angemessen, da Trendwenden und -brüche ignoriert würden. Es ist jedoch notwendig, durch Innovationen Trendbrüche zu antizipieren oder zumindest schnellstmöglich adäquat darauf zu reagieren, um Vorteile gegenüber dem Wettbewerb zu erlangen. Um aber einem neuen Trend schnell folgen zu können, muß das Leitsystem entsprechend angepaßt werden, was zur Folge hat, daß sich das Leitsystem in Form und Inhalt ständig ändert.

Die Elemente des Leitsystems ändern sich auf unterschiedliche Weise. Dies ist auf die unterschiedlichen Eigenschaften der Elemente bezüglich des Konkretisierungsgrades und der Veränderlichkeit über der Zeit zurückzuführen.

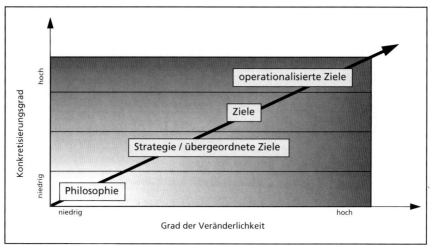

Bild 7: Grad der Veränderlichkeit

Da der Philosophie unter anderem Kontinuität und Verläßlichkeit als Eigenschaften zugeordnet werden, sollten die Inhalte über einen längeren Zeitraum konstant bleiben. Ziele hingegen sollten temporären Charakter haben und müssen somit in kürzeren Zyklen überprüft und gegebenenfalls angepaßt werden. Also ist es erforderlich, das Verhalten und die gesetzten Ziele ständig daraufhin zu überprüfen, ob sie den aktuellen Anforderungen genügen oder ob sich nach der letzten Zielvereinbarung die Randbedingungen geändert haben. Der Zyklus dieser Veränderung sei beispielhaft in einem Flußdiagramm dargestellt:

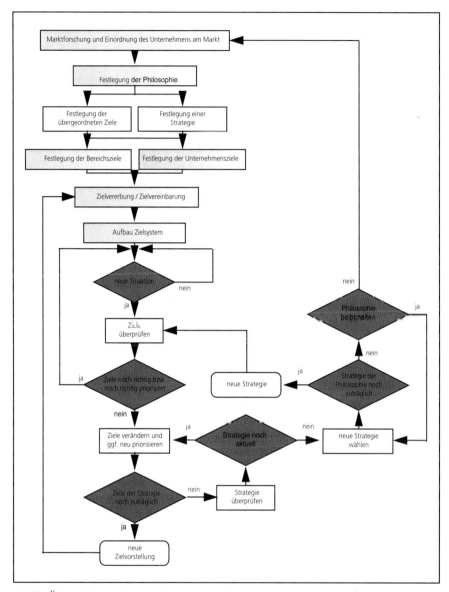

Bild 8: Überprüfungszyklus zur Aktualisierung des Leitsystems

Die Verbreitung des Leitsystems

Eine besondere Rolle kommt der Verbreitung des Leitsystems zu. Je mehr Mitarbeiter im Unternehmen rechtzeitig informiert sind, desto leichter ist es, alle Kräfte zu bündeln, um den sich ändernden Umfeldbedingungen gerecht zu werden. Dabei stehen mehrere Möglichkeiten zur Verbreitung von Informationen zur Verfügung. Durch Gruppengespräche, beispielsweise Mitarbeiterbesprechungen oder Gruppensitzungen, können Informationen weitergegeben werden. Dies ist dann notwendig, wenn es sich um etwas grundlegend Neues handelt und die verfügbare Information nicht ausreicht.

Hier eignet sich das allgemeine Regelkreismodell (vgl. 2.10) als Methodik für mittelfristige Optimierungsprozesse. Im Rahmen zyklischer Mitarbeiterbesprechungen (den Regelkreissitzungen) werden die (veränderlichen) Ziele des Zielsystems diskutiert und adäquate Maßnahmen erarbeitet. Durch die Verankerung der Ziele im Regelkreismodell wird die Verknüpfung zwischen den mittelfristigen Zielen und dem operativen Tagesgeschäft sichergestellt. Darüber hinaus eignen sich Aushänge und Mitteilungen gut für Bekanntmachungen, die ohne Zusatzinformationen weitergegeben werden können.

2 Die Zieldiskussion

von Dirk Markfort

Methodenbeschreibung

Ziele sind für die Führung eines Unternehmens ebenso unerläßlich wie für die Führung eines Bereiches, einer Abteilung oder eines Teams. Sie existieren in den unterschiedlichsten Ausprägungen (von einer Erhöhung der Termintreue bis hin zur Steigerung des Marktanteils) und können sich gegenseitig beeinflussen, aber auch ausschließen (die Steigerung des Marktanteils ist unter Umständen nur über eine Erhöhung der Termintreue möglich). Man spricht in diesem Zusammenhang auch von Zielstrukturen und Zielsystemen. Für eine bessere Unterscheidung dieser Zielstrukturen hat es sich bewährt, eine Unterteilung der Unternehmensziele in drei Kategorien vorzunehmen: strategische Ziele mit langfristiger Gültigkeit, taktische Ziele mit mittelfristiger und operative Ziele mit kurzfristiger Gültigkeit. Strategische Ziele müssen über taktische Ziele in operative Maßnahmen herunter-gebrochen werden. Gleichzeitig erwartet man von operativen Tätigkeiten, daß sie einem übergeordneten Ziel dienen.

	Strategie	dient der Zielfindung und der Festlegung eines prinzipiellen **langfristigen** Orientierungsrahmens und gibt die allgemeine Richtung an, in die hinein sich ein Unternehmen entwickelt.
	Taktik	stellt die **mittelfristige** Konkretisierung des Orientierungsrahmens im Sinne einer Bewertung und Auswahl möglicher funktional äquivalenter Maßnahmen dar.
	Operations-handlungen	dienen der (**kurzfristigen**) Umsetzung der Strategie in die Realität mittels der in der Taktik bestimmten Maßnahmen und bewirken die in der Strategie als wünschenswert fixierte Wirkung.

Bild 1: Unterteilung von Zielen (nach Kreikebaum 1989, Pfeiffer/Randolph 1981, Steinmann/ Schreyögg 1990, Zäpfel 1989)

Warum sollte man die Zieldiskussion anwenden?

Auf dem Weg zu dynamischen Strukturen haben sich in der Praxis die folgenden Problemfelder im Zusammenhang mit der Bildung von Zielsystemen herauskri-stallisiert:

- unzureichender Marktbezug, d.h. Ziele werden nicht mit den Möglichkeiten des Marktes abgeglichen
- unzureichender Mitarbeiterbezug, d.h. die Festlegung und Ausgestaltung der Ziele erfolgt nur in wenigen Köpfen
- unzureichender Ressourcenbezug, d.h. die eigenen Voraussetzungen werden bei der Zielbestimmung zu wenig berücksichtigt

Der unzureichende Marktbezug hat seine Ursache in der Historie vieler kleiner und mittlerer Unternehmen. Über das Agieren in einem Wachstumsmarkt (und in einem solchen befanden sich alle Anbieter von Produkten und Dienstleistungen im Nachkriegsdeutschland) entstand eine Kunden- oder auch Marktblindheit. Jedes Produkt fand seine Abnehmer und die Kunden mußten die Phantasie aufbringen, um mit den angebotenen Produkten ihre Probleme lösen zu können. Durch die Sättigung der Märkte einerseits, und durch die Globalisierung auf Anbieterseite andererseits wurde ein Paradigmenwechsel eingeläutet („Vom Verkäufer- zum Käufermarkt"): Nicht die Anbieter bestimmen, was der Kunde zu kaufen hat, sondern die Kunden bestimmen, was der Anbieter anzubieten hat. Dieser, für uns als Kunden schon selbstverständlich gewordene Zustand wird auf der Anbieterseite häufig als Turbulenz wahrgenommen. Denn die Vorhersagbarkeit der Kundenanforderungen ist geringer als die Reaktionsfähigkeit des Unternehmens. Langfristige, proaktive Ziele und eine gesunde Markteinschätzung sind daher eine der Grundvoraussetzungen für dynamische Unternehmen.

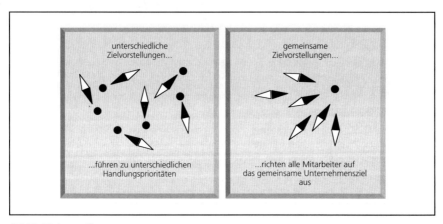

Bild 2: Zielvorstellungen

Der unzureichende Mitarbeiterbezug äußert sich in zwei Aspekten. Zum einen werden bei der Zielbestimmung die Mitarbeiter und ihre Interessen zu wenig berücksichtigt, zum anderen werden die verabschiedeten Ziele in ihrer Gesamtheit und gegenseitigen Abhängigkeit nur unzureichend kommuniziert. Beides verursacht bei den betroffenen Mitarbeitern Blindleistung und „Motivationslöcher".

Der Geschäftsführer, der die Anzahl der Selbsteinrichter für seine Fertigungs-
teams vorzugeben versucht, wird in gleichem Maße scheitern wie der technische Zeichner, der die Entscheidung über Aufkauf oder Verkauf eines
(Tochter-) Unternehmens treffen soll.

Im Idealfall sind die Unternehmensziele vom Leitbild bis hin zur operationalen
Zielgröße durchgängig bekannt und in der entsprechenden Detaillierungsstufe
durch die Mitarbeiter mitgestaltet.

Leitbildsatz
Qualifizierte und motivierte
Mitarbeiter sind das Potential
unseres Unternehmens

Strategischer Zielsatz
Die langfristige Qualifikation
unserer Mitarbeiter wird durch
ein umfassendes Personal-
entwicklungssystem sichergestellt

Taktische Zielgröße
Im Jahre xy werden 10%
des Umsatzes in Weiterbildungsmaßnahmen investiert

Operationale Zielgröße
Jedes Fertigungsteam wird bis
Ende Mai über mindestens
drei Selbsteinrichter verfügen

Der unzureichende Ressourcenbezug wird dann offenbar, wenn vorhandene betriebliche Potentiale entweder unter- oder überschätzt werden, oder sich die gesetzten Ziele zu wenig an den existierenden Problemen orientieren. Beide Aspekte
müssen bei der Generierung von Zielen gleichberechtigt neben Markt- und Mitarbeiterbezug berücksichtigt werden, wobei keine Gewichtung vorgenommen
werden kann. Eine Änderung der Strategie (Marktbezug) hat auf die Struktur
(Ressourcenbezug) den gleichen Einfluß, wie es im umgekehrten Fall zutreffen
würde. Die Frage, die gerade bei der Einführung dynamischer Strukturen immer
wieder in den Vordergrund rückt, ob nun eine strategische Neuausrichtung im Vorfeld einer strukturellen Anpassung durchzuführen sei, hat sich aus dieser Erkenntnis heraus erübrigt. Da die Beeinflussung gegenseitig erfolgt, ist es gleichgültig,
ob man mit der Struktur- oder der Strategiegestaltung beginnt. Es ist durchaus
möglich, daß eine Struktur verändert wird, um die geänderte Strategie durchzuset-
zen. Genauso wird bei der Auswahl möglicher Strategien das Potential und die
Realitäten der vorhandenen Strukturen zwangsläufig mit berücksichtigt.

„Structure, in our view, no more follows strategy than the left foot follows the
right in walking. The two exist interdependently, each influencing the other."

(Henry Mintzberg 1996)

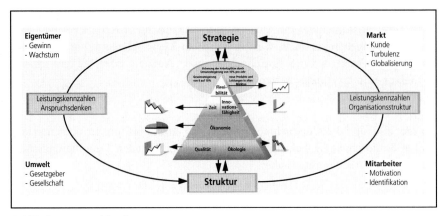

Bild 3: Strategie und Struktur

Wie führt man eine Zieldiskussion durch?

Gerade für die Erstellung des Unternehmenszielsystems als Ausgangspunkt der zielgerichteten Analyse des Unternehmens sowie für die Konzeption dynamischer Strukturen hat sich die nachfolgend beschriebene Zieldiskussion in einer Vielzahl von Projekten bewährt. Sie berücksichtigt die oben aufgeführten Defizite und verbindet sie in synergetischer Weise.

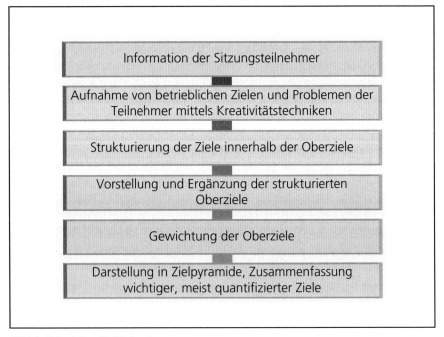

Bild 4: Ablauf einer Zieldiskussion

Information der Sitzungsteilnehmer

Mit 15–20 Personen des Unternehmens wird die Zieldiskussion durchgeführt. Anwesend sind die Geschäftsleitung, die Abteilungsleiter, der Betriebsrat, weitere ausgewählte Mitarbeiter und Führungskräfte des Unternehmens. Dadurch wird eine funktions- und hierarchieübergreifende Diskussion sichergestellt.

Die Moderation übernimmt ein neutraler Berater, der von 1–2 Mitarbeitern unterstützt wird. Die Sitzungsteilnehmer werden vom Moderator über Ziele und Inhalte des Projektes sowie über die Vorgehensweise der Zieldiskussion informiert.

Die Unternehmensmaximen werden von der Geschäftsleitung formuliert, welche die normative oder strategische Ausrichtung des Unternehmens widerspiegeln. Die Maximen beschreiben den Leitsatz des Unternehmens. Die Unternehmensmaximen können aber auch strategische Marketingziele enthalten.

„Oberste Priorität hat die Sicherstellung von Arbeitsplätzen in unserer Region. Erreichen wollen wir dieses durch eine angestrebte Umsatzsteigerung von 10 % pro Jahr. Unser Markt befindet sich im Wachstum und durch unsere konsequente Kundenorientierung sind die Potentiale dafür vorhanden. Neben einer Durchdringung der vorhandenen Märkte mit neuen Produkten und Leistungen sollte insbesondere durch eine weitere Kostenreduzierung eine Gewinnsteigerung von 6 auf 10 % möglich sein."

Aufnahme von betrieblichen Zielen und Problemen der Teilnehmer

In einer offenen Runde werden die Teilnehmer aufgefordert, die Ziele und Probleme ihrer betrieblichen Arbeit zu formulieren. Durch geeignete Kreativitätstechni-

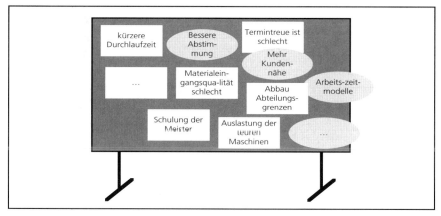

Bild 5: Zielaufnahme

ken, z.B. Brainstorming oder Blickpunktrunde, werden die betrieblichen Ziele und Probleme aufgenommen. Zur Aufnahme dienen Hilfsmittel wie Flipchart, Pinwand oder Leerfolien. Jeder Beitrag eines Teilnehmers ist unbedingt aufzuschreiben. Durch eine geeignete Moderation muß eine einseitige Diskussion verhindert werden, die z.B. durch die Dominanz der Geschäftsführung entstehen könnte. Alle Beiträge der Teilnehmer können bestimmten Oberzielen zugeordnet werden, sofern sie klar formuliert sind. Die klare Formulierung erleichtert später die Strukturierung. Es sollen möglichst viele Äußerungen und Impulse genannt werden, um ein umfangreiches Bild über die Ziele und Probleme zu erhalten.

Strukturierung der Ziele

Die genannten Beiträge werden im Anschluß an die Sitzungsrunde durch das Moderationsteam strukturiert. Flexibilität, Qualität, Zeit, Ökonomie, Ökologie, Innovationsfähigkeit und Soziabilität sind bewährte Oberziele, die aber nicht bindend sind. Die Oberziele sollen aus firmenspezifischer Sicht beschrieben werden und bilden das Ziel der Strukturierung. Dadurch kann ein firmenspezifisches Verständnis der Oberziele aufgebaut werden.

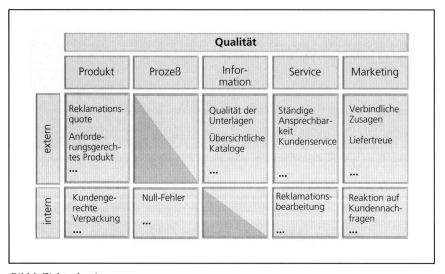

Bild 6: Zielstrukturierung

Vorstellung und Ergänzung der strukturierten Oberziele

Am 2. Halbtag präsentieren die Moderatoren die Oberziele mit den strukturierten Beiträgen der Sitzungsteilnehmer. In einer nachfolgenden Diskussion können die Teilnehmer die Ziele ergänzen, ändern oder streichen. Die Teilnehmer sollen be-

stimmte Beiträge quantifizieren. Die konkrete Benennung von Kosten- oder Zeit-
zielen ist sehr hilfreich (z. B. Verkürzen der Durchlaufzeiten in der Produktion von
durchschnittlich 7 auf maximal 2 Tage). Jeder Teilnehmer soll mit dem Struktu-
rierungsvorschlag und mit den nachträglichen Veränderungen einverstanden sein.
Ein gleiches Verständnis der Oberziele sollte bei jedem Sitzungsteilnehmer vorhanden sein.

Gewichtung der Oberziele

Die Gewichtung der Oberziele dient der Feststellung, auf welche Weise die
Unternehmensmaximen zu erreichen sind. Zweckmäßig ist es, daß alle Ziele
einander gegenübergestellt werden. Die Gewichtung der Oberziele kann auf
unterschiedliche Weise durchgeführt werden Eine bewährte Methode ist der
paarweise Vergleich. Eine Abstimmung der Teilnehmer entscheidet, ob eine allgemeine Diskussionsrunde oder die Diskussion von Einzelvorschlägen zu einem
Ergebnis führen soll.

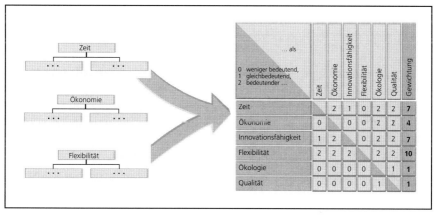

Bild 7: Zielgewichtung

Darstellung der Zielpyramide

Die Zielpyramide dient der Darstellung der priorisierten Ziele zueinander. Die
Zielpyramide besitzt statischen Charakter. Dadurch wird verdeutlicht, daß es sich
um mittelfristige Ziele, und nicht um die kurzfristige Lösung von mehr oder
weniger wichtigen Problemen des Unternehmens handelt. Die Verabschiedung der
Zielpyramide mit dem Einverständnis aller Sitzungsteilnehmer ist sehr wichtig.
Nur so kann die Einführung dynamischer Strukturen durch die geeignete Unterstützung der Teilnehmer sichergestellt werden. Eine sachliche Klärung von Un-
einigkeiten, Mißverständnissen und Unklarheiten ist unbedingt zu empfehlen.

Die Zielpyramide legt eindeutig fest, ob die angestrebten Maximen durch Ökonomie, Flexibilität oder durch andere Unternehmensziele erreicht werden sollen.

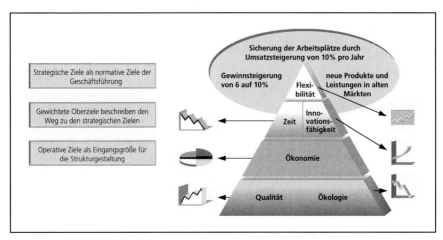

Bild 8: Zielpyramide

Zusammenfassung wichtiger Ziele

Die Zusammenfassung wichtiger Ziele dient einer raschen Information der Mitarbeiter im Unternehmen. Quantifizierbare Ziele, wie z.B. Kosten- oder Zeitziele, sind besonders hervorzuheben. Eine klare Abhängigkeit zwischen den Zielen ist herauszustellen. Hilfreich ist eine vernetzte Darstellung. Dabei werden die positiven und negativen Wechselwirkungen zwischen den einzelnen Zielgrößen beschrieben. In der Praxis zeigt sich, daß sich z.B. Flexibilität und Ökonomie in vielen Fällen widersprechen. Dagegen können sich ökologische und innovative Ziele ergänzen. Die widersprüchlichen Ziele verdienen besonderes Augenmerk, da sie bei der Gestaltung dynamischer Unternehmensstrukturen gehandhabt werden müssen.

Erfahrungen

Die Zieldiskussion wurde mittlerweile in ca. 50 Unternehmen durchgeführt (Förster 1995). Die gemachten Erfahrungen sollen im folgenden wiedergegeben werden.

Generell hat sich die Methode in vielfacher Hinsicht bewährt. Dem Außenstehenden/Berater ermöglicht sie einen intensiven Einblick in das gesamte Unternehmen, d.h. auf der Prozeßebene (Ausschußquote zu hoch) genauso wie auf der kulturellen Ebene (Ziele werden vorgegeben, Einzelpersonen als Sprachrohr des Unternehmens). Für die Mitarbeiter dient die Zieldiskussion als Plattform für die

Bekanntgabe der Unternehmens- und Projektzielsetzung und kann gleichzeitig als verständliche Einführung in die Fragen der Strategieproblematik genutzt werden. Darüber hinaus kann der jeweils Betroffene Ziele mitgestalten und gewichten. Der Projektbearbeiter kann im Anschluß Bearbeitungsschwerpunkte herauskristallisieren und somit die Projektbearbeitungszeit drastisch reduzieren. Der weitaus größte Vorteil liegt jedoch in der flexiblen Anwendbarkeit der Methode. So kann sie in allen Punkten auf die spezifischen Anforderungen im Unternehmen angepaßt werden (z.B. Anzahl der Mitarbeiter, strategie- oder kulturlastig, etc.), und somit immer einen optimalen „Output" ermöglichen.

Auf der anderen Seite gab es auch vereinzelt Fälle, in denen der Nutzen einer so breit angelegten Veranstaltung, aus Sicht der Unternehmensführung, nicht mit den Aufwänden korrelierte. Ein weiterer Aspekt ist die Offenheit, welche im Unternehmen vorherrscht. Gerade in „streng" hierarchisch geführten Betrieben kann die Ehrlichkeit der Mitarbeiter stark durch die Dominanz der Führungskräfte beeinträchtigt werden. Hier ist ein neutraler und erfahrener Moderator gefragt, der diesen aufgeführten Nachteilen gezielt begegnen kann.

Vor- und Nachteile

Vorteile sind:	– flexibel anwendbar
	– schneller Überblick über Schwachstellen im Unternehmen,
	– hierarchie- und funktionsübergreifende Verständigung,
	– allgemein verständliche Einführung in die Strategieproblematik und
	– Plattform für die Bekanntmachung der Unternehmens- und Projektzielsetzung auf breiter Basis,
	– Vermeiden von Blindleistung bei der Projektarbeit
Nachteile sind:	– Ehrlichkeit des Auditoriums kann durch Führungskräfte beeinträchtigt werden (Dominanz),
	– von Unternehmensseite kann der Zeitaufwand als zu groß angesehen werden

3 Zielorientierte Potentialanalyse

Methode zur Unternehmensanalyse
von Tobias Förster und Jörg Martinetz

Einleitung

Die *zielorientierte Potentialanalyse* bildet im Prozeß der Strukturgestaltung den Ausgangspunkt für die Umsetzung des Unternehmenszielsystems. Durch die realitätsbezogene Abbildung der Ausgangssituation im Unternehmen und die Erstellung eines konsistenten Zielsystems werden die Grundvoraussetzungen für die Errichtung marktorientierter, dynamischer Unternehmensstrukturen geschaffen.

Aufgabe der zielorientierten Potentialanalyse ist es, die formulierten Unternehmensziele auf ihre Umsetzbarkeit hin zu prüfen. Sie stellt den Ist-Zustand dar, identifiziert Chancen und Risiken, deckt Stärken und Schwächen im Unternehmen auf und fördert die Änderungsbereitschaft bei der Belegschaft durch Transparenz und das Aufzeigen von Wirkzusammenhängen. Im Verlauf der Potentialanalyse sind drei Kernfragen zu beantworten: Wo befindet sich das Unternehmen derzeit in bezug auf die formulierten Ziele, liegen den Zielen realistische Annahmen zugrunde? Was sind die Ursachen für die Diskrepanz zwischen der derzeitigen Unternehmensposition und den postulierten Zielen? Sind die formulierten Ziele in sich konsistent, sind sie im Hinblick auf die Unternehmensmaxime und die Priorisierung der Ziele verträglich?

Als Kernprobleme vieler Analysen lassen sich die folgenden beschreiben:

- sie dauern zu lange,
- sie sind zu aufwendig,
- sie sind nicht zielorientiert,
- die Mitarbeiter der betroffenen Bereiche werden zu wenig integriert.

Richtlinie für die Durchführung der Potentialanalyse sind somit folgende Leitsätze:

1. Analysieren Sie zielorientiert die Ist-Situation in Ihrem Unternehmen!
2. Ermitteln Sie im Bedarfsfall noch nicht vorhandene Daten mit vertretbarem Aufwand, um aktuelle, verläßliche Daten zu haben!
3. Analysieren Sie kontinuierlich, aber so grob wie möglich und so fein wie nötig!
4. Visualisieren Sie die Analyseergebnisse in einer geeigneten Form!

5. Unterscheiden Sie zwischen Ursache und Wirkung!
6. Überprüfen Sie die Realisierbarkeit von Zielen und erzeugen Sie Konsistenz im Zielsystem!
7. Analysieren Sie auch die Zukunft!

Analysieren Sie zielorientiert die Ist-Situation in Ihrem Unternehmen!

Häufig können zum Zeitpunkt der Zielformulierung keine verläßlichen Aussagen zum Ist-Zustand getroffen werden. Es liegen keine oder nur ungesicherte Daten vor. In diesem Fall sind die notwendigen Daten zur Erzeugung der erforderlichen Kennzahlen zu identifizieren, die Daten sind aufzunehmen und aufzubereiten. Statt einer alles umfassenden, zeit- und kostenintensiven Unternehmensanalyse sind in der Analysephase daher gezielt die Daten aufzunehmen und zu analysieren, die für die Beschreibung des Ausgangs- und Ableitung des Soll-Zustands notwendig sind.

Im Rahmen der Zieldiskussion wurden zu den Oberzielen Ökonomie, Zeit, Flexibilität, Ökologie, Innovation und Qualität Unterziele formuliert. Das Ziel sollte hierbei die Positionierung des Unternehmens zu allen relevanten Zielen sein, z.B. „Senkung der Durchlaufzeit in der Montage von 6 auf 4 Tage!", um so Unterschiede zwischen dem Ist- und Soll-Zustand aufzuzeigen, eine erste Plausibilisierung der formulierten Ziele vorzunehmen und unmittelbar spätere Handlungsbedarfe ableiten zu können. Zielorientierung bedeutet auch, daß das unterschiedliche Zielverständnis der einzelnen Mitarbeiter auf das formulierte Oberziel zu fokussieren ist, um so den Beitrag des einzelnen zum Erreichen des Gesamtziels herauszustellen.

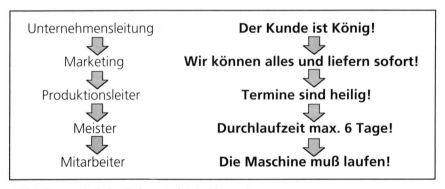

Bild 1: Unterschiedliches Zielverständnis im Unternehmen

Um ein in sich konsistentes Zielsystem zu erhalten, ist es unerläßlich, die formulierten Ziele auf ihre Umsetzbarkeit zu prüfen. Dadurch wird vermieden, daß Problemstellungen nur aus dem Verständnis Einzelner beschrieben und somit nicht vollständig oder nur unscharf erfaßt werden. Eine Möglichkeit zur Beschreibung der Ist-Situation und zur Ableitung der Wertigkeit der einzelnen Ziele ist die Verwendung von Kenngrößen oder Kennzahlen.

Analysen als Voraussetzung für die Erzeugung fundierter Kennzahlen haben dabei vielfach mit einer Reihe von Problemen zu kämpfen:

- die Datenerhebung und -auswertung ist zu aufwendig und dauert zu lange (Endlosanalysen),
- die verfügbaren Daten und Auswertungen spiegeln nicht die aktuelle Situation wider,
- die vorhandenen Auswertungen sind wenig aussagekräftig in Bezug auf die formulierten Ziel- und Problemstellungen
- die Analysen gehen am Ziel vorbei (Analyse der Analyse wegen, Blindleistung),
- nicht alle Mitarbeiter verstehen die Kennzahlen und können für sich somit keine Handlungsanweisungen ableiten,
- es werden Standardauswertungen statt problemspezifischer Analysen durchgeführt.

Um ein Abbild der Ist-Situation im Unternehmen erzeugen zu können, sind unterschiedlichste Datenarten zu untersuchen. Hierbei hat sich eine grobe Unterteilung in strategische Daten, Produktdaten und Strukturdaten bewährt (Bild 2).

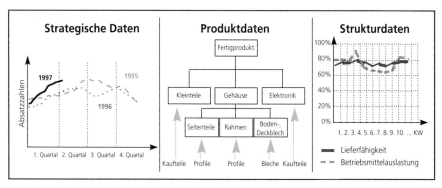

Bild 2: Zu untersuchende Datenbasis bei Reorganisationsprojekten

Strategische Daten besitzen einen übergeordneten Charakter und geben z.B. Auskunft über die Unternehmensentwicklung in der Vergangenheit, das Unternehmensumfeld und sind für in die Zukunft gerichtete, strategische Entscheidungen von Bedeutung. Produktdaten beschreiben das Produktionsprogramm und die

Produktstruktur, während Strukturdaten das Unternehmen gezielt unter dem Blickwinkel von Strukturgestaltung, Prozeßentwicklung und Steuerung betrachten. Sie ermöglichen die gestaltungsrelevante Interpretation der untersuchten Struktur und zeigen wesentliche Potentiale auf. Darüber hinaus existieren Daten, die bezüglich der Strukturgestaltung unterstützenden Charakter haben und vorrangig für begleitende Themen wie Personal, Führung, Arbeitszeit und Entlohnung relevant sind.

In die Datenerhebung und Aufbereitung sind die Mitarbeiter der Bereiche, in denen die Analyse durchgeführt wird und auch zentrale Stellen wie das Controlling, aktiv einzubeziehen, um so das Know How der Mitarbeiter mit einzubringen und die Akzeptanz der Analyseergebnisse und für die sich daraus ergebenden Maßnahmen sicherzustellen. Wichtig ist, daß Analysen nicht zu Endlosläufern ausufern. Die maximale Dauer sollte 8-10 Wochen betragen. Ziel muß es sein, repräsentative Aussagen über den Ist-Zustand zu erhalten, die sich mit den subjektiven Empfindungen der Mitarbeiter überdecken. Den prinzipiellen Ablauf der zielorientierten Potentialanalyse stellt Bild 3 dar.

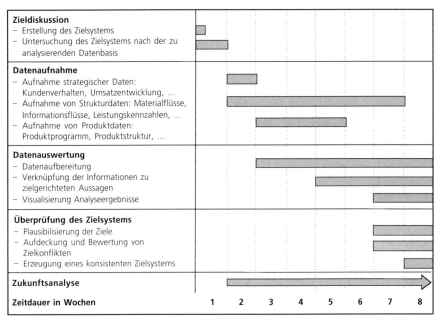

Bild 3: Schritte zur Durchführung der zielorientierten Unternehmensanalyse

Die so ermittelten Daten und Auswertungsergebnisse sind in einem festzulegenden Mitarbeiterkreis auf ihre Richtigkeit und Aussagefähigkeit zu prüfen und zu interpretieren. Die aus den aufgenommenen Daten erzeugten Kennzahlen müssen akzeptiert und einheitlich interpretiert werden.

Kernfragen sind in diesem Zusammenhang:

– Spiegeln die Kennzahlen die Unternehmenssituation und subjektive Emp-
findungen der Mitarbeiter richtig wider?
– Sind die Kennzahlen aussagekräftig in Bezug auf die formulierten Ziele?
– Wurden die richtigen Daten und Kennzahlen für die Beschreibung der
Ist-Situation und für die spätere Zielverfolgung gewählt?

Es ist zu beurteilen, ob die erforderliche Darstellung mit der zur Verfügung stehenden Datenbasis möglich ist, und nur die Art der Auswertung und die Visualisierung
verändert werden muß, oder ob auf eine andere Datenbasis zurückgegriffen werden
muß. Ist letzteres der Fall, sind die Daten selbst, der Ort der Datenerhebung, die für
die Erhebung und Auswertung verantwortlichen Mitarbeiter und die Darstellungsform festzulegen und schließlich die Datenerhebung selbst durchzuführen.

Durch diese Vorgehensweise wird sichergestellt, daß von Beginn an die Pro-
blem- bzw. Zielorientierung der Analyse gewährleistet ist, und nicht kostbare Zeit
und Arbeitskraft für die Ermittlung und Auswertung unnötiger Daten verschenkt
wird. Als Forderung wird folgender Leitsatz formuliert: *20 % Aufwand, 80 % Nutzen!* (Förster 1995)

**Ermitteln Sie im Bedarfsfall noch nicht vorhandene Daten und Kennzahlen
mit vertretbarem Aufwand!**

Ein vielfach anzutreffendes Problem ist die (Nicht-) Verfügbarkeit einer aussage-
fähigen Datenbasis, obwohl im Betriebsalltag eine Vielzahl von Daten z. B. durch
das EDV-System erfaßt werden. So formuliert beispielsweise ein Großteil der Unternehmen die Erhöhung von Lieferfähigkeit und Termintreue als ein wesentliches
Ziel. Gleichzeitig können sie jedoch keine Aussagen dazu treffen, wie hoch die
Termintreue zum gegenwärtigen Zeitpunkt ist. Vielmehr erfolgt eine Symptombeschreibung durch Aussagen wie „Unsere Kunden sind unzufrieden", „Liefertermine müssen mit dem Kunden ständig neu abgestimmt werden", „Wir zahlen Ver-
tragsstrafen, weil wir zu spät geliefert haben". Für die Datenerhebung sind
Methoden zu wählen, die schnell repräsentative Aussagen bezüglich der Ist-Situation ermöglichen. In der betrieblichen Praxis kommen dazu verschiedene Methoden zur Anwendung, von denen im folgenden beispielhaft die gebräuchlichsten
aufgeführt werden sollen.

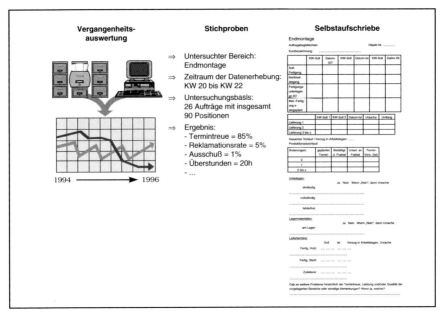

Bild 4: Methoden zur Datenaufnahme

Vergangenheitsauswertungen

Die wohl gebräuchlichste Art, an Daten zu gelangen, ist die Auswertung der im Unternehmen vorhandenen Datenbasis. Neben den bereits verfügbaren Betriebskennzahlen lassen sich aus dem vorhandenen Datenmaterial zumeist auch neue, zielbezogene Kennzahlen mit neuem Aussageninhalt erzeugen. Im Betriebsalltag wird eine Vielzahl von Daten erfaßt, z. B. über das Betriebsdatenerfassungssystem, die Einbuchung von Auftragseingängen, das Datum der Rechnungserstellung, die Buchung von Lagerzugängen und Lagerabgängen, die Anlage fertiger Aufträge. Aus diesen entweder als EDV-Daten oder aber in Papierform vorliegenden Informationen lassen sich Auswertungen erstellen, die für die Beschreibung von Zuständen und Entwicklungen der Vergangenheit herangezogen werden können. Durch Vergangenheitsauswertungen können Entwicklungen und Trends dargestellt und Vergleiche (z. B. saisonale Absatzschwankungen in vorangegangenen Jahren) angestellt werden, die Rückschlüssse auf zukünftige Entwicklungen zulassen.

Durchführung von Stichproben

Wenn keine oder nur ungenaue Daten oder nur Aussagen vorliegen, die eine objektive Beschreibung von Zuständen nicht zulassen, ist eine Möglichkeit der Daten-

76

erhebung die gezielte Durchführung von stichprobenartigen Kurzzeitdatenaufnahmen. Eine mögliche Methode stellt die Multimomentaufnahme dar, mit der die Zusammensetzung ausgewählter, repräsentativer Tätigkeiten, Abläufe oder sonstiger Untersuchungsobjekte gezielt untersucht werden kann, um so die fehlenden Daten zu beschaffen. Zu vorher festgesetzten Zeitpunkten wird die Art des Ablaufs ausgewählter Arbeitssysteme betrachtet (z. B. „Maschine läuft", „Maschine wird gerüstet", „Maschine steht still"). Auf der Grundlage solcher Moment-Beobachtungen kann ein aussagefähiges Abbild von Ist-Abläufen gewonnen werden. (REFA 1992)

Selbstaufschriebe

Selbstaufschriebe können für die Erfassung der verschiedensten Daten verwendet werden, so z. B. für die Aufnahme von Tätigkeiten, Schwachstellen im Arbeitsablauf und von Zeiten. Selbstaufschriebe sollten über die Ermittlung erster aussagefähiger Daten hinaus weitergeführt werden, um so eine gesicherte Datenbasis zu erhalten. Faktoren, die in kurzen Untersuchungszeiträumen einen großen Einfluß auf das Endergebnis ausüben können, werden dadurch relativiert. Selbstaufschriebe in Form prozeßbegleitender Fragebogen bieten sich für die Erhebung von Daten an, wenn sich die Tätigkeiten oder Prozesse über einen längeren Zeitraum erstrecken und deren direkte Verfolgung nicht möglich ist. Einem zu fertigenden Auftrag kann bspw. ein solcher Fragebogen beigelegt werden, der dann durch die Mitarbeiter der am Auftragsdurchlauf beteiligten Stellen Schritt für Schritt vervollständigt wird. Diese Art der Datenerhebung bietet sich zum Beispiel für die Erfassung von Durchlaufzeiten oder der Informationsqualität von Arbeitspapieren entlang des Auftragsabwicklungsprozesses an.

Um die Akzeptanz für die Auswertungsergebnisse und den daraus abgeleiteten Maßnahmen sicherzustellen, sind die Mitarbeiter der betroffenen Bereiche gezielt in die Datenerhebung einzubeziehen. Dazu ist es notwendig, Transparenz über das Ziel der Datenaufnahme, die Vorgehensweise und die weitere Verwendung der Daten herzustellen.

Analysieren Sie kontinuierlich, aber so grob wie möglich und so fein wie nötig!

Datenerhebungen, Zustandsbewertungen und Zielüberprüfungen stellen nur selten einen kontinuierlichen Prozeß dar; durch die Problemorientierung sind sie vielfach einmalig, zeitpunktbezogen. Aktuellste Informationen, die eine wesentliche Voraussetzung für die Funktionsfähigkeit selbststeuernder Regelkreise und die Konzeptionsphase bei Restrukturierungsprojekten sind, stehen somit nur in begrenztem Umfang zur Verfügung. Diesem Problem ist durch kontinuierliche Erfassung und Auswertung relevanter Daten zu begegnen.

Die Auslöser für die Durchführung von Analysen können unterschiedlich sein: die Geschäftsleitung oder die Mitarbeiter selbst. Vielfach ist die Geschäftsleitung die treibende Kraft, wenn Projekte zur Verbesserung der betrieblichen Leitungsfähigkeit ins Leben gerufen werden. Im Rahmen des Projektes gilt es dann, aktuelles Zahlenmaterial zu beschaffen, das den Ausgangspunkt für das weitere Handeln darstellt. Aber auch die Mitarbeiter selbst können die Auslöser für Veränderungen sein, wenn ihnen die notwendigen Hilfsmittel zur Verfügung gestellt werden, um selbständig die Ist-Situation verfolgen und analysieren zu können und um letztlich eigenverantwortlich entsprechende Maßnahmen einleiten zu können.

Für die Analyse der Ist-Situation, zur Gewährleistung der kontinuierlichen Überprüfung und für eine schnelle Maßnahmeneinleitung ist es erforderlich, Kennzahlen und ihr dynamisches Verhalten aktuell darzustellen und somit die Möglichkeit der ständigen Überprüfung zu gewährleisten.

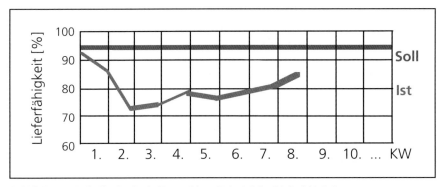

Bild 5: Dynamische/fortlaufende Kennzahl am Beispiel der Lieferfähigkeit

Nach im allgemeinen positiven Anfangsentwicklungen im Zuge der Projektdurchführung kann somit auch der Gefahr einer anschließenden Stagnation entgegengewirkt werden, indem anhand aktueller Entwicklungen ständig nach weiteren Verbesserungspotentialen gesucht wird. Als wirksames Mittel hat sich hierbei die Einrichtung von Arbeitsgruppen erwiesen, die sich in regelmäßigen Abständen bzw. unplanmäßig beim Eintreten von definierten Zuständen treffen, um die Entwicklung seit dem letzten Treffen anhand der vorliegenden Kennzahlen zu analysieren und gezielt notwendige Maßnahmen zur weiteren Verbesserung des Ist-Zustands auf den Weg zu bringen. Gleichzeitig bieten solche Runden Möglichkeiten für den Erfahrungsaustausch unter den Mitarbeitern und für die Lösung von Problemen, die durch den Einzelnen nicht zu lösen sind. Erfahrungen haben gezeigt, daß sich innerhalb dieser Mitarbeiterrunden ein Führungsverständnis ausbildet, das sich an den Zielen der Bereiche und des Unternehmens orientiert und jeden Mitarbeiter in die Zielerreichung einbezieht. Der Aufwand für eine kontinuierliche Analyse hat sich auch hier wieder nach der Notwendigkeit und dem zu erwartenden Nutzen zu richten.

Zur Unterstützung eines solchen kontinuierlichen Prozesses ist ein entsprechendes Umfeld zu erzeugen. Bei der Aufbereitung von Kennzahlen durch Zentralabteilungen, wie z. B. durch das Controlling, ist darauf zu achten, daß die Auswertung und die Darstellungsart an die Anforderungen der Nutzer angepaßt wird. Kennzahlen können durch die unterschiedliche Sicht auf bestimmte Dinge und abweichende Zielstellungen durch die einzelnen Stellen unterschiedlich interpretiert werden. Aber auch im untersuchten Verantwortungsbereich selbst können über angepaßte EDV-Hilfsmittel und durch Zugriff auf die Datenbasis des Unternehmens die gewünschten Auswertungen erzeugt werden.

Visualisieren Sie die Analyseergebnisse in einer geeigneten Form!

Die Darstellung von Kennzahlen, Zuständen, Entwicklungen erfolgt vielfach standardisiert und orientiert sich nicht oder nur unzureichend an den Bedürfnissen der Benutzer. Eine Ursache dafür ist darin zu sehen, daß solche Auswertungen häufig durch Zentralabteilungen wie das Controlling durchgeführt werden. Schwachpunkte des herkömmlichen Controllings sind dabei die mangelhafte Informationsversorgung durch das Controlling: zu langsam, zu wenig empfängerorientiert, falsche Signale. Zum anderen sind die Planungs- und Steuerungsfunktion und das Controllinginstrumentarium nicht auf die speziellen Anforderungen des Selbstcontrollings, insbesondere dezentraler, autonomer Verantwortungsbereiche, zugeschnitten. (Bullinger, Warnecke 1996, S. 937)

Die Visualisierung von Zielvorgaben, Zuständen und der Zielerreichung muß deshalb der Transparenzerhöhung dienen, um so rechtzeitig steuernd in die Prozesse eingreifen zu können, die Identifikation der Mitarbeiter mit dem Unternehmen, dem Bereich und der Aufgabe zu stärken, und die Motivation für die tägliche Arbeit und die selbstinitiierte Einleitung von Verbesserungen zu fördern. Die dafür zur Anwendung kommenden Kennzahlen und die Art ihrer Darstellung müssen hierfür eine Reihe von Anforderungen erfüllen.

Anforderungen an Kennzahlen

1. Kennzahlen müssen Zielbezug aufweisen (Zweckeignung)!
2. Kennzahlen müssen die Transparenz über Zustands- und Zielgrößen gewährleisten!
3. Kennzahlen müssen die Realität widerspiegeln!
4. Kennzahlen müssen für die Mitarbeiter leicht verständlich sein!
5. Kennzahlen müssen sich mit vertretbarem Aufwand erzeugen lassen!
6. Kennzahlen müssen den Ist-Zustand ohne größere zeitliche Verzögerung widerspiegeln!

Die Darstellung qualitativer und quantitativer Ziel- und Kenngrößen in Form eines Soll-Ist-Vergleichs ermöglicht es den Mitarbeitern, den Grad der Zielerreichung selbständig zu verfolgen. Zur Positionierung eines Unternehmens zu relevanten Zielen werden Kennzahlen verwendet, um den Unterschied von Ist- und Soll-Zustand darzustellen, Ziele zu plausibilisieren, Entwicklungen aufzuzeigen. Für die effiziente Arbeit mit solchen Kennzahlen ist es erforderlich, diese den individuellen Bedürfnissen des Unternehmens oder eines Verantwortungsbereiches anzupassen, um sie für

- die Beschreibung von Ausgangs-, Ist- und Soll-Zuständen,
- die Vorgabe von Zielen für einen Verantwortungsbereich,
- die Ergebnismessung und die zielorientierte Beurteilung von Leistungen,
- die frühzeitige Erkennung von Abweichungen, Chancen und Risiken,
- die schnelle Reaktion auf veränderte Bedingungen,
- die systematische Suche nach Schwachstellen/Symptomen und ihren Ursachen,
- die Führung und Lenkung von Organisationseinheiten,
- die Darstellung von Entwicklungen und
- als Entscheidungsgrundlage verwenden zu können.

Ziel der Potentialanalyse ist es, das Unternehmen vor der Konzeptionsphase zu allen wichtigen Zielen auf der Grundlage quantifizierbarer Werte zu positionieren, um so die Voraussetzung für die spätere Erfolgskontrolle durch den Vergleich von Ausgangs- und Endzustand zu schaffen. Wichtig ist daher, von Beginn an die kurz-, mittel- und langfristigen Ziele zu quantifizieren, zu visualisieren und durch die Gegenüberstellung mit aktuellen Werten eine Bewertung und Plausibilisierung der Ziele zu erreichen. Die Kernaussage muß sich für den Mitarbeiter, dem diese Kennzahl als Handlungsanweisung dient, unmittelbar erschließen.

Für die Interpretation von Kennzahlen und die Ableitung der richtigen Maßnahmen ist es notwendig, eine geeignete Darstellungsart zu wählen. Die Darstellung der Kennzahlen hat sich nach der zu treffenden Aussage und nach der Art des angestellten Vergleichs zu richten. Für die Visualisierung von Kennzahlen können verschiedene Instrumente zur Anwendung kommen. Dies können zum Beispiel Informationstafeln, Schaukästen und Aushänge sein. Die Aktualisierung der Informationen sollte durch die Mitarbeiter in Eigenverantwortung bei Unterstützung durch die Fachabteilungen durchgeführt werden. Die Darstellung von Ziel- und Kenngrößen dient der Selbstkontrolle der Mitarbeiter eines Verantwortungsbereichs im Hinblick auf die Zielerreichung, zur Darstellung nach außen hin und somit auch gleichzeitig als Motivationsmittel.

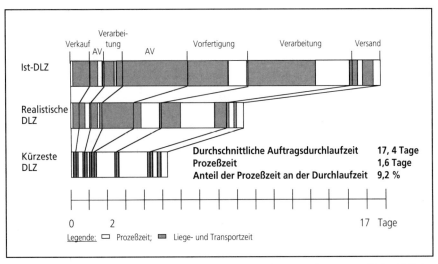

Bild 6: Beispiel für die Positionierung zum Ziel der Durchlaufzeitverkürzung und Plausibilisierung des Ziels durch das Aufzeigen von Einsparpotentialen

Als Schwachpunkt vieler Datenauswertungen erweist sich oftmals die Darstellungsart. Noch immer werden Listen mit Zahlen ausgegeben, die für den Großteil der Mitarbeiter nur schwer interpretierbar sind und vielfach Daten enthalten, die für den speziellen Fall ohne Bedeutung sind. In dem in Bild 7 dargestellten Beispiel wurden die reinen Reklamationszahlen mit Zielvorgaben versehen, um so den Bezug zwischen Ist-Zustand, Soll-Zustand und der Notwendigkeit abgeleiteter Maßnahmen herzustellen. Tabellarische Darstellungen ermöglichen die transparente Darstellung von Zahlen und Werten und eignen sich vor allem für Auflistungen und Gegenüberstellungen. Einen konkreten Verantwortungsbereich interessieren jedoch vorrangig die ihn betreffenden Zahlen. Über die Diagrammdarstellung können mehrere Größen im Vergleich dargestellt werden (hier die Reklamationsrate in den einzelnen Monaten). Für jeden Mitarbeiter erschließt sich so leicht verständlich der Ist- und der Soll-Zustand. Gleichzeitig wird damit die Begründung für die Einleitung von Maßnahmen zur Anpassung von Ist und Soll mitgeliefert.

Ein weiteres Beispiel soll die Interpretationsmöglichkeiten aufzeigen, die sich aus der Visualisierung zielbezogener Daten ergeben. In einem Unternehmen wurde die Verringerung der Durchlaufzeit in der Produktion durch die Reduzierung von Liegezeiten als Ziel formuliert. Wo aber treten Liegezeiten mit hohem Optimierungspotential genau auf? Die Datenerhebung und Wahl einer geeigneten Darstellungsform offenbarte schließlich, daß die Liegezeiten vor den einzelnen Abteilungen verantwortlich sind für die langen Durchlaufzeiten und daß Maßnahmen zur Durchlaufzeitverringerung folglich auf die Gestaltung der Schnittstellen zwischen den Abteilungen abzielen müssen.

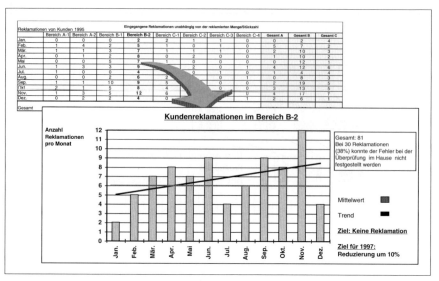

Bild 7: Unterschiedliche Möglichkeit zur Darstellungen identischer Kennzahlen

Unterscheiden Sie zwischen Ursache und Wirkung!

Ein häufig anzutreffender Fehler ist die fehlende Differenzierung zwischen den Symptomen von Entwicklungen und Zuständen und ihren Ursachen (Bild 8). Die Ursachen für Fehlentwicklungen und Probleme werden nicht beseitigt, es werden nur punktuelle Verbesserungen realisiert. Deshalb ist es notwendig, sowohl die Symptome als auch die Ursachen zu betrachten, und die Trennung zwischen den beiden Ausprägungen vorzunehmen. Um eine gezielte Symptombekämpfung vornehmen zu können, ist bis zu den Ursachen für die Widersprüche zwischen den formulierten Zielstellungen und dem derzeitigen Ist-Zustand vorzustoßen, um dort entsprechende Maßnahmen zur Ursachenbekämpfung angreifen zu lassen.

Identifizierte Symptome stellen den Auslöser für (Struktur-)Veränderungen dar. Symptomerkennung, Symptombeschreibung und -analyse dienen der Ursachenaufdeckung und geben somit den Anstoß für entsprechende Handlungsbedarfe. Symptome weisen auf Ursachen hin, die häufig in der Organisationsstruktur, dem Auftragsabwicklungsprozeß und/oder der Auftragsteuerung liegen. Nach der Differenzierung von Symptomen und Ursachen sind die Ursachen im weiteren gezielt auf Ansatzpunkte für ihre Beseitigung zu untersuchen.

Ein Beispiel. Ein Unternehmen hat mit zahlreichen Kundenreklamationen aufgrund von Qualitätsproblemen mit seinen Produkten zu kämpfen. Das Symptom Kundenreklamation ist nun näher zu untersuchen. Welche Fehler treten mit welcher Häufigkeit auf? An welchen Stellen im Produktionsprozeß entstehen die Fehler? Welche Betriebsmittel und Personen machen welche Art von Fehlern? Zu welcher Zeit und an welchem Ort werden die Fehler begangen? Durch Beant-

82

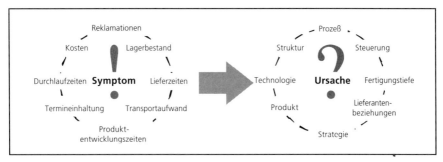

Bild 8: Von der Symptombeschreibung zur Ursachenanalyse

wortung dieser Fragen kann das Symptom Kundenreklamationen genauer spezifiziert werden, durch die Ursacheneingrenzung fällt die Ursachenanalyse leichter, Probleme können auf unabhängige oder miteinander verknüpfte Aspekte zurückgeführt werden.

Ursachen sind vielfältiger Natur und lassen sich oftmals nicht auf nur einen Aspekt zurückführen. Eine Ist-Analyse, die ausschließlich auf Datenmaterial basiert, wird diesem Umstand durch die Vernachlässigung einer Reihe von Aspekten nur unzureichend Rechnung tragen und dadurch immer mit einer gewissen Unsicherheit behaftet sein. Die Mitarbeiter sind deshalb aus mehrfacher Sicht gezielt in die Ursachenanalyse einzubeziehen. Sie können mit ihrem Fach- und Detailwissen als Prozeßeigner entscheidend zur Ursachenaufdeckung beitragen. Durch die aktive Einbindung der Mitarbeiter in themenbezogene Arbeitsgruppen wird die Symptombeschreibung und die Ursachenanalyse analog zur Zieldiskussion und zur Beschreibung der Ist-Situation auf eine solide Grundlage gestellt. Diese Arbeitsgruppen sind funktions- und bereichsübergreifend zusammenzustellen.

Überprüfen Sie die Realisierbarkeit von Zielen und erzeugen Sie Konsistenz im Zielsystem!

Noch immer legen viele Unternehmen ihrem Handeln ungesicherte Daten zugrunde. Die Folge sind die Änderungen von Visionen, Strategien und Zielen im Projektverlauf und letztlich von Unternehmensstrukturen (Förster 1995), die den Mitarbeitern das Gefühl der Orientierungslosigkeit der Unternehmensführung vermitteln. Ein Unternehmen steht somit vor der Herausforderung, Ziele und Strukturen in Übereinstimmung zu bringen. Die Erfahrungen in der Projektarbeit haben oftmals die Notwendigkeit aufgezeigt, Ziele im Ergebnis der Potentialanalyse neu zu formulieren, wenn sie unscharf oder unrealistisch sind. Zu oft werden sie auch nur aus dem Blickwinkel Einzelner formuliert. Detailwissen, das nur auf den eigenen Bereich bezogen ist, das mangelnde Verständnis für bereichsübergreifende Zusammenhänge, kurz gesagt, das Denken in Grenzen führte in der Vergangenheit in einer Vielzahl von Fällen zu widersprüchlichen, sich ausschließenden Zielvorgaben und zu Lösungen, die oftmals nicht auf das Gesamtoptimum des Unternehmens ausgerichtet waren. Gründe dafür können die ganz eigene Sicht auf bestimmte Dinge und persönliche Interessen sein. Eine weitere häufig anzutreffende Ausgangssituation ist das Vorherrschen unterschiedlicher Zielprioritäten zwischen den Abteilungen eines Unternehmens. Symptome dafür sind, daß nebeneinander statt miteinander gearbeitet wird, und gegenseitige Schuldzuweisungen beim Auftreten von Problemen erfolgen. Eine Aufstellung der häufigsten Fehler bei der Zielformulierung zeigt Bild 9.

Bevor man sich also im weiteren mit dem „Wie?" einer Zielumsetzung beschäftigt, ist die Frage zu beantworten, ob die formulierten Ziele eindeutig beschrieben und realistisch sind, und wie sie sich mit den anderen Zielen vertragen. Ziele sind auf ihren ganzheitlichen Charakter und innere Konsistenz zu prüfen. Ein Beispiel soll die Problematik verdeutlichen: Ein Unternehmen formulierte als ein Teilziel die Senkung der Rüstkosten um 50%. Dies hätte bedeutet, daß mindestens 75% der Einrichter andere Aufgaben hätten wahrnehmen müssen, ohne daß Investitionen in rüstvereinfachende Betriebsmittel hätten getätigt werden können. Würde man die Rüstmittel aufstocken, hätten man noch mehr Einrichter von der Rüsttätigkeit entbinden müssen. Das Ziel der Rüstkostenminimierung um 50% ist also nicht realistisch. Zudem ist es gegensätzlich zum Ziel der Flexibilitätserhöhung, weil dies eine Zunahme der Rüstvorgänge bedeutet, und mit reduziertem Rüstpersonal unmöglich realisierbar ist.

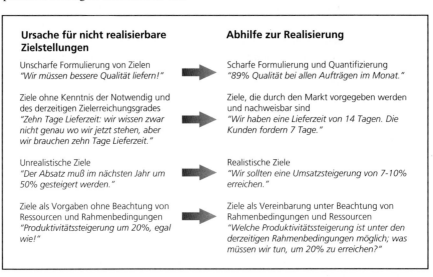

Ursache für nicht realisierbare Zielstellungen	Abhilfe zur Realisierung
Unscharfe Formulierung von Zielen *"Wir müssen bessere Qualität liefern!"*	Scharfe Formulierung und Quantifizierung *"89% Qualität bei allen Aufträgen im Monat."*
Ziele ohne Kenntnis der Notwendig und des derzeitigen Zielerreichungsgrades *"Zehn Tage Lieferzeit: wir wissen zwar nicht genau wo wir jetzt stehen, aber wir brauchen zehn Tage Lieferzeit."*	Ziele, die durch den Markt vorgegeben werden und nachweisbar sind *"Wir haben eine Lieferzeit von 14 Tagen. Die Kunden fordern 7 Tage."*
Unrealistische Ziele *"Der Absatz muß im nächsten Jahr um 50% gesteigert werden."*	Realistische Ziele *"Wir sollten eine Umsatzsteigerung von 7-10% erreichen."*
Ziele als Vorgaben ohne Beachtung von Ressourcen und Rahmenbedingungen *"Produktivitätssteigerung um 20%, egal wie!"*	Ziele als Vereinbarung unter Beachtung von Rahmenbedingungen und Ressourcen *"Welche Produktivitätssteigerung ist unter den derzeitigen Rahmenbedingungen möglich; was müssen wir tun, um 20% zu erreichen?"*

Bild 9: Häufige Fehler bei der Zielformulierung (in Anlehnung an Förster 1996)

Konsistenz bedeutet also die Widerspruchslosigkeit der Ziele innerhalb des Zielsystems. Zielkonflikte sind durch das Setzen von Prioritäten zu beseitigen. Durch eine übergeordnete Betrachtung muß sichergestellt werden, daß Ziele im Sinne einer ganzheitlichen Betrachtung zueinander passen und somit die innere Konsistenz des Zielsystems hergestellt wird. Die Erzeugung dieser Widerspruchslosigkeit gestaltet sich jedoch aufgrund äußerer Bedingungen für viele Unternehmen zunehmend schwieriger, wenn sie sich in Zeiten turbulenter Marktveränderungen den neuen Herausforderungen stellen wollen. Die angestrebte stärkere Kundenorientierung führt dann oftmals zu einer höheren Variantenvielfalt bei gleichzeitig sinkenden Stückzahlen. Bisher fertigte man jedoch kundenanonyme Massenware, die gesamte Unternehmensstruktur war, angefangen von der Auftragsabwicklung bis zu den Betriebsmitteln, dementsprechend ausgerichtet. Durch den beabsichtigten Wandel treffen nun aber zwei grundsätzlich verschiedene Unternehmensausrichtungen aufeinander, die zu den klassischen Zielkonflikten führen (Bild 10).

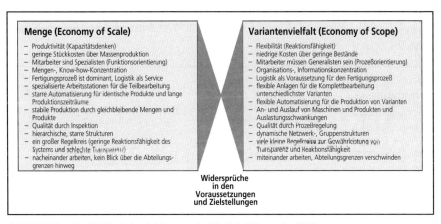

Bild 10: Wirtschaftlichkeit durch Menge oder Vielfalt (Warnecke 1993)

Neben einer Reihe von Zielen, die gleichgerichtet sind und sich im Idealfall gegenseitig verstärken, existieren jedoch auch solche, die sich widersprechen oder gänzlich ausschließen. Bevor die Art der Wechselwirkung zwischen den Zielen bewertet werden kann, ist das Netzwerk der Wirkbeziehungen zu identifizieren und in einer geeigneten Form zu visualisieren (siehe auch DYNAPRO Band 1). Eine mögliche Methode stellt das Vernetzte Denken dar (Probst, G. J. B., Gomez, P. 1991). Die Wechselwirkungen zwischen den Zielen sind danach zu beurteilen, ob und in welchem Maß sich die Zielstellungen gegenseitig verstärken, entgegengesetzt wirken oder generell nicht miteinander vereinbaren lassen. Als schwierig erweist sich aber gerade die Bewertung der Wechselwirkungen innerhalb eines Netzwerks, da ihre Intensität nur begrenzt anhand von Zahlenmaterial belegt werden kann und somit eher die subjektiven Empfindungen der Mitarbeiter zum Tragen kommen. Bei der Generierung alternativer Varianten ist man dann fast ausschließlich auf subjektive Erfahrungswerte und Empfindungen angewiesen. Durch die Vergabe unterschiedlicher Wertigkeiten können jedoch verschiedene Lösungsvarianten generiert und ihr Beitrag zur Umsetzung des Zielsystems simuliert werden, um letztlich die optimale Lösungsvariante zu identifizieren. Aufgrund der angesprochenen Probleme ist eine solche Bewertung innerhalb einer Gruppe vorzunehmen, um so die größtmögliche Objektivität zu gewährleisten. Im Ergebnis der Bewertung werden die voneinander abhängigen, sich ausschließenden und sich verstärkenden Ziele hervorgehoben. Durch die Identifizierung der beeinflußbaren Größen im Netzwerk können in den folgenden Schritten gezielte Maßnahmen konzipiert werden, welche das Systemverhalten in Richtung Zielerreichung lenkend unterstützen.

Die Aufdeckung solcher Wirkzusammenhänge kann z.B. durch die neue Sicht auf bekannte Zusammenhänge erreicht werden, indem Kennzahlen miteinander verknüpft und somit gegenseitige Abhängigkeiten aufgezeigt werden. Unter der Überschrift „Nur wer schnell ist, ist auch pünktlich!" (Bild 11) wurde so z.B. in einem Unternehmen der Zusammenhang von Termintreue und Lieferzeit hergestellt.

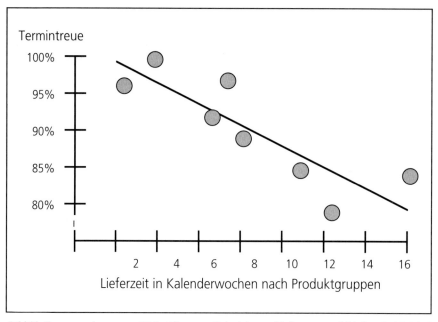

Bild 11: Zusammenhang von Zielgrößen am Beispiel von Lieferteue und Lieferzeit (Griebel 1996)

Durch diese Art der Aufbereitung konnte anschaulich dargestellt werden, wie trotz steigender Lieferzeiten die Liefertreue abnimmt. Die Zielstellungen Erhöhung der Termintreue und Reduzierung der Lieferzeiten ergänzen sich also. Ein längerer Planungshorizont führt also nicht zu einer verbesserten Termintreue, da beim Agieren im dynamischen Umfeld unvorhersehbare Ereignisse eintreten; die erhoffte Planungssicherheit aufgrund längerer Lieferzeiten ist letztlich ein Trugschluß.

Analysieren Sie auch die Zukunft!

Bei allen Anstrengungen zur Bewältigung aktueller Herausforderungen sollte jedoch niemals der Blick für das Zukünftige vernachlässigt werden. In Zeiten sich schnell wandelnder Märkte und Anforderungen kann der fehlende Blick in die Zukunft schnell zur Bedrohung für ein Unternehmen werden.

Im Zuge der Durchführung von Restrukturierungsmaßnahmen bietet sich die Chance, die Struktur nicht nur an die veränderten Anforderungen der Gegenwart anzupassen, sondern mittels einer Analyse von Entwicklungstendenzen und dem Durchspielen möglicher Zukunftsbilder Optionen für die Zukunft durch die Konzeption wandlungsfähiger Strukturen offen zu halten. Zur Ermittlung der Anforderungen an zukunftsorientierte Strukturen kommen verschiedene Methoden und Hilfsmittel, wie Prognosen, Portfolio-Ansätze, Systemuntersuchungen, Sensitivitätsanalysen und Szenariotechniken zum Einsatz. Die Szenariotechnik ermöglicht den Entwurf von Zukunftsbildern, die auf der Grundlage einzelner quantitativ oder qualitativ beschreibbarer Teilentwicklungen generiert und in die Zukunft projiziert werden. Durch die Berücksichtigung möglicher Störereignisse können somit systematisch zukünftige Konstellationen und die sich daraus ergebenden Konsequenzen ermittelt und entsprechende Handlungsanleitungen und Maßnahmenpläne entwickelt werden. (Warnecke, Bullinger 1996)

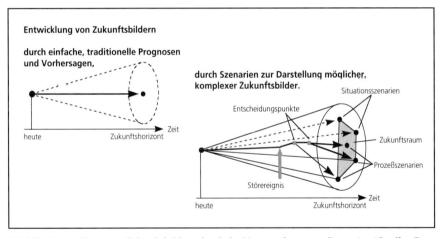

Bild 12: Entwicklung von Zukunftsbildern durch die Untersuchung von Szenarien (Quelle: Gausemeier u.a. 1995)

Die Anforderungen der letzten Jahre haben gezeigt, daß traditionelle Prognoseverfahren und Trendextrapolationen versagen, wenn es um die Vorhersage strategisch bedeutsamer Diskontinuitäten geht (Elblinger, Kreuzer 1994). Aus schwankenden Entwicklungskurven der Vergangenheit wurden vielfach geradlinige, durchschnittliche Entwicklungstendenzen für die Zukunft abgeleitet. Auf Rückschläge und Einbrüche in Entwicklungen wird durch Verweis auf die Vergangenheit nicht richtig reagiert, denn „... damals hat sich der Markt auch wieder beruhigt, und es ging uns danach besser als vorher!" Entscheidungsunwilligkeit und der verlorengegangene Blick für die veränderte neue Situation führen dazu, daß die Einleitung notwendiger Maßnahmen ausbleibt, und sich die Situation verschlechtert – die erhoffte Besserung tritt nicht ein.

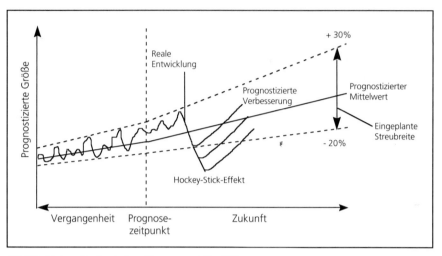

Bild 13: Unterschied zwischen Planung und Realität

Die Unsicherheit bei der strategischen Planung muß dem Verständnis für die Ursachen des Umfeldwandels weichen, indem die Ist-Situation und die tatsächlichen Einflußfaktoren erkannt und analysiert werden sollen. Bei der Vorhersage ist zu beachten, daß die Entwicklungen nur in den seltensten Fällen geradlinig verlaufen. Je dynamischer das Umfeld ist, desto weniger können die auf Vergangenheitswerten basierenden Gesetzmäßigkeiten für die Zukunftsprognose verwendet werden. Eine realistische Planung kann sich somit nicht nur auf einen Mittelwert beziehen, es müssen auch Extreme berücksichtigt werden, sowohl positiver als auch negativer Art. Die Streubreite der voraussichtlich zu bewältigenden Schwankungen, ihre maximalen Ausprägungen, sind letztlich die Planungsgrundlage und somit ein wesentliches Kriterium für die Gestaltung dynamischer Strukturen. Eng verbunden mit der Analyse möglicher Entwicklungsschwankungen ist die Bewertung der sich daraus ergebenden Folgen. Bereits kleinste Abweichungen können bei der Überschreitung eines bestimmten Schwellenwertes gänzlich andere Ergebnisse zur Folge haben.

Aus diesen nur kurz skizzierten Beispielen wird bereits deutlich, daß bei der Durchführung der Potentialanalyse nicht nur die Ist-Situation Gegenstand der Untersuchung sein darf. Die Analyse zukünftiger Entwicklungen ist eine wesentliche Voraussetzung, um anpassungsfähige, auf die Anforderungen der Zukunft vorbereitete, dynamische Unternehmensstrukturen gestalten zu können.

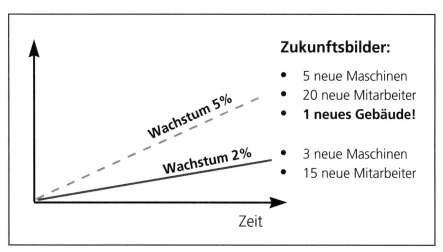

Bild 14: Entwurf von Zukunftsbildern

4   Potential-Check des Strukturverhaltens

von Nick Brehmer und Tobias Förster

DYNAPRO hat sich zur Aufgabe gemacht, durch die Einführung dynamischer Produktions- und Organisationsstrukturen, den Erfolg von Unternehmen auf turbulenten Märkten langfristig zu sichern. Warum aber brauchen wir dynamische Strukturen?

Aufgrund der Umweltturbulenzen (siehe auch Kapitel 1) wird den Unternehmen ein hoher Grad an Flexibilität abverlangt. Qualität und Quantität der Turbulenzen nehmen ständig zu. Es wird immer schwieriger, längerfristige Prognosen über die Umwelt- sowie die Unternehmensentwicklung zu erstellen. Ursache hierfür ist die Komplexität der Systeme Unternehmen und Umwelt.

Selbst Faktoren, die noch so geringfügig erscheinen mögen, können großen Einfluß auf die weitere Entwicklung des Systems haben. Das wohl bekannteste Beispiel ist der Schmetterlingseffekt: Modellrechnungen innerhalb der Chaosforschung haben gezeigt, daß der Flügelschlag eines Schmetterlings einen Wirbelsturm auf einem anderen Kontinent auslösen kann. Dadurch wurde die traditionelle Vorstellung, kleine Ursachen induzieren kleine Wirkungen, von der Erkenntnis verdrängt, daß auch noch so geringfügig erscheinende Ereignisse wesentlichen Einfluß auf die Entwicklung komplexer Systeme haben (siehe Bild 1).

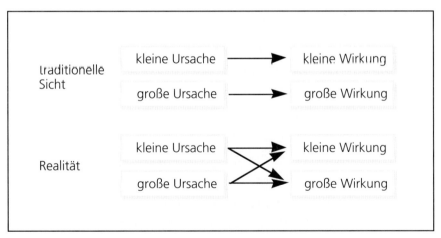

Bild 1: Zusammenhang Ursache-Wirkung in komplexen Systemen (Warnecke 1992, S. 142)

Da Qualität und Quantität der Umweltdynamik rapide zunehmen, ist der Wechsel von derzeit starren oder chaotischen hin zu dynamischen Strukturen überlebenswichtig. Ziel ist es, der Umweltturbulenz durch eine starke Eigendynamik und der Fähigkeit zur Weiterentwicklung zu begegnen, um sich mit Hilfe einer vom Inneren kommenden Innovationsfähigkeit der Umwelt anpassen zu können.

Das Strukturverhalten wurde gewählt, weil (nach der Systemtheorie) erst durch diese Eigenschaft die Bildung aktiver Systeme ermöglicht wird, welche sich Reizen zuwenden, sie aufnehmen, umformen, koordinieren und verarbeiten sowie die Verarbeitungsergebnisse in neue Aktivitäten umsetzen.

Im folgenden Teil des Beitrages sollen drei Themenschwerpunkte aus der Sicht des Lesers beantwortet werden:

1. Welches Verhalten weist meine Unternehmensstruktur derzeit auf?

2. Wie soll sich mein Unternehmen entwickeln? Welche Alternativen gibt es?

3. Wie stelle ich eine ganzheitliche Betrachtung meines Unternehmens sicher? Werden alle reorganisationsrelevanten Aspekte gleichermaßen berücksichtigt?

Letzteres, die ganzheitliche Betrachtungsweise des Unternehmens, wird durch den Einsatz des Sechs-Ebenen-Modells der Fraktalen Fabrik gewährleistet.

Das Unternehmen als Vernetztes System: Das 6-Ebenen-Modell

Elemente des 6-Ebenen-Modells (siehe Bild 2; Kühnle 1993) sind die Ebenen Kultur, Strategie, sozio-informelle Ebene, wirtschaftlich-finanzielle Ebene, Information sowie Prozeß- und Materialfluß. Diese können im einzelnen individuell

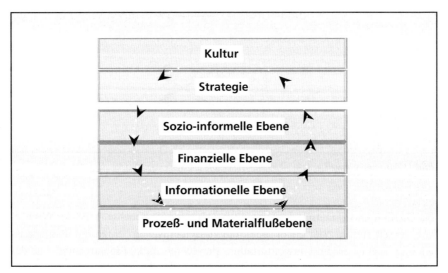

Bild 2: Das Sechs-Ebenen-Modell

untersucht werden, sind aber miteinander vernetzt und nur unter diesem Aspekt systemisch zu betrachten, wodurch sie dem Anspruch der ganzheitlichen Betrachtung des Unternehmens gerecht werden. Das Modell induziert, durch die horizontale Aufteilung des Systems Unternehmung in 6 Dimensionen, eine komplexitätsreduzierende Sichtweise.

Allgemein kann gesagt werden, daß die Ebenen Kultur und Strategie in der Hierarchie über den weiteren vier Ebenen stehen. In der kulturellen Ebene wird die Organisation als soziales Gebilde definiert und mit Hilfe der Strategien werden Handlungsmuster zur Festlegung der Effizienz des Ressourceneinsatzes beschrieben. In diesem Zusammenhang wird auch vom 2+4-Ebenen-Modell gesprochen. Die Ebenen bilden somit das Grundgerüst zur Ausgestaltung der folgenden vier Ressourcenebenen, in denen die Effektivität der eingesetzten Ressourcen zur Maximierung des Kundennutzens bestimmt wird.

Die Schwerpunkte 1. und 2. werden anhand der Merkmale starren, dynamischen und chaotischen Strukturverhaltens innerhalb eines turbulenten Umfeldes sowie deren Ausprägungen entlang des Ebenenmodells näher erläutert. Der geneigte Leser kann das Strukturverhalten seiner Unternehmung anhand der tabellarischen Übersicht jeder Ebene identifizieren und mit einem Soll-Strukturverhalten vergleichen.

Kulturelle Ebene

Allgemein läßt sich die Kultur als ein System von Wertvorstellungen, Verhaltensnormen sowie Denk- und Handlungsweisen definieren, welches von einem Kollektiv von Menschen erlernt und akzeptiert worden ist, und welches bewirkt, daß sich diese soziale Gruppe deutlich von anderen Gruppen unterscheidet (Bleicher 1991). Nach Scheins (Schein 1995) erweiterter Definition wird durch Kultur das Problem der externen Anpassung einer Gruppe an die Umwelt sowie die Integration einzelner Individuen in die Gruppe gelöst. Jede Organisation hat daher eine individuelle Kultur unterschiedlicher Ausprägung entwickelt.

Auf der kulturellen Ebene werden Problemstellungen angesprochen, die auf die im Unternehmen vorhandenen Wert- und Denkmuster, einschließlich der sie vermittelnden Symbolsysteme, zurückzuführen sind. Dabei wird das Unternehmen als eine Kultur, d.h. als ein soziales Gebilde, als Lebensgemeinschaft mit ausgeprägten Wert- und Orientierungsmustern betrachtet (Kühnle et al. 1995, S.17).

Merkmal	Ausprägungen **starren** Strukturverhaltens	Ausprägungen **dynamischen** Strukturverhaltens	Ausprägungen **chaotischen** Strukturverhaltens
Kultur			
Führungs-grundsätze	Führen durch strenge Vorgabe von Zielen und Aufgaben	Führen durch Vereinbarung von Zielen und Aufgaben	Unsicheres Führen mit häufigem spontanen Wechsel von Zielen und Aufgaben
Veränderungs-muster	Führungskräfte planen als Einzelpersonen die Verände-rungen, setzen diese durch und versuchen damit, Unsicherheiten zu minimieren	Einzelpersonen und Teams stoßen Veränderungen an und realisieren diese gemeinsam; individuell und gemeinschaftliche Ziele stimmen überein	Einzelpersonen stoßen unkoordiniert und unstrukturiert Veränderungen an
Wandlungs-bereitschaft	„Die anderen sind das Problem", Ursachenverdrängung	Führungskräfte und Mitarbeiter führen ein »Leben im Wandel«, erkennen die Notwendigkeit zur Veränderung und arbeiten gemeinsam daran, Ursachen-analyse und -beseitigung	Notwendigkeit zur Veränderung wird erkannt, das »Wie« und »Wohin« ist unklar; ganzheitliche Vorgehensweise fehlt, unklare Bekämpfung von Symptomen und Ursachen
Kontroll-mechanismen	Vom Management festgelegte und stark ausgeprägte Kontroll- und Überwachungsmechanismen	Ausgeprägte Überwachungs-mechanismen, an deren Einführung und Weiterent-wicklung die Mitarbeiter partizipieren	Nicht institutionalisierte oder nicht angewandte Kontroll- und Überwachungsmechanismen
Formelle und informelle Mechanismen	Ausgeprägte formelle Regelmechanismen, starke informelle Mechanismen und Subsysteme	Organisatorische Regelungen als Rahmen für informelle Regelmechanismen	Kaum formelle Regelungen, Organisation basiert auf informellen Mechanismen und Subsystemen
...	...	...	...

Beispielhaft sollen an dieser Stelle die Merkmale Führungsgrundsätze und Wand-lungsbereitschaft dargelegt werden. Die Unternehmenskultur in starren Organisa-tionen zeichnet sich durch eine strenge Vorgabe von Zielen und Aufgaben durch Vorgesetzte aus. Dem Mitarbeiter bleibt in der Ausführung der Aufgabe wenig Spielraum. Fest und in engen Grenzen vorgeschriebene Stellenbeschreibungen sowie Anweisungen durch Vorgesetzte ersticken die Kreativität und das Selbst-bewußtsein jedes einzelnen Mitarbeiters im Keim.

Die Wandlungsbereitschaft der Mitarbeiter wird durch:

1. Bürokratie, in der die „Aktenmäßigkeit aller Vorgänge" (Schreyögg 1996) in reinster Form gelebt wird, und

2. fehlende Möglichkeiten, die Ursachen zu bekämpfen,

verhindert. Hindernisse für schnelle Veränderungen sind beim relativ hohen Anteil von indirekten Bereichen und der Vielfalt von Formularen und Regularien, die jede Veränderung zu einem zeit- und geldintensiven Projekt werden läßt, zu suchen.

Chaotisches Strukturverhalten dagegen zeichnet sich, aufgrund der hohen Marktdynamik, durch einen hohen Grad an Unsicherheit der Führungskräfte aus. Das Management wechselt sehr häufig und spontan Ziele und Aufgaben. Oft hört der Mitarbeiter nur ein „Mach mal!", „sieh zu, wie Du es machst" et cetera, wodurch weder die Aufgaben klar umrissen, noch die verfolgten Ziele erkennbar werden. Einheitliche Vorgehensweisen zur Durchführung von Veränderungen wird durch Vorgesetzte nicht induziert, so daß unkontrollierte und unkoordinierte

Veränderungen stattfinden, die häufig im Sande verlaufen. Durch unzureichendes Informationsmaterial und der fehlenden ganzheitlichen Vorgehensweise werden oft nur Symptome bekämpft, da die Ursachen nicht identifiziert werden können.

Kulturelle Ausprägungen dynamischen Strukturverhaltens zeichnen sich durch einen Führungsstil aus, der auf Vereinbarung von Zielen und Aufgaben zwischen Vorgesetzten und Mitarbeitern basiert. Die Mitarbeiter identifizieren sich mit den gemeinsamen Zielen und werden zusätzlich motiviert, da sie zur Problemlösung beitragen können.

Vorgesetzte wie Mitarbeiter erkennen die Notwendigkeit zur Veränderung und gemeinsamen Bewältigung der Probleme. Diese „Kultur des Wandels" wird von allen Individuen der Unternehmung gemeinsam gelebt. Einzelkämpfer gibt es nicht, da ganzheitliche Problemlösungen nur gemeinsam von Vorgesetzten und Mitarbeitern bewältigt werden können. Partielle Lösungen werden somit vermieden, da sie nur von geringer Dauer sind und mehr Aufwand als Nutzen verursachen.

Strategische Ebene

Chandler (Chandler 1962) bezeichnet Strategie als das Setzen langfristiger Ziele, die Zuteilung vorhandener und erwarteter Ressourcen, die zur Zielerreichung notwendig sind, sowie die Wahl zieladäquater Maßnahmen, um die gesetzten Ziele erreichen zu können. Strategien beruhen auf Zielen, zusammengefaßt in einem organisationsspezifischen Zielsystem, welches, basierend auf Unternehmensphilosophie und -kultur, die Wertigkeit der Ziele strukturiert darlegt. In diesem System wird festgeschrieben, wie eine Organisation auf Veränderungen der Umwelt, z.B. zunehmender Wettbewerbsdruck und unternehmerische Unsicherheit, technologischer Wandel oder politische Veränderungen, reagiert. Mögliche Strategien können z.B. die Spezialisierungs-, Investitionsoder Diversifikationsstrategien sowie Hybridstrategien sein. Die Unternehmensstrategie muß den Markt so bedienen, daß der Kundennutzen aus den Produkten, hergestellt mit Hilfe der zur Verfügung stehenden Ressourcen, maximiert wird. In dieser Ebene wird die Effizienz unternehmerischen Handelns sichergestellt.

Merkmal	Ausprägungen **starren** Strukturverhaltens	Ausprägungen **dynamischen** Strukturverhaltens	Ausprägungen **chaotischen** Strukturverhaltens
Strategie			
Unternehmens-verhalten	Tendentiell sinkender Umfeld-bezug bei zunehmendem Infeldbezug führt zu reaktivem/defensivem Verhalten	Starker Um- und Infeldbezug ermöglicht proaktives Verhalten gegenüber der Umwelt	Nicht reflektierter Um- und Infeldbezug führt zu reflexartigem Verhalten, Überreaktion und -aktion
Strategien und Ziele	Starr und fest vorgegeben	Unter Berücksichtigung der Vision und den internen und externen Gegebenheiten entwickelt und angepaßt	Sehr unscharf, wechseln zu häufig und folgen keiner festen Vision oder Maxime
Regelkreise zur Struktur-veränderung	Regelkreise, insbesondere in sehr technisch mechanistischen Fragestellungen, ohne Mitarbeiterbeteilung	Offene, hierarchie- und funktionsunabhängige Regelkreise nach Selbstähnlichkeits-, Selbstoptimierungs- und Selbstorganisationsprinzipien mit hoher Mitarbeiterbeteiligung	Jeder macht, was er für richtig hält; Management organisiert Einzelaktivitäten, die das Chaos nur noch erhöhen; wenige Regelmechanismen vorhanden
...	...	...	...

Beispielhaft wird das Verhalten von Unternehmen im turbulenten Markt dargelegt. Je stärker die Veränderungen am Markt sind, desto weniger ist das Management starrer Organisationen in der Lage, diesen zu folgen. Der Zeitraum, den starre Organisationen zur Reaktion benötigen, ist dabei länger als der Zeitraum, den sie vorhersagen können. Die Reaktionszeit erhöht sich mit der Zunahme der Qualität und Quantität der Veränderungen am turbulenten Markt (siehe Bild 3).

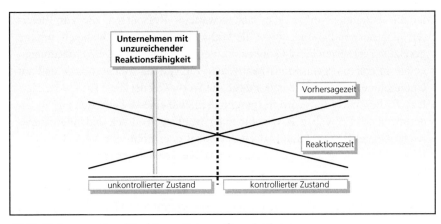

Bild 3: Vorhersagezeit und Reaktionszeit starrer Organisationen

Chaotische Organisationen verhalten sich, aufgrund nicht reflektierter In- und Umfeldbezüge, reflexartig, d. h. das Management handelt „aus dem Bauch" heraus.

Dagegen zeichnet sich dynamisches Verhalten durch ein proaktives Verhalten am Markt, durch einen ausgeprägten In- und Umfeldbezug, aus. Aufgrund eines transparenten Informations- und Kommunikationssystems sind entscheidungsrelevante Daten über das eigene Unternehmen sowie der Umwelt vorhanden. Dem Management ist es somit möglich, interne Stärken mit Chancen am Markt zu kombinieren, um so komparative Konkurrenzvorteile zu erlangen. Das Management ist aber auch in der Lage, Bedrohungen vom Markt her rechtzeitig erkennen und gegensteuern zu können.

Sozio-informelle Ebene

Die Sozio-informelle Ebene betrachtet die spezifischen Verhaltensweisen, welche die Zusammenarbeit von Menschen prägen. Bestimmende Dimensionen sind Soziologie und Psychologie, die in informellen Kontakten zwischen den Personen zum Ausdruck kommen. Auf dieser Ebene wird das auf den kulturellen Grundwerten basierende Beziehungsgefüge aller Menschen im Unternehmen beschrieben. Die Sozio-informelle Ebene steht in enger Beziehung zur kulturellen Ebene, die den Rahmen vorgibt, innerhalb dessen sich die Merkmalsausprägungen dieser zu bewegen haben.

Die in der nachstehenden Tabelle aufgeführten Merkmale und deren Ausprägungen sind als zentrale Gesichtspunkte zur Beschreibung der sozio-informellen Ebene identifiziert worden.

Merkmal	Ausprägungen **starren** Strukturverhaltens	Ausprägungen **dynamischen** Strukturverhaltens	Ausprägungen **chaotischen** Strukturverhaltens
Sozio-informelle Ebene			
Aufgabe, Kompetenz und Verantwortung	Trennung von Aufgabe, Kompetenz und Verantwortung; oft hierarchieübergreifende Aufgabenbewältigung; vertikale und horizontale Barrieren	Aufgabe, Kompetenz und Verantwortung liegen zusammen; Aufgabenbewältigung ohne hierarchiebedingte Barrieren, übergreifend und ganzheitlich	Unklare Aufgaben zerstören Kompetenz und Verantwortungsbewußtsein; Aufgabenbewältigung ist unkoordiniert und intransparent
Entscheidungsfindungsprozeß	Entscheidungen werden auf Basis einseitiger Informationen getroffen; ungenügende Entscheidungskompetenzen	Entscheidungen werden auf Basis gezielter, kommunizierter Informationen getroffen	Entscheidungen werden auf Basis ungerichteter Informationen getroffen
Mitarbeiterqualifikations/-entwicklung	Programmatische Qualifikation; viele Spezialisten (Engpaß), wenige Generalisten; angeordnete Maßnahmen; schulisches Lernen	Lernen als kontinuierlicher Prozeß auf Mitarbeiter- und Unternehmensebene; Lernunternehmen; Mitarbeiterentwicklung nach strategischen Gesichtspunkten; Qualifikationsvereinbarungen	Jeder lernt nur das, was er für richtig hält; Selbststudium bleibt bei der Reflexion; unkoordinierte Qualifikationsmaßnahmen
Qualifizierungsinhalte	Aufgabenorientierte Inhalte	Methodische, soziale, fachliche Inhalte; Schulung von Prozeß- und Zusammenhangsdenken	Inhalte bezogen auf das persönliche Problem, vergangenheitsorientiert
Mitarbeitereinsatz	Starre Zuteilung der Mitarbeiter innerhalb der Organisation; feste Bindung an Arbeitsaufgabe; bereichsübergreifender Einsatz kaum möglich	Arbeitsplatzübergreifendes Denken und Handeln der Mitarbeiter; vereinbarter Einsatz der Mitarbeiter zur Zielerfüllung	Chaotischer Einsatz der Mitarbeiter zur Sicherung der Aufgabenerfüllung; Koordination des Einsatzes durch Führungskräfte kaum vorhanden; Verschwendung des Mitarbeiterpotentials durch ungezielten Einsatz
Kommunikation/Partizipation	Kommunikation auf das Notwendigste beschränkt; keine Mitarbeiterpartizipation	breite Kommunikation und Partizipation	Partizipation erhält die Organisation aufrecht
...	...	...	...

Eine Merkmalsausprägung starrer Organisationen ist die Trennung von Kompetenz und Verantwortung bei der Aufgabenerfüllung. So werden den Mitarbeitern Aufgaben übertragen, doch sie haben nicht die Kompetenz, diese zufriedenstellend zu erfüllen. Die Mitarbeiter sind aber voll verantwortlich für die ihnen übertragenen Aufgaben. Es ist oft zu beobachten, daß sich die Kompetenzverteilung, z. B. wer welche Ressourcen wann nutzen darf, über mehrere Hierarchieebenen erstreckt (siehe Bild 4). Dieses Phänomen basiert auf eng abgesteckten Aufgabenbereichen der Führungskräfte und den daraus entstehenden kleinen „Königreichen".

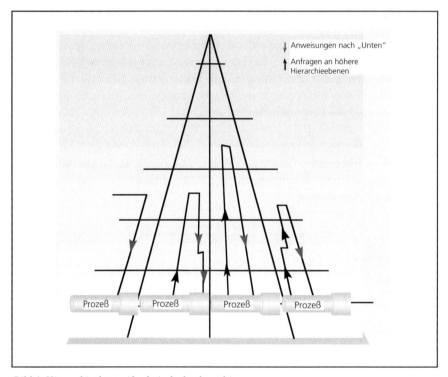

Bild 4: Hierarchieübergreifende Aufgabenbewältigung

Chaotisches Strukturverhalten zeichnet sich durch unklare Kompetenz- und Aufgabenverteilung beim Management aus. Dem Mitarbeiter sind, ähnlich einer Matrix-Organisation, mehrere Führungskräfte weisungsberechtigt, jedoch ändert sich diese Zuweisung genauso schnell, wie sich Ziele und Strategien ändern. Das bei den Mitarbeitern oft zu hörende „...egal wie wir es machen, der eine will es so, der andere so!" zerstört systematisch ihren Willen, Aufgaben zu übernehmen und selbständig zu lösen. Fähigkeiten, die den Mitarbeiter auszeichnen, schlafen ein, da sie nicht hinreichend genutzt werden. Es besteht somit die Gefahr, daß neben dem Verantwortungsbewußtsein des Mitarbeiters auch seine Kompetenzen zur Aufgabenbewältigung degenerieren.

Hierarchiebedingte Barrieren werden bei der Aufgabenerfüllung in dynamischen Unternehmen eliminiert, indem das Kongruenzprinzip, die Zusammenlegung von Aufgabe, Kompetenz und Verantwortung in einer Hand (Team), verfolgt wird. Der einzelne Mitarbeiter oder die Gruppe sind somit in der Lage, Aufgaben selbständig und umfassend zu erfüllen. Unterstützt wird dies u.a. dadurch, daß den Organisationseinheiten die Informationen zur Verfügung gestellt werden, die sie zur vollständigen Erfüllung der vereinbarten Ziele benötigen (siehe informationelle Ebene). Dies ermöglicht ein ganzheitliches Herangehen an Problemlösungen und verhindert partielle Lösungen, die nur auf Symptombekämpfung ausgerichtet und kurzfristiger Natur sind.

Wirtschaftlich-finanzielle Ebene

Die finanzielle Ebene befaßt sich mit der Verrechnung von Leistungen, d.h. es werden betriebswirtschaftliche Daten betrachtet, die die Wirtschaftlichkeit von innerbetrieblichen Leistungen sowie deren Relevanz beurteilen. Das bedeutet, daß Umsatz-Kosten-Betrachtungen mit Auslegungsbetrachtungen zusammen geführt werden müssen (Kuhnle 1995). Des weiteren wird auf dieser Ebene die Art der betriebswirtschaftlichen Handlungen, z.B. das Verrechnen von Ressourcenverbräuchen, die Art der Kalkulation, etc., sowie deren individuelle Anpassung an organisatorische Gegebenheiten betrachtet. Schwerpunkte der Betrachtungen dieser Ebene liegen demnach auf den Finanzierungsprozessen und deren individuelle Anwendung auf die jeweilige Organisationsform.

Die wirtschaftlich-finanzielle Ebene kann folgendermaßen zusammengefaßt werden:

Merkmal	Ausprägungen **starren** Strukturverhaltens	Ausprägungen **dynamischen** Strukturverhaltens	Ausprägungen **chaotischen** Strukturverhaltens
Wirtschaftlich-finanzielle Ebene			
Finanzierungs-prozesse	Starre, planwirtschaftliche interne Betrachtungen gegenüber marktwirtschaft-lichen, wettbewerbsorien-tierten externen Betrach-tungen; stark institutiona-lisiertes Controlling	Mit der Wertschöpfung verbundene Wertansätze; frei verfügbare Budgets in den Verantwortungsbereichen; zielgerichtete Finanzprozesse (z.B. Prozeßkostenrechnung)	Unkontrollierte Finanzierungs-prozesse; schnell und stark wechselnde Passiva; schwach ausgeprägtes Controlling
...	...	...	...

Finanzierungsprozesse von Organisationen mit starrem Strukturverhalten zeichnen sich durch Inflexibilität aus. Diese beruhen auf langfristigen Planungsperioden. Die Entscheidungen über die Verwendung und Aufteilung der finanziellen Mittel werden zentral, von wenigen Managern der obersten Hierarchieebenen, getroffen.

Chaotisches Strukturverhalten zeichnet sich durch eine starke finanzielle Unsicherheit des Unternehmens aus. So schnell wie die Ziele und Strategien wechseln, verändert sich auch der Einsatz und Bedarf an liquiden Mitteln. Symptomatisch, durch das Fehlen einer strategischen Ausrichtung, ist ein Pendeln zwischen Eigenkapital- und Fremdfinanzierung. Je nach Unternehmenserfolg kann das Unternehmen nur bedingt eigene finanzielle Mittel einsetzen, um die kurzfristigen Ziele zu verfolgen.

Innerhalb von Organisationen mit dynamischem Strukturverhalten sind Finanzierungsprozesse auf die strategische Ausrichtung der Organisation fokussiert. Alle Prozesse sind am Kundennutzen des Produktes ausgerichtet. So stehen den dezentralen Organisationseinheiten Budgets zur Verfügung, um die vereinbarten Ziele selbständig verfolgen zu können. Veränderungen, die zur Erhöhung des Produktnutzens führen, können dadurch unabhängig von zentralen Entscheidungsträgern realisiert werden.

Informationelle Ebene

Gegenstand der informationellen Ebene sind die Informationsflüsse sowie die Möglichkeit zu deren technischen Ausgestaltung. Betrachtet werden die Informationsflüsse hinsichtlich deren Durchgängigkeit und Integration. Besonders zu beachten sind hierbei die Anforderungen an:
- Informationserzeugung/-erfassung,
- Informationsspeicherung,
- Informationsnutzung/-austausch/-verwendung, sowie
- Informationswege.

An dieser Stelle sollen die Merkmale Informationserzeugung und -erfassung erläutert werden. Aus der Informationsflut einer turbulenten Umwelt müssen die richtigen Informationen herausgefiltert und verdichtet werden, um Entscheidungsprozesse des Managements unterstützen zu können. Je dynamischer sich das Umfeld entwickelt, um so mehr Daten sind aufzunehmen und als Informationen verdichtet dem Management zur Verfügung zu stellen. Starre Organisationen tun sich damit besonders schwer. Die Mechanismen und Instrumente zur Datenaufnahme und -verarbeitung sind an stabile Märkte angepaßt und können mit den steigenden Anforderungen nicht Schritt halten.

Chaotische Organisationen sind auch nicht in der Lage, die Datenflut mit den zur Verfügung stehenden Mitteln zu bewältigen. Das Sammeln, Filtern und Komprimieren der Daten zu Informationen kann nicht zielgerichtet erfolgen, da das Management strategisch orientierungslos am Markt agiert und die Art sowie der Anspruch an die Informationen ständig wechselt.

Merkmal	Ausprägungen **starren** Strukturverhaltens	Ausprägungen **dynamischen** Strukturverhaltens	Ausprägungen **chaotischen** Strukturverhaltens
Information			
Informations-erzeugung/ -erfassung	Erzeugung großer, oft nicht entscheidungsrelevanter Datenmengen	Informationsbedarf entspricht dem Informationsangebot (aus Daten werden die richtigen Informationen) und der tatsächlichen Informationsnachfrage; Informationsausnutzung	Überangebot an Daten; Daten werden z.T. nicht zu Informationen, da sie nicht aufbereitet verfügbar werden
Informations-speicherung	Hohe Redundanz, da keine zielgerichtete Speicherung; dezentrale Informations-speicherungen	Niedrige Redundanz, zielgerichtete Speicherung	Ungezielte Speicherung; einerseits Redundanz, andererseits sind benötigte Informationen oft nicht vorhanden
Informations-nutzung/ -austausch	Bringschuld, Passivität: „mir sagt ja keiner was"	Hohe Synergien in der Informationsnutzung und -verarbeitung; vereinbarte Hol- und Bringschuld;	Ausschließliche Holschuld; wenig Synergien; Hektik bei der Informations-beschaffung: „hier muß man sich ja um alles selbst kümmern"
Informations-wege	Starr an Hierarchie gebunden	Die Kürzesten sind die Besten	Ineffiziente Informations-wege durch unklare Zuteilung der Aufgaben-bereiche
...	...	...	...

Dynamisches Strukturverhalten zeichnet sich durch die Kongruenz von Informationsangebot, Informationsbedarf und Informationsverwertung aus. D.h., aus der unübersichtlichen Datenflut werden die Informationen herausgefiltert, die der Mitarbeiter zur Aufgabenerfüllung benötigt und die er auch tatsächlich verwendet. Unnötig aufgeblähte Informations- und Kommunikationssysteme werden vermieden, welches sich unmittelbar in den vergleichsweise niedrigeren Kosten für Informationsbeschaffung und -bereitstellung niederschlägt.

Prozeß- und Materialflußebene

Auf dieser Ebene werden alle technischen Prozesse und Materialflüsse innerhalb der Wertschöpfungskette mit all ihren Ausprägungen betrachtet. Diese Ebene wird deshalb auch als technische Ebene bezeichnet. Die Logistik und Materialwirtschaft entlang der gesamten Auftragsabwicklung werden in die Betrachtungen dieser Ebene integriert. Die technischen Prozesse sowie die internen und externen Flußbeziehungen der Organisation werden hinsichtlich ihrer Ausgestaltung anhand des Zielsystems untersucht. Des weiteren steht das Engagement einer Organisation zur Optimierung der Lagerbestände oder der Anwendung von Förder- und Transportmitteln im Mittelpunkt der Betrachtungen.

Zentrale Merkmale der Prozeß- und Materialflußebene zur Identifizierung des Strukturverhaltens sind die Ausstattung und Entwicklung der Betriebsmittel, deren Nutzung sowie die Prozeßsteuerung.

Merkmal	Ausprägungen **starren** Strukturverhaltens	Ausprägungen **dynamischen** Strukturverhaltens	Ausprägungen **chaotischen** Strukturverhaltens
Prozeß- und Materialflußebene			
Betriebsmittel (Ausstattung, Entwicklung)	Meist spezialisierte Betriebsmittel vorhanden; Substituierbarkeit mit hohen Aufwänden	Zielgerichtete Zusammensetzung flexibler und spezialisierter Betriebsmittel; bedarfsgerechte Substituierung	Zusammensetzung der Betriebsmittel nicht zielgerichtet; Über- oder Unterdimensionierung; Redundanzen oder Engpässe; Substituierbarkeit z.T. am Bedarf vorbei
Betriebsmittel-nutzung	Starre Zuteilung von Betriebsmitteln; unflexible Betriebsmittel	Zielgerichtete Vereinbarung; Betriebsmitteleinsatz ist bedarfsgerecht und wird ständig optimiert	Unklare Betriebsmittelzu-ordnung; Betriebsmittelnutzung ist unkontrolliert
Steuerung	Allein auf interne Gesichtspunkte (z.B. Betriebsmittelauslastung) ausgerichtete Steuerung	Auf externe Bedürfnisse und Unternehmensziele ausgerichtete, differenzierte Steuerung	Unklare nebeneinander existierende Steuerungs-prinzipien, die durch unklare Ziele und Aufgaben nur unscharf beschrieben werden können
...	...	...	...

Die knappen Ressourcen der Organisationen mit starrem Strukturverhalten werden durch eine möglichst detaillierte Planung und durch auf Kontinuität gerichtete Serienprozesse kompensiert. Diese sind an ein stabiles Umfeld gebunden. Selbst geringe unvorhergesehene Schwankungen auf den Märkten können starke Störungen im Prozeß nach sich ziehen.

Ein weiteres Merkmal starrer Unternehmen ist der primäre Einsatz spezialisierter Betriebsmittel, da aufgrund eines stabilen, in regelmäßigen Zyklen verlaufenden Absatz- und Beschaffungsmarktes eine gut planbare Produktquantität nachgefragt und eine bestmögliche Qualität der Produkte angestrebt wurde. Durch Serienprozesse und den auslastungsorientierten Einsatz von Betriebsmitteln (zur schnellen Amortisierung des kostenintensiven Maschinenparks) wird die Minimierung der Herstellkosten (somit auch des Preises, wenn das Produkt abgesetzt wird) erreicht.

Ein Merkmal der Organisationen mit chaotischem Strukturverhalten ist die undifferenzierte Einsteuerung von Aufträgen in die Produktion. Diese Einsteuerung, die i.d.R. mit Hilfe der Rückwärtsplanung erfolgt (spätmöglichster Produktionsstart), hat zahlreiche „Eilaufträge" zur Folge. Bei den dadurch wartenden Aufträgen besteht die Gefahr, daß diese selbst zu „Eilaufträgen" werden. Kommt ein Unternehmen einmal in diesen „Teufelskreis", ist es sehr schwer, wieder herauszukommen, da es ein selbstverstärkendes System ist.

Dynamisches Strukturverhalten zeichnet sich durch eine Betriebsmittelausstattung und -entwicklung aus, welche sich an den Steuerungsprinzipien der dezentralen Organisationseinheiten ausrichtet. D.h. eine Organisationseinheit wird beispielsweise überwiegend mit flexiblen Betriebsmitteln ausgestattet, wenn es Produkte in hoher Variantenzahl bei geringem Wiederholungsgrad fertigt. Spezialisierte Betriebsmittel werden primär den Organisationseinheiten mit Rennerprodukten zugeordnet. Bei Bedarf werden benötigte Betriebsmittel, orientiert an der strategischen Grundausrichtung der Organisationseinheit, entsprechend substituiert.

Zusammenfassung

Organisationen mit starrem Strukturverhalten zeichnen sich durch das Fehlen einer vom Inneren der Organisation kommenden Kraft, die eine selbständige Veränderung bewirkt und somit Starrheit und Unbeweglichkeit der Organisation hervorruft, aus.

Aufgrund dieser Merkmalsausprägungen starren Strukturverhaltens wird es für Organisationen zunehmend schwieriger, sich den Umweltveränderungen quantitativ und qualitativ gerecht anzupassen, da die notwendigen tiefgreifenden Umstellungen in Aufbau- und Ablauforganisation die gesamte funktional geteilte Struktur sowie den auslastungsgerechten Einsatz spezialisierter Ressourcen in Frage stellt.

Chaotisches Strukturverhalten kann allgemein als die gegenpolige Ausprägung starren Strukturverhaltens definiert werden. Während sich das starre Strukturverhalten durch eine starke Überorganisation auszeichnet, wird chaotisches Verhalten der Organisationsstrukturen durch eine ausgeprägte Unterorganisation gekennzeichnet (siehe Bild 5).

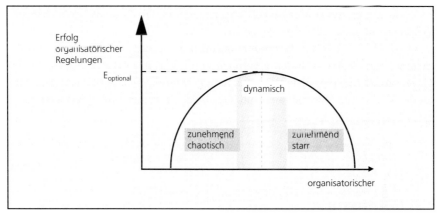

Bild 5: Zusammenhang zwischen Organisationsgrad und Unternehmenserfolg auf dynamischen Märkten

Die Organisation stellt ein instabiles System dar, welches durch das Management nicht vollständig kontrollierbar und beherrschbar ist. Diese Ausprägungen verschärfen sich mit abnehmendem Organisationsgrad, welches steigende Inflexibilität der Organisation zur Folge hat.

In der Praxis sind Organisationen mit sämtlich beschriebenen chaotischen Merkmalsausprägungen kaum anzutreffen, da sie in dieser Form weder auf statischen noch auf turbulenten Märkten längerfristig überlebensfähig sind. Das chaotische Strukturverhalten wurde hier idealisiert dargestellt als Akkumulation von Merkmalsausprägungen, die partiell in real existierenden Unternehmen anzutreffen sind.

Die Einführung dynamischer Produktions- und Organisationsstrukturen ist von essentieller Bedeutung, um überlebensfähig zu sein und langfristig erfolgreich am Markt agieren zu können. Dabei spielt es keine Rolle, ob sich das Unternehmen derzeit auf einem stabilen oder turbulenten Markt bewegt. Interagiert eine Organisation z.B. auf stabilen Märkten, so können sich schon morgen turbulente Ausprägungen herausbilden. Die Unternehmen müssen sich im voraus auf diese Veränderungen einstellen, da es im nachhinein oftmals schon zu spät ist.

Dynamische Organisationen weisen eine stabile aber wandlungsfähige Struktur auf. Die dezentralen Organisationseinheiten sind in ihrem Aufbau und der Zielausrichtung selbstähnlich. Die zunehmende Komplexität der Umwelt und der eigenen Unternehmensorganisation muß durch Dezentralisierung von Kompetenz- und Aufgabenbereichen begegnet werden.

Das in diesem Beitrag dargelegte Strukturverhalten spannt zusammen mit dem Veränderungstreiber die schon im Band 1 publizierte Strukturverhalten-Veränderungstreiber-Matrix auf (Hartmann 1996, S. 20). Die hier beschriebene Matrix (siehe Bild 6) bildet an der Abszisse eine interne Größe und die Ordinate eine Kombination aus interner und externer Betrachtung ab. Die Abszisse ist in die Dimensionen starr, dynamisch und chaotisch unterteilt. Die Ordinate ist in chancengetrieben und krisengetrieben gegliedert.

Diese Matrix stellt ein Positionierungsinstrument dar, in dem sich Unternehmen auf turbulenten Märkten einordnen können. D.h. in dieser Matrix ist, im Gegensatz zu herkömmlichen Positionierungsinstrumenten, der Dynamikcharakter der Märkte und Unternehmen durch die beiden Parameter integriert worden.

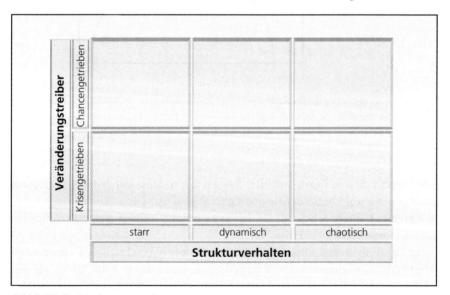

Bild 6: Die Positionierungsmatrix

5 Veränderungstreiber

von Claudius Borgmann, Nick Brehmer und Dirk Markfort

Jeder ist für Veränderungen – nur nicht bei sich selbst!

Tom Peters umschreibt die Notwendigkeit der permanenten Veränderungen mit dem Begriff „Nanosecond Nineties" (die 90'er Jahre der Nanosekunden) und verweist damit auf die Dramatik der Schnelligkeit, mit der Methoden, Verfahren, Technologie, Produkte und letztendlich Unternehmen obsolet werden können. Was heißt das nun konkret? Verändern Sie sich immer, denn Beharrung tötet!

Bestes Beispiel für die Gefährlichkeit, sich auf Bestehendes zu verlassen, ist der Übergang von den Lochkartenmaschinen zu Computern. Nur wenige Hersteller haben den Wandel geschafft. Benutzen Sie noch Lochkarten in Ihrem Unternehmen? Wohl kaum. Doch auch die Computerhersteller durften sich nicht ausruhen. IBM kam ins Trudeln, da die Aufgaben der Mainframe-Computer in sehr kurzer Zeit von Personal-Computern übernommen wurden. Die Spitzenstellung von IBM im Bereich der Mainframe-Rechner war auf dem Gebiet der Personal-Computer nicht viel wert. Und es geht weiter!

Fragen Sie sich, wie Sie ihre derzeitigen Produkte verbessern können? Diese Fragen sind wichtig, aber sie reichen nicht mehr aus? Entscheidend wird es sein, sich Gedanken darüber zu machen, welche Entwicklungen dazu führen können, daß ihre Produkte überflüssig werden?

Die rein finanzielle Betrachtung von Chance oder Krise ist falsch!

Die Unterscheidung von Chance und Krise wird gedanklich oftmals nur auf finanzielle Faktoren beschränkt. Demnach spricht man von einer Krise, wenn rote Zahlen, von Chance, wenn schwarze Zahlen geschrieben werden. Diese Einordnung ist nicht gemeint. Die Aussagekraft des Geschäftsergebnisses ist nur ein Aspekt von vielen, und insbesondere in turbulenten Zeiten vernachlässigbar. Die Studie „Tomorrow's Company" bringt es auf den Punkt: Von den 10 profitabelsten Unternehmen Großbritanniens der Jahre 1979 bis 1989 schreiben nur noch drei als rechtlich eigenständige Unternehmen Gewinne. Der Erfolg von gestern, ist die Bedrohung von morgen!

Die am häufigsten zur Bewertung des Unternehmenserfolges herangezogenen Kennzahlen sind:

- Kapitalrentabilität – Return on Investment (ROI),
- Cash Flow und
- Liquidität.

Der kurzfristige Charakter der drei Kennzahlen verursacht eine kurzfristige Betrachtung des Unternehmenserfolges. Langfristige Aussagen über den Unternehmenserfolg sind nur bedingt möglich.

Ein weiterer Kritikpunkt bei der reinen Kennzahlenbetrachtung ist deren Beeinflußbarkeit. „Traue keiner Statistik, die du nicht selbst gefälscht hast!" sagt der Volksmund. Diese oft scherzhaft gebrauchte Redensart hat durchaus einen ernstzunehmenden Hintergrund. So kann z.B. der Cash Flow wesentlich durch Bildung und Auflösung von kurzfristigen Rückstellungen oder durch Wertberichtigung (z.B. Über- oder Unterbewertung von Lagerbeständen) beeinflußt werden. Die Liquidität eines Unternehmens kann durch kurzfristige Grundstücksverkäufe aufgebessert werden.

Kennzahlen sind nur Symptome, was aber sind die Ursachen? Warum schreibt ein Unternehmen schwarze oder rote Zahlen? Die Antwort ist simpel: Ein Unternehmen schreibt schwarze (rote) Zahlen, wenn es seine Produkte am Markt (nicht) erfolgreich verkaufen kann! Erst wenn das Kundenbedürfnis erkannt, das Produkt hergestellt und verkauft ist, erst dann spiegelt sich der Unternehmenserfolg in Form von finanziellen Kennzahlen wider.

	JA	NEIN
Finanzielle Kennzahlen sind bei uns nicht ausschlaggebend für Veränderungen!	☐	☐

Wenn nicht, reagieren Sie Wochen, Monate oder sogar ein ganzes Jahr zu spät auf Umweltänderungen!

Erfolgreich Produkte verkaufen ist der Motor der Veränderung! Um diesen Motor ständig am Laufen zu halten, muß sich ein Unternehmen ständig folgende Fragen stellen und beantworten:

1. Mache ich die richtigen Dinge? – Arbeite ich effektiv?
2. Mache ich die Dinge richtig? – Arbeite ich effizient?
3. Gibt es weitere, nicht steuerbare Umfeldfaktoren, die meine Effektivität und Effizienz beeinflussen?

Bild 1 zeigt diese drei Merkmale des Veränderungstreibers. Die Effizienz eines Unternehmens wird maßgeblich von den Mitarbeitern, der Organisation sowie der genutzten Technik beeinflußt. Es werden nur interne Merkmalsausprägungen betrachtet. Den Gegenpol bildet die rein externe Betrachtung von nicht beeinflußbaren Merkmalen des Umfeldes. Die Schnittstelle zwischen In- und Umfeld bildet die Effektivität des Unternehmens, da hierbei die externen Bedürfnisse und Einflüsse mit den internen Potentialen verglichen werden.

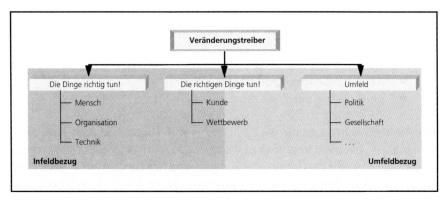

Bild 1: Die drei Merkmale des Veränderungstreibers

Die richtigen Dinge tun!

Zur Beurteilung der Effektivität des Unternehmens muß der Absatzmarkt, auf dem die Produkte abgesetzt werden, betrachtet werden. Das eigene Unternehmen interagiert hauptsächlich mit zwei weiteren Akteuren, dem Kunden und dem Wettbewerb. Betrachten wir zunächst:

1. den Kunden,
2. den Wettbewerb, und
3. das eigene Unternehmen,

sowie deren Beziehungen untereinander (siehe Bild 2).

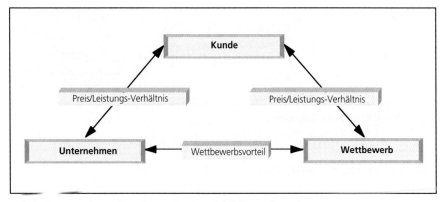

Bild 2: Das Beziehungsdreieck: Kunde-Unternehmen-Wettbewerb

Der Kunde der 90er will individuell umworben und bedient werden. D.h. auch wenn der Kunde keine genaue Vorstellung vom Produkt hat, verlangt er dennoch eine präzis auf ihn zugeschnittene Problemlösung (Einheit aus Produkt und Service). Der Kunde fordert also eine Problemlösung:

- zu einem bestimmten Preis,
- in einer bestimmten Qualität und
- in einer bestimmten Zeit.

Das Preis/Leistungs-Verhältnis des Produktes ist also entscheidend. Dem Kunden ist es eigentlich gleich, von wem er seine Ware bezieht. Somit muß jedes Unternehmen versuchen, sich durch die Nutzung des komparativen Konkurrenzvorteils (Markfort, D.; Borgmann, C., 1996) von der Konkurrenz abzuheben. Nur der Kunde zahlt!

Grundvoraussetzung zur gerechten Erfüllung der Kundenwünsche sind genaue Kenntnisse der Zielgruppen. Dies wird primär durch Kundennähe erreicht. Peters und Waterman (Peter, T.J.; Waterman, R.H., 1982, S. 156) haben in einer umfangreichen Untersuchung festgestellt, daß „...die Spitzenfirmen wirklich kundennah sind. Andere Firmen sprechen darüber, die Spitzenfirmen tun es."

Kundennähe ist ein sehr dehnbarer Begriff und jeder interpretiert ihn anders. Erst 1995 wurde von Homburg (Homburg, C., 1995) ein Modell zur Beschreibung der Kundennähe aufgestellt (siehe Bild 3).

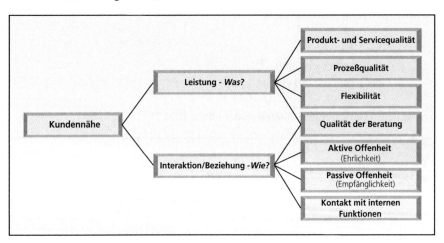

Bild 3: Das Konzept der Kundennähe

In diesem Modell wird Kundennähe in die Dimensionen:

- Leistung, also das „Was", und
- Interaktion/Beziehung, also das „Wie"

unterteilt. Simon (Simon, H., 1996) hat 500 klein- und mittelständische deutsche Unternehmen (die Weltmarktführer sind!) untersucht. Dieses Benchmark ergab, daß sich ihre Vormachtstellung auf einem ausgeglichenen Verhältnis von Leistung und Interaktion auf hohem Niveau begründet. Diese Unternehmen sind Großunternehmen beispielsweise durch bessere Interaktionen und Kleinbetrieben durch bessere Leistungen überlegen. Bemerkenswert ist auch, daß 20 % – 25 % der Mitarbeiter dieser Unternehmen regelmäßigen Kundenkontakt haben, im Gegensatz zu durchschnittlich 10 % bei Großunternehmen. Direkter Kundenkontakt ist entscheidend zur Identifikation und Bereitstellung der vom Kunden gewünschten Problemlösungen.

	JA	NEIN
Wissen Sie um die Bedürfnisse und Wünsche Ihrer Kunden?	☐	☐
Haben Sie in der letzten Woche direkten Kundenkontakt gehabt?	☐	☐
Wissen Sie die Gründe, warum Ihre Nicht-Kunden bei Ihren Konkurrenten kaufen?	☐	☐

DLH beispielsweise läßt sich und ihre Produkte von Ihren Kunden mit Hilfe eines kurzen Fragebogens bewerten. Dadurch kann sich das Unternehmen schnell und gezielt am Kundenwunsch ausrichten.

VITA hat im Werk Wanzleben die Stelle eines Kundenzufriedenheitsmanagers eingeführt. Die Managerin bearbeitet alle Reklamationen, indem Sie zu den Kunden fährt, die Ursachen ermittelt und gemeinsam mit den Kunden Lösungen ausarbeitet. Direkte Konsequenzen der Reklamationserfassung und -auswertung werden durch veränderte Prozesse sichtbar! Während Ihrer Arbeit mit dem Kunden stellte sich heraus: Circa 15 % aller Reklamationen werden überhaupt artikuliert!

	JA	NEIN
Haben sich langjährige Kunden von Ihnen getrennt, obwohl Sie sich niemals beschwert haben?	☐	☐

Geschäftsbeziehungen sollten primär auf wirtschaftlicher Rentabilität und Vertrauen basieren sowie langfristigen Charakter haben. Die feste Bindung des Kunden schafft Abhängigkeiten auf beiden Seiten. Diese Abhängigkeiten und Verpflichtungen sollten als Vorteile betrachtet werden. Es kostet fünfmal soviel, einen verlorenen Kunden zu ersetzen, als ihn zu halten. Der Deckungsbeitrag pro Kunde ist um so höher, je länger dieser Kunde bei einem Unternehmen kauft

(Vgl. Heskett, J.L. et al., 1990, S. 148-156). Allein durch diese Tatsachen sollte jedes Unternehmen bestrebt sein, einen umfangreichen Kundenstamm aufzubauen.

Versuchen Sie immer, besser zu sein als die anderen!

Nur durch die Überlegenheit mindestens eines Leistungsmerkmals des Produktes ist ein Unternehmen auf gesättigten Märkten in der Lage, dauerhaft erfolgreich zu sein. Gaus hat es evolutionstheoretisch auf den Punkt gebracht:

> Eine Spezies wird nur überleben, wenn sie wenigstens eine Aktivität besser beherrscht als ihre Feinde. Sie muß fähig sein, schneller zu laufen, tiefer zu graben oder höher zu klettern (vgl. Henderson, B.D., 1983, S. 7-11).

Voraussetzung ist aber, daß der Kunde das Leistungsmerkmal wahrnimmt. Die Verpackung von Dübeln beispielsweise dient nur der mengenmäßigen Abfüllung und wird vom Kunden nicht oder nur kaum wahrgenommen. Dagegen spielt die Verpackung von Produkten, die Kinder als Zielgruppe haben, eine entscheidende Rolle. Kinder reagieren primär auf Farben und haben ein immer größeres Mitspracherecht beim Einkauf.

Drei Bedingungen muß ein komparativer Wettbewerbsvorteil erfüllen. Er muß:

1. für den Kunden wahrnehmbar sein,
2. für den Kunden wichtig sein, und
3. dauerhaft sein.

	JA	NEIN
Erfüllen Ihre Produkte diese drei Aspekte?	☐	☐
Weisen Ihre Produkte gegenüber der Konkurrenz Alleinstellungsmerkmale auf?	☐	☐

Entscheidende Leistungsmerkmale können nur durch Innovation erreicht werden. Innovation bedeutet etwas neues, etwas anderes zu machen und erfolgreich einzuführen. Eine ständige Weiterentwicklung der Produktentwicklung ist wichtig, schützt aber nur zeitweilig vor Nachahmung durch die Konkurrenz.

Eine PIMS-Studie (Vgl. Clifford, D.K. et al., 1985) hat ergeben, daß Pionierunternehmen die höchste Kapitalrendite aufweisen. Die Rendite der Unternehmen, die ihre Produkte später auf den Markt bringen, fällt wesentlich geringer aus. Aufgrund der kurzen Lebenszyklen verbleibt ihnen nur wenig Zeit zur Amortisation ihrer Aufwände.

	JA	NEIN
Versuchen Sie dem Kunden eigene Ideen anzubieten?	☐	☐
Sind Sie Schrittmacher?	☐	☐
Entwickeln Sie Ihre Produkte zusammen mit Ihren Kunden?	☐	☐

Es gibt nur wenig Wettbewerb! Firmen haben in Europa durchschnittlich nur fünf und in Deutschland sogar nur drei Wettbewerber (Warnecke, 1992).

	JA	NEIN
Kennen Sie ihre drei stärksten Konkurrenten?	☐	☐

Während unserer Projekte haben wir oft beobachten können, daß sich konkurrierende Unternehmen häufig persönlich kennen. Projektleiter, Geschäftsführer oder Mitarbeiter des Vertriebes beispielsweise lernen sich auf Kongressen, Fachtagungen, Messen, etc. kennen und tauschen Informationen aus.

Kennen Sie Ihre Konkurrenten nicht oder nur unzureichend, nutzen Sie Ihre Kunden als Hauptinformationsquelle. Diese sind in der Regel sehr gut informiert. D.h. die Kunden vergleichen immer mehrere Anbieter, bevor sie sich für ein Produkt entscheiden. Schlagen Sie zwei Fliegen mit einer Klappe. Demonstrieren Sie Kundennähe durch persönliche Kundenkontakte und schöpfen gleichzeitig vorhandene Informationen ab!

Konzentrieren Sie sich nicht zu stark auf den Wettbewerb? Warnecke (Warnecke, H.J., 1992) hat es einmal folgendermaßen formuliert: „Wenn Sie einmal in den Teufelskreis geraten sind, bei ihren Konkurrenten nach Problemlösungen zu suchen und nicht in Ihrem Unternehmen, beginnen Sie, sich auf die Nachahmung bereits vorhandener Lösungen zu konzentrieren, und Sie werden für immer der Zweite bleiben."

So schnell wie nötig, so langsam wie möglich! Grundsätzlich gilt: Je früher das neue Produkt auf den Markt kommt, desto höher ist der Kapitalrückfluß und desto besser kann sich das Unternehmen am Markt positionieren.

Trotz dieser Vorteile muß darauf geachtet werden, daß die Neuheiten nicht zu schnell an den Markt geführt werden. Die japanische Automobilindustrie beispielsweise versuchte ausländische Märkte zu erobern, indem sie in sehr kurzen Zeitabständen immer wieder neue Modelle und neue Varianten am Markt einführte. Die Japaner hatten mit folgenden Problemen zu kämpfen:

1. aufgrund der künstlich herabgesetzten Produktlebenszeiten amortisierten sich die Produkte kaum noch (Marktanteil wuchs nicht wie geplant);
2. die Konsumenten konnten „nicht so schnell kaufen", wie die Modelle wechselten;
3. die kurzen Produktlebenszeiten erzeugten eine höhere Wertminderung der Automobile.

Beide Extrema, die zu frühe und die zu späte Einführung von Inventionen wirken sich nachteilig auf die Wettbewerbsfähigkeit des Unternehmens aus. Die Markteinführung muß vorausschauend und unter strategischen Gesichtspunkten erfolgen. Sind Ihre Kunden oftmals noch nicht „reif" für Ihre Produkte?

	JA	NEIN
Unser Unternehmen ist oft schneller am Markt mit neuen Produkten als der Wettbewerb!	☐	☐
Wissen Sie, warum Ihre Erfolgsprodukte erfolgreich sind und warum einige Produktentwicklungen zu Ladenhütern werden?	☐	☐

Die Dinge richtig tun!

Nutzen Sie die Mitarbeiterpotentiale! Komparative Konkurrenzvorteile sollten in den Bereichen aufgebaut werden, die nicht so leicht zu imitieren sind und somit am längsten aufrecht erhalten werden können. Deutschland hat beispielsweise den Nachteil überdurchschnittlich hoher Lohnnebenkosten, dafür stehen aber auch überdurchschnittlich gut ausgebildete Arbeitskräfte zur Verfügung.

Wie im Bild 4 dargestellt, sind es die Fähigkeiten der Mitarbeiter, auf denen komparative Konkurrenzvorteile beruhen sollten. Produkte sind schnell nachgeahmt und Technologie kann man sich kaufen. Die Mitarbeiter aber bauen ihre Fähigkeiten über einen langen Zeitraum auf, wodurch diese selbst in der heutigen Zeit schwer zu imitieren sind. Bauen Sie systematisch Mitarbeiterpotential auf! Dieses Potential sollte genutzt werden, um Produkte und Service kundengerecht zu gestalten. Die „Unverwechselbarkeit" der erbrachten Problemlösung schützt vor Nachahmung!

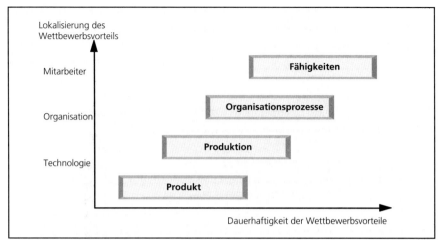

Bild 4: Dauerhaftigkeit und Lokalisierung von Wettbewerbsvorteilen (Simon, H.,1996, S.129)

	JA	NEIN
Werden Mitarbeiter bei Ihnen als Unternehmensaktiva verstanden?	☐	☐
Wenn ja, führen Sie direkte Maßnahmen zur Erhaltung oder Steigerung der Aktiva durch?	☐	☐
Kennen Sie Ihre demotivierten Mitarbeiter und deren Ursachen?	☐	☐

Bei der Analyse der Effizienz eines Unternehmens muß neben dem Faktor Mensch auch die Ablauf- und Aufbauorganisation des Unternehmens betrachtet werden. Schwerpunkt ist die Flexibilität der Organisation auf Umfeldveränderungen, d.h. wie schnell paßt sich das Unternehmen den sich ändernden Randbedingungen an.

Die Zeit, mit der neue Produkte an den Markt geführt werden, steht immer mehr im Mittelpunkt strategischer Betrachtungen. Fast jeder Manager kennt das Ergebnis der von Arthur D. Little durchgeführten Studie (Vgl. Tiby, C., 1988), aber nur we nige ziehen daraus Konsequenzen für das eigene Unternehmen:

> Eine Überschreitung der geplanten Entwicklungszeit einer Produktgeneration um nur 10 % ist gleichbedeutend mit einer 10%igen Überschreitung der Produktionskosten oder einer 50%igen Überschreitung der Forschungs- und Entwicklungskosten.

Die Japaner machen es uns vor. Sie versuchen immer als erster am Markt zu sein. Wenn Imitatoren auf den Markt drängen, sind japanische Unternehmen bereits dabei, Kostenvorteile in der Produktion und somit Markteintrittsbarrieren aufzubauen.

Eine Kette ist nur so stark wie ihr schwächstes Glied. Die Gesamtzeiteffizienz (Time-to-market) eines Unternehmens wird aber nicht nur von Forschung und Entwicklung beeinflußt. Oft nicht berücksichtigt werden Zeitverluste durch:

- falsches Projektmanagement
- lange Übergangszeit vom Projekt bis zur endgültigen Realisierung
- lange Prozeß- und Distributionszeiten.

Zur Erringung komparativer Wettbewerbsvorteile ist es notwendig, alle Bereiche des Unternehmens zu betrachten und auf ein Gesamtoptimum hinzuarbeiten.

	JA	NEIN
Werden bei Ihnen F&E-Zeitvorgaben immer eingehalten?	☐	☐
Ist die Aufbauorganisation für alle Mitarbeiter transparent?	☐	☐
Ist die Auftragsabwicklung vollständig transparent für Sie und Ihre Mitarbeiter?		
Ist Ihr Unternehmen prozeßorientiert organisiert?	☐	☐
Ist Ihr Unternehmen wandlungsfähig? Betreiben die Organisationseinheiten Selbstorganisation und -optimierung?	☐	☐
Haben Sie eine differenzierte Kundenauftragssteuerung?	☐	☐

Die Technologie ist das Effizienzkriterium, welches unterstützend für die beiden vorher beschriebenen Kriterien eingesetzt werden sollte. Der Mensch kann seine Fähigkeiten nur voll ausschöpfen, wenn er die notwendigen Betriebsmittel zur Verfügung hat. Kriterien der Organisation sind beispielsweise Prozesse und Materialflüsse. Dagegen ist eine dem Wettbewerb überlegene Technologie ohne dynamische Organisation und hochqualifizierte Mitarbeiter langfristig nicht erfolgreich. Technologie ist das Effizienzmerkmal, welches am schnellebigsten und am leichtesten zu imitieren ist.

Die von Ihnen eingesetzte Technologie sollte garantieren:

- eine hohe Prozeßqualität – 0-Fehler-Produktion
- eine hohe Prozeßflexibilität -Betriebsmittelflexibilität (Ausbringungs- und Anlagenflexibilität); Logistik-Flexibilität
- eine hohe Produktqualität – ein 0-Fehler-Produkt; hohe Marktgerechtigkeit in Form von geforderter Lebensdauer, Design und Funktionalität
- eine hohe Produktflexibilität – geforderte Variantenvielfalt
- die geforderte Umweltverträglichkeit der Produkte und Prozesse.

	JA	NEIN
Setzen Sie die in Ihrer Firma vorhandene Technologie unterstützend ein?	☐	☐

Das Unternehmensumfeld

Das Umfeld ist das dritte zu betrachtende Merkmal des Veränderungstreibers. Als Umfeld werden die externen Faktoren zusammengefaßt, die nicht unmittelbar durch das Unternehmen beeinflußbar sind. Diese sind z. B.:

- Politik,
- Volkswirtschaft,
- Gesellschaft – Werte, Kultur,
- Wissenschaft/Forschung,
- Technologie,
- Natur – Erdbeben, Überschwemmungen, etc.,
- Infrastruktur/Ressourcen,
- ...

Diese Faktoren sind abhängig von Branche und Unternehmensgröße. Die Deutsche Bahn AG beispielsweise hat wesentlichen Einfluß auf die Infrastruktur, kann aber keinen der anderen aufgeführten Faktoren beeinflussen. Großunternehmen, wie z. B. Mercedes-Benz AG, Procter&Gamble oder The Coca-Cola Company haben durchaus Einfluß auf Wissenschaft, Forschung und Technik.

Diese Beispiele sind Ausnahmen. Die meisten Unternehmen können ihr Umfeld nur durch eine gut geplante Standortwahl beeinflussen. Schon existierende Werke dagegen müssen ihr Umfeld gut beobachten. Das Umfeld sollte in kritische und unkritische Faktoren unterteilt werden. Kritische Faktoren sind diejenigen, welche wesentlichen Einfluß auf die Prozesse und Ziele des Unternehmens haben, z. B.:

Mein Unternehmen versteht sich als Innovator. Kritische Faktoren sind:

- Wissenschaft und Forschung,
- Technologie.

Mein Unternehmen hat viele chemische Prozesse. Kritische Faktoren sind:

- Politik (Gesetze),
- Gesellschaft (Wertvorstellungen der Menschen).

VITA beispielsweise ist im Winter auf Gemüse aus dem Mittelmeerraum angewiesen. Streikende LKW-Fahrer in Spanien und Überschwemmungen in Italien haben VITA Anfang 1997 vor große Probleme gestellt. Die Unternehmensleitung reagierte schnell, indem entsprechende Gemüsesorten aus Griechenland und aus Kalifornien, USA, importiert wurden. Der griechische Salat hatte eine minderwertige Qualität, und der Transport aus den USA war sehr kostenintensiv. Darum vereinbarte VITA kurzfristig mit den Kunden ein anderes Mischungsverhältnis der Salate bei gleichen Preisen.

	JA	NEIN
Wissen Sie, welches Ihre kritischen Umfeldfaktoren sind?	☐	☐
Beobachten Sie diese ständig?	☐	☐

Umfeld, Effektivität und Effizienz sind die Säulen des Veränderungstreibers. Bei anstehenden Reorganisationen ist es von essentieller Bedeutung, daß ganzheitlich vorgegangen wird. D.h. alle drei Aspekte des Veränderungstreibers müssen gleichermaßen betrachtet werden. Bei einer Reorganisation muß zuerst geklärt werden, ob der Unternehmenszweck mit den Umfeldbedingungen korrespondiert (siehe Bild 6).

Dieser Abgleich wiederum ist Voraussetzung für die Wiederausrichtung der Unternehmenseffektivität. Es macht wenig Sinn, sich zu fragen, ob das Unternehmen die richtigen Dinge in bezug auf den Kunden und den Wettbewerb tut, wenn die Aktivitäten beispielsweise gesetzlich verboten sind. Die Effektivität geht konform mit der strategischen Unternehmensausrichtung. Es werden langfristige Strategien in bezug auf den Kunden und die Konkurrenz festgelegt.

Um Verschwendung zu minimieren, ist die Ausrichtung der Effektivität die Voraussetzung zur Effizienzerhöhung. Ca. 70% aller Organisationen scheitern, weil zuerst die Effizienz der Organisation erhöht wird, bevor man einen Blick nach außen wagt. Der Erreichungsgrad operativer Zielstellungen (Output/Input-Resultat) steht dabei zu häufig im Mittelpunkt.

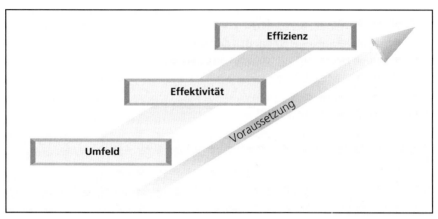

Bild 5: Ganzheitliches Vorgehen: Umfeld-Effektivität-Effizienz

Wie erkenne ich nun chancen- oder krisengetriebenes Handeln?

In diesem Kapitel haben wir einige Fragen und Behauptungen aufgestellt, die Sie für Ihr Unternehmen beantworten (Ja/Nein) sollten! Konnten Sie immer JA ankreuzen, haben sie alle notwendigen Daten über Ihr Umfeld, die Effektivität sowie die Effizienz Ihrer Organisation. Daten sind aber noch längst keine Informationen!

Das Wissen um diese Tatsachen reicht nicht aus. Erst durch die richtige Verknüpfung und Interpretation der Daten werden Informationen generiert. Ein Unternehmen muß sich der Lage bewußt sein, in der es sich befindet!

THIMM beispielsweise weiß, daß in Polen neue Werke errichtet werden. Weiterhin sind Daten über Produktionskapazitäten und Pro-Kopf-Verbrauch in Deutschland und Polen vorhanden. Erst durch das Ziehen von Schlußfolgerungen wird das Bewußtsein entwickelt, ob direkte Aktionen eingeleitet werden müssen. Bei THIMM wurde beispielsweise durch den Aufbau einer neuen Vertriebsstruktur speziell für Polen der aufkommenden Konkurrenz chancenorientiert begegnet.

Veränderungen müssen „getrieben" werden. Ohne „Startschuß", ohne „pushende" Kräfte wird sich nichts bewegen.

Doch wie kann das Idealziel, einen chancenorientierten Veränderungsantrieb zu institutionalisieren, erreicht werden? Es gibt nicht die Schrittfolge, die als Allheilmittel benutzt werden kann.

Der Anstoß der Veränderung kann je nach Unternehmen oder Kultur folgendermaßen entstehen:

- durch Warten, bis die Krise kommt
- durch bewußtes Herbeireden der Krise
- durch Erkennen und Nutzen von Chancen.

Warten Sie, bis die Krise kommt!

Wer gar zuviel bedenkt, wird wenig leisten. (Friedrich Schiller, 1759-1805, in: Wilhelm Tell III, 1)

Je größer das Unternehmen, desto schwerfälliger! Nicht immer richtig, aber doch sehr häufig. In der Tat ist es das Besitzstandsdenken von Abteilungen, die sich gegen Veränderungen massiv wehren.

Die Devise lautet: Wissen ist Macht! Jedoch wird das Wissen nicht dazu eingesetzt, mögliche Unternehmensschwächen aufzudecken und zu beseitigen, noch werden sich bietende Chancen aktiv genutzt und externe Krisen werden verdrängt. Das vorhandene Wissen wird vielmehr für interne Machtkämpfe verwandt.

„In Deutschland werden ca. 40 bis 60 Prozent der Arbeitszeit mit Schuldzuweisungen, Rechtfertigungen und der Absicherung der eigenen Position verbracht. Jeder muß sich gegen alle Vorwürfe absichern, nach oben, zur Seite und nach unten. Jeder baut sein eigenes Machtnest auf, jeder spezialisiert sich so weit, daß kein anderer mehr etwas von der Sache verstehen kann." (Tominaga, M., 1996, S.108)

Erst wenn die Krise in Gestalt roter Zahlen oder drohender Arbeitsplatzverlusten den Mitarbeitern bewußt wird, erhöht sich die Bereitschaft, auf liebgewonnene Statussymbole zu verzichten. Die Konkurrenz sitzt nicht im Zimmer nebenan, sie kommt von außen, und das global!

Reden Sie die Krise bewußt herbei!

„Der Mensch glaubt oft, sich zu lenken, während er gelenkt wird." (Francois de La Rochefoucauld)

Ein anderer Weg für Unternehmen, die verkrusteten Strukturen aufzuweichen, ist das Herbeireden von Krisen. Das Management ist sich durchaus seiner Unternehmenslage bewußt, sieht aber keinen anderen Weg, die Mitarbeiter für Veränderungen zu motivieren. Durch wiederkehrende „schlechte Nachrichten" wird nach und nach das Bewußtsein entwickelt, aus dem „Dornröschenschlaf" aufwachen zu müssen. Motivator ist die Angst (z.B. um Positionen oder um den Arbeitsplatz). Doch macht dies auf Dauer Sinn? Sicherlich nicht! Eine Organisation kann es sich nicht leisten, den permanenten Wandel dauerhaft durch politisches Agieren anzustoßen. Es darf nur als einmalige Lösung dienen, um ein völlig neues Verständnis bei den Mitarbeitern zu implantieren.

Erkennen und Nutzen Sie Chancen!

Sind in Ihrem Unternehmen alle relevanten Daten über Umfeld, Effektivität und Effizienz des Unternehmens vorhanden? Sind Sie in der Lage, diese so zu interpretieren, daß ihr Unternehmen Chancen frühzeitig aufkommen sieht und diese somit konsequent nutzen kann? Wenn ja, dann haben sie es geschafft (aber ruhen sie sich nicht auf den Lorbeeren aus!). Tatsache ist, es gibt kein Unternehmen, das es wirklich geschafft hat. Positive Beispiele gibt es dennoch: 3M, das immer wieder innovative Produkte entwickelt, die zum selbstverständlichen Bestandteil in vielen Unternehmen werden. Denken sie nur an die „Post-it" Produkte.

Chancen erkennen heißt immer auch: die Fähigkeit, die eigenen Potentiale realistisch einzuschätzen.

Eine Chance kann nur der haben, der sich aktiv weiterentwickelt sowie optimistisch und aggressiv am Markt agiert!

6   Die Strukturierungsmethodik

Entwicklung individueller Organisationsmischformen
von Joachim Klink

Für die erstmalige Konzeption dynamischer Strukturen ist in vielen Fällen eine umfassende Strukturierung mit Reengineering-Charakter angeraten. Mit dieser Strukturierung soll ein Startzustand für die Organisationsstruktur geschaffen werden, der optimale Voraussetzungen für ein dynamisches Weiterentwickeln des Unternehmens beinhaltet. Die Strukturierungsmethodik stellt eine Vorgehensweise dar, die die (Re-) Strukturierung von Unternehmen systematisiert, beschleunigt und effizienter macht. Da sie einen „quasi-statischen" Ausgangszustand herstellt, steht sie in gewissem Widerspruch zu den anderen DYNAPRO-Methoden.

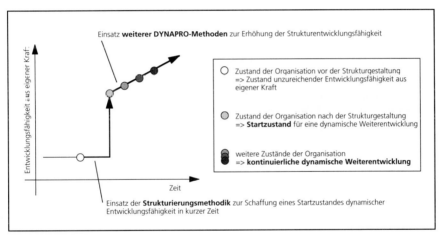

Bild 1: Einsatzbereich der Strukturierungsmethodik

Welcher Ansatz wird mit der Strukturierungsmethodik verfolgt?

Eine zentrale Anforderung an zeitgemäße Organisationsformen ist es, die Vorteile aus funktionalen und objektorientierten Strukturen in sich zu vereinigen. Funktionale Organisationsformen setzen auf die Zusammenfassung von gleichartigen Tätigkeiten (Qualitätssicherung, Arbeitsvorbereitung, Fertigung, ...) in Organisationseinheiten zum Zwecke der Effizienzsteigerung. Die seit einigen Jahren häufiger praktizierten objektorientierten Organisationsformen verfolgen kurze Durchlaufzeiten und optimierte Abläufe. In ihnen werden Tätigkeiten entlang der Wertschöpfung strukturiert. Das Strukturierungskriterium sind dabei „Objekte" wie z.B. Produkte, Kundengruppen oder Auftragstypen. Beide Strukturierungskriterien haben Vor-, aber auch Nachteile. Nachteilig bei rein funktionalen Organisationsformen sind beispielsweise ein hoher Koordinierungsaufwand und hohe

Durchlaufzeiten, während den objektorientierten Organisationsformen hohe Kosten durch redundante Investitionen und fehlende Synergieeffekte entgegenstehen. Folglich kann nur mit individuell ausgeprägten Organisationsmischformen eine gesamtoptimale Lösung für das Organisationsdilemma erzielt werden.

Mit der Strukturierungsmethodik ist es möglich, individuell ausgeprägte Organisationsmischformen zu entwickeln, die den spezifischen Unternehmensanforderungen Rechnung trägt und die Vorteile von Funktions- und Objektorientierung ausgewogen berücksichtigt.

Was bringt der Einsatz der Strukturierungsmethodik?

Eine Restrukturierung gliedert sich in 2 Hauptphasen: Eine Konzeptionsphase, in welcher die neue Struktur „am Reißbrett erdacht" wird. Diese Phase ist überwiegend theoriebestimmt. Die Arbeit konzentriert sich auf Befragungen von Mitarbeitern sowie Arbeiten an abstrakten Modellen wie z.B. dem Organigramm oder Prozeßablaufdiagrammen etc.. Die zweite Hauptphase ist die Umsetzungsphase. Sie beginnt mit den ersten Aktivitäten, die darauf abzielen, die neue Struktur real (physisch und organisatorisch) umzusetzen und endet dann, wenn die neue Struktur zu greifen beginnt (wenn die erwünschten Effekte eintreten). Die wesentlichen Erfolgsgrößen einer Restrukturierung sind:

- Der Zeitbedarf, bis die Umsetzung erfolgreich abgeschlossen ist
- Der Ressourceneinsatz für Konzeption und Umsetzung in Form von Zeitverbrauch von Mitarbeitern, Beraterhonorar, ...
- Die Qualität der umgesetzten Lösung (nicht der geplante, sondern der tatsächliche Erfolg der Restrukturierung)

Die „klassische" Restrukturierung ist gekennzeichnet durch eine vergleichsweise kurze Konzeptionsphase eines kleinen Planungsteams. Die Umsetzung ist häufig weniger erfolgreich, da z.T. praktische Realisierungsfragen in der Konzeption vernachlässigt werden und sich oft Widerstände in bestimmten Mitarbeitergruppen ausbilden.

Exakt an diesem Punkt setzen Restrukturierungsprojekte mit hoher Mitarbeiterbeteiligung an. In einer aufwendigeren Konzeptionsphase werden möglichst viele Mitarbeiter in den Planungs- und Entscheidungsprozeß eingebunden. Dies hat den Vorteil, daß die Umsetzung viel reibungsloser von statten geht, da ausreichend Praxiswissen in die Planung eingeht und die Akzeptanz der Lösung im Vorfeld hergestellt wird. Diese Vorgehensweise stellt jedoch enorme Anforderungen an die Koordination/Moderation der Planungsbeteiligten. Unterschiedliche Interessenlagen sowie Fraktionenbildung verhindern oft eine konfliktfreie Arbeit des Planungsteams und vermindern die Effizienz der Planung.

Aus diesem Grund wurde die Strukturierungsmethodik entwickelt. Durch eine systematische Vorgehensweise werden die Planungsbeteiligten effizient zusammengeführt. Die Gesamtaufgabe wird in kleine Teilschritte und sachliche Detailentscheidungen aufgesplittet. Die Diskussionen werden strukturiert und zielorientiert geführt, Emotionen haben „keine Chance". Die Koordination/Moderation kann die Arbeit straff organisieren und Konfliktpotentiale bereits im Ansatz entkräften. Die Gesamtzeit für die Strukturierung und den Ressourceneinsatz wird verringert, das Strukturierungsergebnis wird verbessert.

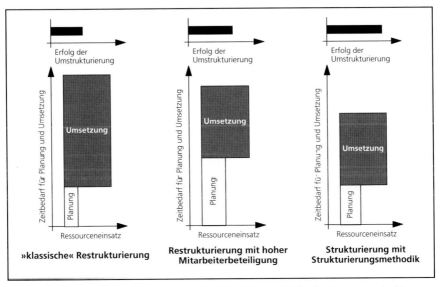

Bild 2: Effizienz- und Qualitätssteigerung durch den Einsatz der Strukturierungsmethodik

Wie funktioniert die Strukturierungsmethodik?

Das Ziel der Strukturierung ist es, eine Struktur organisatorischer Einheiten zu finden, die durch Erfüllung von Teilaufgaben die Gesamtunternehmenswertschöpfung optimal sicherstellen. Mithilfe der Strukturierungsmethodik wird die Gesamtunternehmenswertschöpfung zuerst sukzessive in kleine Teilaufgaben zerlegt. Diese werden dann unter Berücksichtigung von Strukturierungszielen wieder zusammengesetzt. Dadurch erhält man ein erstes Grobstrukturmodell, das dann überarbeitet und detailliert werden muß.

Die Strukturierungsmethodik ist der formale Rahmen für ein Strukturierungsprojekt. Das Projektteam sollte heterogen zusammengesetzt sein. Es sollten möglichst viele Hierarchiestufen und alle von der Strukturierung betroffenen Bereiche vertreten sein. Die Vielzahl von Projektmitgliedern stellt einerseits sicher, daß wichtiges verteiltes Wissen in die Planung einfließen kann. Dieses Wissen ist häufig implizit in den Köpfen der Mitarbeiter vorhanden. Andererseits garantiert

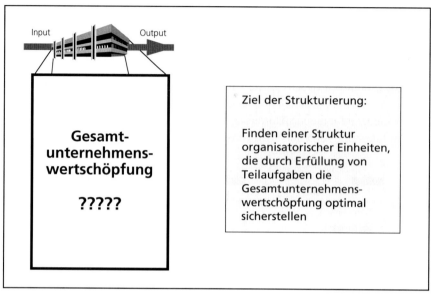

Ziel der Strukturierung:

Finden einer Struktur organisatorischer Einheiten, die durch Erfüllung von Teilaufgaben die Gesamtunternehmens- wertschöpfung optimal sicherstellen

Gesamt- unternehmens- wertschöpfung

?????

Input

Output

Bild 3: Ziel der Strukturierung

die Mitarbeit unterschiedlicher Bereiche und Interessengruppen im Unternehmen die Akzeptanz der erarbeiteten Lösung. Manche Kompromisse, die während einer komplexen Planung eingegangen werden müssen, erzeugen später in der Umset- zung Irritationen und Unverständnis. Diesen Irritationen wird dadurch vorgebeugt, daß die Umstände, die zu den Kompromissen geführt haben, einem breiten Pro- jektteam transparent sind. Die Methodik ist dafür geeignet, effizient mit einem Personenkreis von bis zu ca. 15–20 Personen gleichzeitig zu arbeiten. Selbstver- ständlich ist es jedoch auch möglich, die operative Arbeit mit einem kleineren Personenkreis (Kernteam) durchzuführen und Zwischenergebnisse in größeren Runden (erweitertes Team) abzustimmen. Alle Schritte der Strukturierungsmetho- dik lassen sich mit Flip-chart oder Folie auf Overhead-Projektor durchführen. Ideal ist das direkte Arbeiten mit vorgefertigten Tabellen in einer Excel-Arbeits- mappe. Durch Projektion des Bildschirminhaltes über ein Overhead-Display kann so der Arbeitsfortschritt – quasi online – visualisiert und dokumentiert werden.

Wie wird die Strukturierungsmethodik angewandt?

Im ersten Schritt wird die Gesamtunternehmenswertschöpfung sukzessive entlang der Wertschöpfungsprozesse in einzelne Ablaufschritte untergliedert. Im Ergebnis erhält man eine „Liste" mit allen im Unternehmen wahrzunehmenden Funktionen. Diese Liste von Funktionen wird als „funktionale Dimension der Strukturierungs- matrix" bezeichnet. In ihr sind die Funktionen unabhängig von ihrer zeitlichen

124

Reihenfolge oder momentanen organisatorischen Zuordnung aufgeführt. Die Erarbeitung der funktionalen Dimension ist ein sehr wichtiger Schritt. Er ist vergleichbar mit einer Prozessaufnahme beim Process-Reengineering. In diesem Schritt wird das (häufig implizite) Wissen von Spezialisten und Fachleuten abgefragt und aufbereitet. Gleichzeitig dient er der bereichsübergreifenden Kommunikation, da die Planungsbeteiligten einen guten Überblick über alle durchzuführenden Teilaufgaben erhalten. Von besonderer Bedeutung in diesem Schritt ist die Wahl des Detaillierungsgrades. Einerseits nimmt der Aufwand mit steigender Detaillierung zu. Andererseits werden Gestaltungsfreiräume eingeengt, wenn bereits in diesem Schritt eine Zusammenfassung zu Aufgabenblöcken vorgenommen wird. Um das Detailwissen aller Planungsbeteiligten sicherzustellen, ist es deshalb sinnvoll, einen sehr feinen Detaillierungsgrad zu wählen.

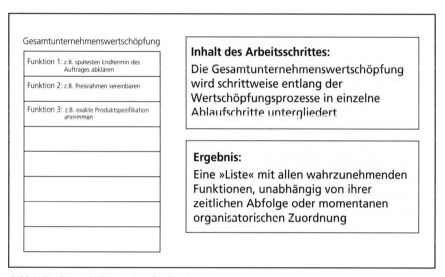

Bild 4: Funktionale Dimension der Strukturierungsmatrix

Der zweite Schritt dient der Unterteilung der Gesamtunternehmenswertschöpfung nach möglichen Objekten (z. B. Produktgruppen, Auftragstypen, Märkte, ...). Dies ist die objektorientierte Funktion der Strukturierungsmatrix. Sie stellt eine „Liste" mit Objekten dar, nach denen sich die Gesamtunternehmenswertschöpfung sinnvoll strukturieren läßt. Dieser Schritt sollte durch Kreativitätstechniken wie bspw. Metaplan unterstützt werden, da die „richtigen" Strukturierungsobjekte nicht von Anfang an klar sind. Es ist häufig ein iterativer Prozeß, bis von den Planungsbeteiligten ein Gefühl dafür entwickelt wird, welche Strukturierungsobjekte für den speziellen Anwendungsfall besonders geeignet sind.

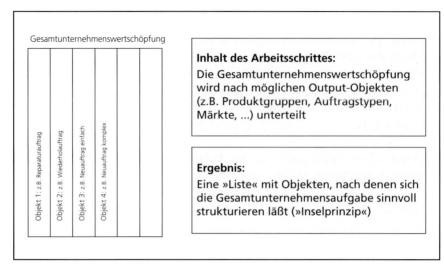

Bild 5: Objektorientierte Dimension der Strukturierungsmatrix

Durch Überlagerung der funktionalen und der objektorientierten Dimensionen erhält man eine Matrix – die Strukturierungsmatrix. Die einzelnen Kästchen der Strukturierungsmatrix stellen sogenannte „kleinste Gestaltungseinheiten" dar. Dies sind Einheiten, die im Rahmen der Strukturierung nicht mehr sinnvoll teilbar sind. Aus diesen kleinsten Gestaltungseinheiten (kG) werden später durch Zusammenfassen organisatorische Einheiten gebildet.

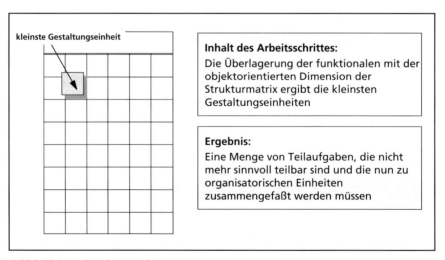

Bild 6: Kleinste Gestaltungseinheiten

Im nächsten Schritt werden Entscheidungsprämissen erarbeitet. Die bei der Strukturierung verfolgten Ziele (Verkürzung von Durchlaufzeiten, Maximierung der Kundenorientierung, ...) werden gesammelt und priorisiert. Dann wird diskutiert, welche Ziele durch eine Funktionsorientierung verfolgt werden und für welche Ziele eine Objektorientierung sinnvoll ist. Als wichtige Quelle für die Erarbeitung von Entscheidungsprämissen dient das Leitsystem. Die übergeordneten Ziele und die Unternehmenszielhierarchie des Leitsystems sollten an dieser Stelle Eingang finden.

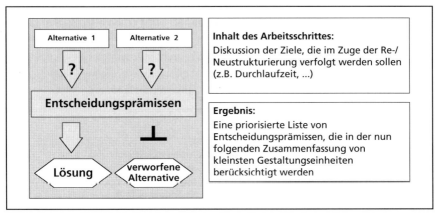

Bild 7: Erarbeitung von Entscheidungsprämissen

Nun muß für jede kleinste Gestaltungseinheit eine Hauptbezugsrichtung festgelegt werden. Die Hauptbezugsrichtung gibt an, ob eine kG stärkeren Bezug zu anderen kG in der horizontalen oder in der vertikalen Richtung aufweist. Diese Arbeit erfolgt durch Diskussion in der Gruppe, wobei bei jeder Entscheidung Bezug auf die Entscheidungsprämissen genommen wird. Das besondere an diesem Schritt ist, daß die Entscheidungskomplexität drastisch reduziert wird. Auf Detailebene müssen einzelne Entscheidungen getroffen werden. Dies trägt zur Versachlichung des Strukturierungsprozesses bei und läßt implizites Fachwissen in die Planung einfließen.

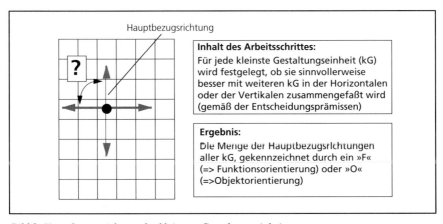

Bild 8: Hauptbezugsrichtung der kleinsten Gestaltungseinheiten

Mit Hilfe der Strukturierungsmatrix werden im nächsten Schritt organisatorische Grobmodelle erarbeitet. Die kG werden gemäß ihrer Hauptbezugsrichtung F (für Funktionsorientierung) oder O (für Objektorientierung) mit weiteren kG zusammengefaßt. Dies ist ein iterativer Prozeß, da es häufig vorkommt, daß beide Orientierungen möglich sind. Es empfielt sich, in der Strukturierungsmatrix entweder spalten- oder zeilenweise vorzugehen, je nach dem, welche Orientierung gemäß der Entscheidungsprämissen oberste Priorität hat. Mit Farben oder Zahlen lassen sich dann einzelne Organisationseinheiten sukzessive aufbauen. Auch dieser Schritt ist häufig von einigen Iterationsschleifen gekennzeichnet. Es ist auch möglich, mehrere alternative Vorschläge auszuarbeiten, die zu einem späteren Zeitpunkt – in der Detaillierung – wieder überarbeitet werden können.

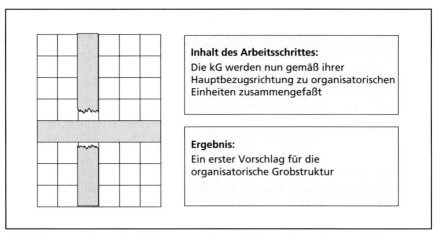

Bild 9: Zusammenfassung der kleinsten Gestaltungseinheiten zu Organisationseinheiten

Der jetzt erarbeitete Vorschlag für die Organisationsstruktur enthält eine Zuordnung von Tätigkeiten zu Objekten und Organisationseinheiten. Als nächstes muß geklärt werden, durch welche Personalressourcen die Tätigkeiten jeder Organisationseinheit wahrgenommen werden sollen. Um eine Emotionalisierung dieser Arbeit zu vermeiden, sollte zu diesem Zeitpunkt keine Zuordnung zu konkreten Personen erfolgen, sondern ausschließlich die Anzahl von benötigten Personen je Organisationseinheit festgelegt werden. Der Zusammenhang der Personalzahlen der alten Struktur mit den neuen Organisationseinheiten wird als „Personalwanderungsbilanz" bezeichnet.

Mit der Erarbeitung der Personalwanderungsbilanz ist die Entwicklung eines ersten Modells der Organisationsstruktur abgeschlossen. Dieses Modell (bzw. mehrere Varianten) muß nun – ggf. in größerem Kreis – diskutiert, überarbeitet und detailliert werden. In diesem Zuge sind dann auch Zuordnungen von Tätigkeiten zu konkreten Personen vorzunehmen. Abschließend ist eine Entscheidung über die endültige Struktur zu fällen.

Welche Erfahrungen wurden mit dem Einsatz der Strukturierungsmethodik gemacht?

Bei der Anwendung der Strukturierungsmethodik konnten enorme Effizienzpotentiale ausgeschöpft werden. Der Moderator kann durch die Systematik alle Aktivitäten und Diskussionen extrem zielorientiert beeinflussen. Blindleistung durch Emotionalisierung der Diskussion konnte praktisch ganz vermieden werden. Der Einsatz der Strukturierungsmethodik wurde sowohl durch die beteiligten Projektmitglieder als auch durch die jeweiligen Entscheider durchweg positiv beurteilt. Besonders die Komplexitätsreduzierung des Gesamtvorhabens auf einzelne Teilproblematiken wird durch die Projektmitglieder geschätzt. Hierdurch wird es möglich, überschaubare Entscheidungen zu treffen, ohne den Gesamtzusammenhang zu verlieren. Außerdem greifen „konstruierte Schutzargumente", die nur dem eigenen Vorteil dienen, nicht; die Sache steht im Vordergrund. Es hat sich auch gezeigt, daß die Erarbeitung der funktionalen und objektorientierten Dimensionen der Matrix von besonderer Wichtigkeit ist. Durch diese Arbeit wurden häufig zum ersten Mal die Prozeßabläufe für alle sichtbar dargestellt. Die Projektmitglieder konnten sich gegenseitig in der Aufbereitung der einzelnen Funktionen (Prozeßschritte) ergänzen. Dies hat sehr zum allgemeinen Erkenntniszuwachs über die Abläufe und Strukturen beigetragen.

Die Darstellung der Gesamtunternehmenswertschöpfung in der Matrixform wurde auch als sehr hilfreich empfunden. Diese neue Form der Beschreibung einer Organisation ermöglicht es, Ablauf- und Aufbauorganisation in einer integrierten Darstellung übersichtlich zu visualisieren. Dadurch konnten organisatorische Schnittstellen leichter identifiziert und ungünstige Prozeßabläufe abgeändert werden. Obwohl nicht beabsichtigt, hat sich ein „Process-Reengineering-light" automatisch ergeben. In der nächsten Überarbeitung der Methode wird dieser Aspekt in einem gesonderten Arbeitsschritt berücksichtigt werden.

Konkret konnte in einem Fall im Rahmen von DYNAPRO die Planungszeit für ein Umstrukturierungsvorhaben deutlich verringert werden. In nur 5 Wochen wurde eine Grobstruktur für die Auftragsabwicklungsprozesse erarbeitet. Zwei wesentliche Besonderheiten waren dabei zu berücksichtigen. Erstens wurde die Restrukturierung vor dem Hintergrund einer räumlichen und organisatorischen Zusammenlegung von zwei Cost-Centern durchgeführt, deren Mitarbeiter dieser Integration – zumindest teilweise – kritisch gegenüberstanden. Zweitens arbeiteten im Projektteam „Verlierer" (Personen, die in der neuen Struktur an Bedeutung verloren) mit, was in ähnlichen Vorhaben der Vergangenheit für erhebliches Reibungspotential gesorgt hatte.

7 Partizipative Strukturgestaltung

von Tobias Förster und Fred Leidig

Vorgehensweise

Die partizipative Strukturgestaltung ist dadurch geprägt, daß in der Kombination von Top-down- und Bottom-up-Planung die Planungserkenntnisse „von oben" mit den Planungserkenntnissen „von unten" zusammenfließen. Die Ausrichtung des Unternehmens und der Unternehmensbereiche auf den Gesamtnutzen sowie die Formulierung von Unternehmenszielen (Top-down) bilden den Leitfaden für die planerische Festlegung, Optimierung und anschließende Zusammenfügung der Struktureinheiten (Bottom-up). Diese Synthese der beiden Planungsverfahren wird auch als Down-up-Planung bezeichnet (Henn 1996).

Eine entsprechende Vorgehensweise, die auf dem Prinzip der Down-up-Planung beruht und somit sicherstellt, daß Mitarbeiter aus allen Hierarchieebenen des Unternehmens an der Strukturgestaltung beteiligt sind, wird nachfolgend beschrieben (Bild 1). Mit Hilfe dieser gezielten Vorgehensweise werden Struktur-lösungen entwickelt, die

- unternehmensspezifisch,
- leistungssteigernd,
- dynamisch sind und
- auch von den Mitarbeitern gelebt werden.

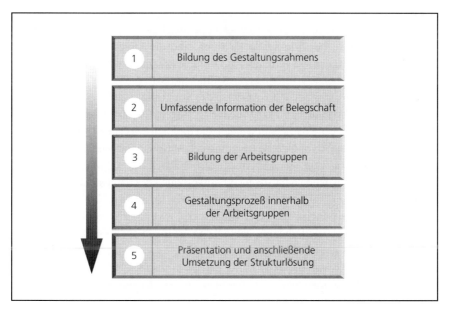

Bild 1: Vorgehensweise bei einer partizipativen Strukturgestaltung

Schritt 1: Bilden Sie einen geeigneten Gestaltungsrahmen, innerhalb dessen der Strukturierungsprozeß durchgeführt werden soll.

Ausgangspunkt und Voraussetzung für den Strukturierungsprozeß ist die Bildung eines geeigneten Rahmens durch das Management, welcher praktisch den Bewegungsraum bildet, innerhalb dessen die Neustrukturierung erfolgen soll. Der Gestaltungsrahmen umfaßt neben

- der Ausrichtung des Unternehmens,
- der Definition der Unternehmensbereiche, die Gegenstand der Strukturgestaltung sind und
- formulierten und quantifizierten Unternehmenszielen auch
- die Ausarbeitung eines Projektplanes, der den Ablauf des Strukturierungsprozesses verbindlich beschreibt.

Die Gestaltung dynamischer Unternehmensstrukturen sollte stets mit dem Anspruch einer Leistungssteigerung des Unternehmens erfolgen. Von der Chance getrieben, die eigene Marktposition zu verbessern und stetig auszubauen, ist dies die geeignete Ausgangsposition, um die Strukturneugestaltung erfolgreich durchzuführen. Dies bedeutet nicht, daß ausschließlich Marktführer und erfolgreiche Unternehmen die Möglichkeiten haben, den nachfolgend beschriebenen Strukturierungsprozeß durchzuführen. Allerdings sind uns auch keine Unternehmen bekannt, die mit dem vorrangigen Ziel der Rationalisierung und des Arbeitsplatzabbaus partizipativ dynamische Unternehmensstrukturen gestaltet haben.

Die Auswahl der Unternehmensbereiche, die Gegenstand der partizipativen Neugestaltung sein sollen, ist unternehmensspezifisch von mehreren Faktoren abhängig. Wesentliche beeinflussende Faktoren sind die Unternehmensgröße, die Integration in Unternehmensverbünde, die Komplexität der Produktpalette, die Anzahl unterschiedlicher Marktsegmente, Kultur und Vorgeschichte des Unternehmens, u.a.m.. Allerdings sollte die Auswahl der Strukturierungsbereiche unbedingt unter dem Gesichtspunkt der Ganzheitlichkeit erfolgen. Es sollten Bereiche entlang der Wertschöpfungskette betrachtet werden, die möglichst vollständig alle Prozesse umfassen, die für die komplette Bearbeitung der Aufträge notwendig sind. Für die unterschiedliche Auswahl von Unternehmensbereichen, die Gegenstand der Reorganisation wurden, sind nachfolgend 3 Fallbeispiele kurz dargestellt:

- Ein mittelständisches Unternehmen der Investitionsgüterindustrie mit etwa 350 Mitarbeitern entwickelte innerhalb eines Gestaltungsprozesses neue Strukturen für das gesamte Unternehmen. Aufgrund der offenen Unternehmenskultur und der vorhanden Produkt-Markt-Beziehungen wurde hier schon im Vorfeld die Chance erkannt, über Vertrieb, Auftragsvorbereitung und Produktion hinweg durchgängige, prozeßorientierte Verantwortungsbereiche zu schaffen.

- Ein großes Maschinenbauunternehmen mit etwa 5000 Mitarbeitern gestaltete vorrangig die Vertriebsbereiche. Mit dem Blickwinkel der Ausrichtung der Unternehmensbereiche auf den Gesamtnutzen wurden die Produktion und die Schnittstellen zum Vertrieb in einem Folgeprojekt so gestaltet, daß sie optimal den Anforderungen des Vertriebes (der direkten Kunden der Produktion) genügen.
- Ein drittes Fallbeispiel, ein mittelständisches Unternehmen der holzverarbeitenden Industrie mit etwa 200 Mitarbeitern ist dadurch gekennzeichnet, daß Produktion und indirekte Bereiche (Vertrieb, Konstruktion) auf zwei, etwa 50 km voneinander entfernte Betriebsteile verteilt sind. Hier entschied man sich dafür, ausgehend vom eigentlichen Wertschöpfungsprozeß, zunächst die Produktion umzugestalten. Doch mit der Formulierung der Anforderungen der Produktion an die indirekten „Dienstleistungsbereiche" wurde deutlich, daß auch diese im Anschluß neu zu gestalten sind.

Wieviel Zeit und Aufwand ist für die Strukturgestaltung notwendig?

Im Rahmen der Projektorganisation ist es wichtig, im Vorfeld einen Zeitrahmen und fixe Termine vorzugeben, die eine verbindliche Orientierung während des Gestaltungsprozesses darstellen.

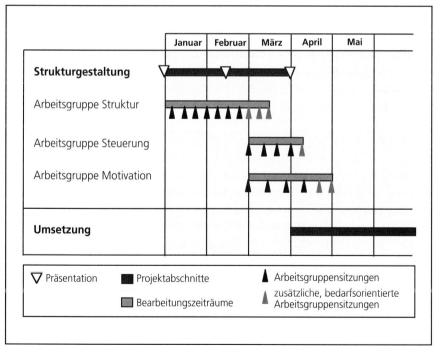

Bild 2: Projektplan zur Strukturgestaltung (Beispiel)

Aus den Erfahrungen zahlreicher Projekte können an dieser Stelle folgende Empfehlungen zur Koordination der Strukturgestaltungsmaßnahmen gegeben werden:

- Die eigentliche Erarbeitung des Strukturkonzeptes sollte in etwa 6 bis 10 Arbeitsgruppensitzungen erfolgen. Die Anzahl der Gruppensitzungen ist vor allem abhängig von der Komplexität des betrachteten Unternehmensbereiches. Die Moderation muß mit einer gerichteten Vorgehensweise einerseits den angestrebten Zeitplan (innerhalb der fixen Termine) einhalten, aber auch andererseits in der Lage sein, flexibel auf zusätzlichen Diskussionsbedarf und detailliertere Betrachtungen einzugehen. Ein zu schnelles Bearbeiten des Themengebietes (weniger als 6 Sitzungen) wird sicher nicht dem Anspruch der Partizipation gerecht. Eine zu ausgedehnte Vorgehensweise (mehr als 10 Sitzungen) verringert wiederum die Motivation der Teilnehmer an einer konstruktiven Mitarbeit.
- Die einzelnen Arbeitsgruppensitzungen sollten nicht weniger als 1,5 und nicht länger als 3 Stunden dauern. Auch hat sich die Einhaltung einer kurzen Pause in bezug auf eine konzentrierte und effektive Planungsarbeit bewährt.
- Weiterführende Arbeitsgruppen, die auf dem Strukturkonzept aufbauen und dieses bereichsspezifisch verfeinern, benötigen i.d.R. eine geringere Anzahl von Sitzungen (etwa 3 bis 5) und können teilweise parallel zur Erarbeitung bzw. Umsetzung des Strukturkonzeptes durchgeführt werden.

Welche Arbeitsgruppen sollten gebildet werden?

Die Festlegung der Anzahl und der entsprechenden Themeninhalte der Arbeitsgruppen kann fallspezifisch durchaus unterschiedlich gehandhabt werden. Ausschlaggebend sind hierfür neben der Komplexität der Unternehmensprozesse auch die Anzahl der zur Verfügung stehenden potentiellen Arbeitsgruppenmitglieder. So kann z. B. im Unterschied zum Fallbeispiel SCHROFF (Tabelle 1) das Struktur- und Steuerungskonzept auch aufeinanderfolgend in ein und der selben Arbeitsgruppe gestaltet werden. Thematisch sind die Strukturgestaltung und Steuerungskonzeption sehr eng miteinander verknüpft. Zusammen mit dem eigentlichen Prozeß stellen Struktur und Steuerung grundsätzlich ein vernetztes System dar. Das bedeutet, die Veränderung eines Teilsystems bedingt zugleich die Anpassung der anderen Teilsysteme (Bild 4). Wenn, wie in der nachfolgenden Vorgehensweise beschrieben, die Struktur basierend auf der Vereinfachung des Prozesses gestaltet wird, so hat dies einen entscheidenden Einfluß auf die Steuerungslösung. Diese wiederum kann neue Anforderungen stellen, die eine Umgestaltung der Struktur und/ oder des Prozesses erforderlich machen.

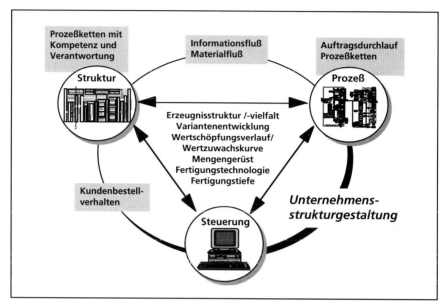

Bild 3: Vernetztes System von Struktur, Prozeß und Steuerung und der Einfluß unterschiedlicher Unternehmensdaten auf die Unternehmensstrukturgestaltung (Quelle IFF)

Mit der Kenntnis, daß Struktur und Steuerung eng miteinander verknüpft sind, beschreiben die nachfolgenden Ausführungen innerhalb dieses Kapitels ausschließlich die Vorgehensweise der Strukturgestaltung. Für die Steuerungskonzeption, die sich der Strukturgestaltung anschließt, soll an dieser Stelle auf das Kapitel 2.8 verwiesen werden. Die Umsetzung des entwickelten Struktur- und Steuerungskonzeptes kann schließlich in einer Arbeitsgruppe „Motivation" vorbereitet werden. Die Themenschwerpunkte der Arbeitsgruppe „Motivation", wie z.B.

- Entwicklung eines Fragebogens zur Ermittlung des Motivationsprofils,
- Erarbeitung eines Vorschlags zum Aufbau von Informationsständen,
- Formulierung der neuen Anforderungen an das Entlohnungssystem,
- Erarbeitung von Vorschlägen zur Flexibilisierung der Arbeitszeit,
- Überarbeitung des betrieblichen Vorschlagwesens,
- Initiierung von Maßnahmen für einen KVP, etc.

zielen vorrangig auf den Bereich der Arbeitsorganisation in den neuen dynamischen, dezentralen Struktureinheiten ab. Ziel ist es, ein Motivations- und Anreizsystem zu gestalten, welches die neue Unternehmenskultur und die Leistungsbereitschaft der Mitarbeiter in den dynamischen Struktureinheiten optimal unterstützt.

Schritt 2: Informieren Sie Ihre Belegschaft umfassend über Ziele und Inhalt des Strukturierungsprojektes.

Mit der Initiierung der Reorganisationsmaßnahmen ist es von entscheidender Bedeutung, die Mitarbeiter des Unternehmens so umfassend wie möglich über Hintergründe, Vorgehensweise und Ziele der Restrukturierung zu informieren. Das Management sollte geschlossen hinter dem Projekt stehen und dessen Inhalte mit einem einheitlichen Verständnis überzeugend den Mitarbeitern vermitteln. Über feste Ansprechpartner (Projektleiter und Mitarbeiter, die direkt in das Projekt involviert sind) sollten die Mitarbeiter die Möglichkeit haben, Informationen zum Projekt, zum aktuellen Bearbeitungsstand und zu aufgetretenen Problemen bedarfsgerecht zu hinterfragen. Eine offene Informationspolitik beugt einem Klima vor, in dem Mitarbeiter das Gefühl haben, daß ihnen Informationen vorenthalten werden und in dem sich Gerüchte wie Lauffeuer verbreiten.

Wenn es trotz der angestrebten Leistungssteigerung (s.o.) die besondere Unternehmenssituation erfordert, sollte z.B. auch nicht verschwiegen werden, daß mit der Reorganisation auch eine Rationalisierung der Mitarbeiterkapazitäten angestrebt wird. Diese Information fördert sicher nicht die Motivation der betroffenen Mitarbeiter, besonders engagiert in dem Projekt mitzuarbeiten. Mit einer nachvollziehbaren Argumentationskette bildet sie aber die Grundlage für eine faire Zusammenarbeit zwischen Mitarbeitern und Management.

Die einzelnen Informationsformen und -instrumente müssen unternehmensspezifisch aufeinander abgestimmt werden und sich ergänzen. Als einführende Informationsveranstaltung hat es sich in vielen Unternehmen bewährt, der gesamten Belegschaft z.B. im Rahmen einer Betriebsversammlung Hintergründe, Inhalte und Ziele der Reorganisation darzustellen. Wohlwissend, daß in diesem großen Rahmen nicht auf einzelne Fragen und Details eingegangen werden kann, wird allen Mitarbeitern der gleiche Informationsstand vermittelt. In Gruppen- und Einzelgesprächen besteht die Möglichkeit, darauf aufbauend bereichs- und mitarbeiterspezifische Fragen zu beantworten. Unterstützend sollten unterschiedliche Visualisierungsinstrumente, wie z.B. Informationstafeln, Aushänge, Plakate, Schaukästen, Broschüren, Betriebszeitungen und Filme genutzt werden.

Schritt 3: Stellen Sie geeignete Arbeitsgruppen zusammen.

Der Prozeß der partizipativen Strukturgestaltung wird in Form von Workshops durchgeführt. Zu diesem Zweck werden ein oder mehrere Arbeitsgruppen gebildet. Die Anzahl und auch die konkreten Themeninhalte der Arbeitsgruppen sind bereits in dem Gestaltungsrahmen (s.o.) formuliert worden.

Für die Zusammenstellung der Arbeitsgruppen können folgende Empfehlungen gegeben werden:
- die Größe der Arbeitsgruppen sollte etwa zwischen 8 und 12 Mitgliedern liegen,
- die Arbeitsgruppen sollten themenbezogen, hierarchie- und funktionsübergreifend gebildet werden,
- die Mitglieder der Arbeitsgruppe sollten kompetent, interessiert, von der Umstrukturierung betroffen und von der Belegschaft anerkannt sein und
- der Betriebsrat sollte möglichst direkt in der Arbeitsgruppe vertreten sein.

Nr.	Arbeitsgruppe »Struktur« Mitarbeiter aus dem Bereich:	Arbeitsgruppe »Steuerung« Mitarbeiter aus dem Bereich:	Arbeitsgruppe »Motivation« Mitarbeiter aus dem Bereich:
1	Arbeitsvorbereitung	Arbeitsvorbereitung	Arbeitsvorbereitung
2	Arbeitsvorbereitung	Disposition	Betriebsrat
3	Betriebsleitung	Fertigungssteuerung	Fertigungsleitung
4	Betriebsrat	Fertigungssteuerung	Personalwesen
5	Fertigungsleitung	Lager/ Versand	Profilfertigung
6	Fertigungssteuerung	Logistik	Schlosserei
7	Logistik	Logistik	Stanzerei
8	Profilfertigung	Materialcenter	Stanzerei
9	Stanzerei	Materialcenter	
10	Stanzerei	Montage	
11	Technischer Vertrieb		
12	Werksplanung		

Tabelle 1: Zusammenstellung der Arbeitsgruppen bei SCHROFF

Die sorgfältige Auswahl der Gruppenmitglieder erleichtert nicht nur die Moderation, sie ist auch Garant für die effektive Erarbeitung einer Strukturlösung, die durch die Belegschaft akzeptiert wird und die die Umsetzungshindernisse auf ein Minimum reduziert. Die Integration der Mitarbeiter bei der Problemerfassung und der Planungsarbeit darf sich nicht auf die Arbeitsgruppe beschränken. Es ist Aufgabe der Arbeitsgruppenmitglieder, außerhalb der Workshops Kollegen über den Stand des Gestaltungsprozesses zu informieren und in die Diskussion mit einzubeziehen. Es darf nicht der Eindruck eines elitären Kreises entstehen, der allein über die zukünftigen Strukturen entscheidet. Auch hat die Arbeitsgruppe jederzeit die Möglichkeit, bedarfsgerecht zusätzliche Experten und Kollegen zu den Workshops einzuladen.

Schritt 4: Gestalten Sie die neuen Strukturen innerhalb der Arbeitsgruppe anhand einer strukturierten Planungsmethodik.

Kennzeichnend für den Gestaltungsprozeß entlang der Workshops der Arbeitsgruppe ist, daß es sich nicht um einen analytischen Prozeß mit einem feststehenden Lösungsalgorithmus handelt. Diese starre Vorgehensweise birgt die Gefahr, daß suboptimale Lösungen in Teilbereichen entwickelt werden, die in ihrer Gesamtheit keine optimale Unternehmensstruktur darstellen. Beim Gestaltungsprozeß dynamischer Unternehmensstrukturen handelt es sich vielmehr um einen heuristischen Vorgang, der zu einer guten, praktikablen Lösung führt. Daraus abgeleitet sollte vorzugsweise eine „manuelle" Vorgehensweise gewählt werden, die diesen komplexen Gestaltungsprozeß zielgerichtet unterstützt und dabei eine optimale Mitarbeiterintegration ermöglicht. EDV-Werkzeuge werden bedarfsgerecht z.B. bei Berechnungen und Auswertungen eingesetzt.

Zur Unterstützung einer zielgerichteten und effizienten Planungsarbeit der Arbeitsgruppe innerhalb der Workshops sind sicherlich unterschiedliche Vorgehensweisen anwendbar. Die Auswahl einer bestimmten Methode obliegt dem jeweiligen Moderator der Arbeitsgruppe, der damit auch bestimmte Einflußfaktoren (Vorkenntnisse der Arbeitsgruppenmitglieder, Komplexität der Strukturierungsaufgabe, etc.) berücksichtigen muß.

Zwei unterschiedliche Vorgehensweisen sollen beispielhaft in diesem Buch näher beschrieben werden. Neben der Strukturierungsmethodik zur Entwicklung individueller Organisationsmischformen (Kap. 3.1.2.3.2) wird nachfolgend in diesem Kapitel eine Vorgehensweise dargestellt, die ausgehend von einer „idealen" Struktur eine schrittweise Annäherung an die unternehmensspezifische „optimale" Strukturlösung unterstützt (Bild 5). Diese Vorgehensweise ist besonders geeignet für kleine und mittlere Unternehmen, die ausgehend von einer gewachsenen, funktionsorientierten Unternehmensorganisation eine Neustrukturierung durchführen. Hier sind oft die Rationalisierungspotentiale in einzelnen Bereichen und Abteilungen bereits ausgeschöpft worden, ohne daß sich dies spürbar auf den Unternehmenserfolg auswirkte. Darum ist es wichtig, die Sichtweise der Arbeitsgruppenmitglieder weg von Einzelprozessen hin auf ganzheitliche Unternehmensprozesse zu lenken. Aktuelles Managementwissen muß in die Strukturgestaltung einfließen und auf die spezifischen Gegebenheiten des Unternehmens projiziert werden.

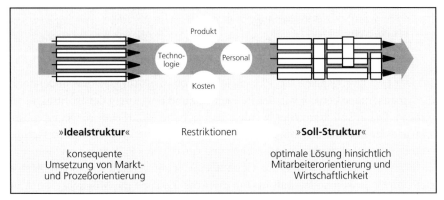

Bild 4: Vorgehensweise in der Arbeitsgruppe

Der nachfolgend beschriebenen Vorgehensweise in der Arbeitsgruppe liegt eine Planungsmethodik zugrunde, die wie folgt strukturiert werden kann:

1) Zuerst wird auf dem Weg einer produktorientierten Segmentierung und maximalen Vereinfachung der bestehenden Prozesse eine „ideale Struktur" entwickelt. In diesem Gedankenmodell werden die vorhandenen Ressourcen nicht berücksichtigt. Die Ressourcen werden als unbegrenzt vorhanden betrachtet.

2) Diese Idealstruktur wird daraufhin schrittweise den notwendigen betrieblichen Gegebenheiten in einem iterativen Prozeß angepaßt. Die Prozeßschritte a), b) und c) stehen in steten Wechselbeziehungen zueinander. Durch die gegenseitige Beeinflussung der einzelnen Restriktionen müssen mitunter bestimmte Prozeßschritte wiederholt oder mehrere Restriktionen gemeinsam betrachtet werden. Unabhängig von einzelnen Schleifen und Rückschritten im Entwicklungsprozeß werden die Restriktionen in einer bestimmten Reihenfolge betrachtet.

c) Anpassung der Struktur an die Produktpalette

d) Anpassung der Struktur an vorhandene Technologien und Anlagen

e) Anpassung der Struktur an vorhandene Personalkapazitäten

f) Berücksichtigung entstehender Kosten

Die jeweils anfallenden Kosten werden stets vor dem Hintergrund der Umsetzbarkeit der entwickelten Strukturvorschläge betrachtet. Die Kostenbetrachtung wird somit parallel zu den einzelnen Prozeßschritten durchgeführt

139

In einer Einführungsphase des Planungsprozesses ist es Aufgabe des Moderators,
die Arbeitsgruppe bewußt von der Betrachtung und Bewertung der Ist-Struktur zu
trennen. Damit soll vermieden werden, daß sich die Mitarbeiter in Detailproble-
men und der Optimierung von einzelnen Teilprozessen verlieren. Die Arbeitsgruppe soll sich vom aktuellen Tagesgeschäft und von erlebten Fallbeispielen lösen, die
nicht repräsentativ sind und die Gesamtbetrachtung verzerren. Der Moderator
stellt ein Gedankenmodell auf, in dem die Arbeitsgruppe die Möglichkeit hat, in
einem Neubau auf der grünen Wiese alle Vorstellungen einer idealen Unternehmensstruktur zu verwirklichen. In diesem Modell werden begrenzte Ressourcen
und Kapazitäten vorerst nicht berücksichtigt.

Gestaltungsgrundsätze

Diese ideale Struktur muß dem Anspruch nach Einfachheit, Transparenz, Effizienz und Flexibilität genügen. Zur Entwicklung einer solchen, auf den Unter-
nehmensbereich angepaßten Struktur werden der Arbeitsgruppe folgende Gestaltungsgrundsätze an die Hand gegeben:

- Zielorientierung,
- Prozeßorientierung,
- einfache Steuerung sowie
- Kongruenz von Aufgabe, Verantwortung und Kompetenz.

Mit der Zielorientierung wird die Ausrichtung der Unternehmensstruktur an den
Anforderungen des Marktes und speziell am Kundenverhalten verfolgt. Die im
Unternehmenszielsystem formulierten und gewichteten Ziele sind als Leitlinie
richtungsweisend für die einzelnen Unternehmensbereiche. Alle müssen an einem
Strang ziehen, um den Erfolg des gesamten Unternehmens zu gewährleisten.
(Förster, 1996)

Prozeßorientierung bedeutet die Neugestaltung von Ablauf- und ggf. Aufbauorganisation mit dem Ziel, eine effizientere Auftragsabwicklung zu erreichen, um
so den markt- und kundenseitigen Anforderungen nach hoher Reaktionsfähigkeit

zu entsprechen. Die Optimierung hinsichtlich eingesetzter Ressourcen, Durchlaufzeit und Qualität werden nicht durch Rationalisierungen und Einsparungen an einzelnen Stellen, sondern durch eine schlanke Organisation über den gesamten Prozeß hinweg erreicht (Eversheim, 1995). Es werden transparente Strukturen in überschaubaren Verantwortungsbereichen entlang der Wertschöpfungskette geschaffen. Ziel ist es, die komplexen unübersichtlichen Auftragsdurchläufe, Material- und Informationsflüsse zu entflechten und somit kleinere, flexiblere und effektivere Unternehmenseinheiten zu schaffen.

Zur Gestaltung der gedachten idealen Struktur werden die Produktpalette und die zu ihrer Bearbeitung notwendigen Teilprozesse von der Arbeitsgruppe näher betrachtet und entflochten. Für die Bildung einzelner prozeßorientierter Bereiche entlang des Auftragsdurchlaufes stehen der Arbeitsgruppe verschiedene Gestaltungsmittel zur Verfügung. So werden unter dem Fokus der Kundenorientierung

– Prozeßschritte parallelisiert, zusammengefaßt und beschleunigt,
– Abstimmungen eliminiert,
– Doppelarbeiten vermieden sowie
– Teilprozesse verlagert oder extern ausgelagert.

Ein wichtiges Ziel der Prozeß- und Strukturgestaltung ist die Vereinfachung der Ablauforganisation. Im Gegensatz zur häufig anzutreffenden Situation, daß alle Aufträge die gleichen Funktionsbereiche durchlaufen, sollen sich prozeßorientierte Verantwortungsbereiche zukünftig auf bestimmte Aufträge spezialisieren. Dadurch erhöht sich die Transparenz der Auftragsbearbeitung und die Steuerung der Auftragsduchläufe vereinfacht sich.

Ein weiteres Kennzeichen der dezentralen Unternehmensstrukturen ist die Delegation von Verantwortung in die einzelnen Struktureinheiten. Diese sind z.B. eigenverantwortlich für die termin- und qualitätsgerechte Bearbeitung der eingesteuerten Aufträge. Um dieser Verantwortung gerecht werden zu können, werden Aufgaben und Kompetenzen in den Struktureinheiten in Übereinstimmung gebracht. Entgegen dem noch oft vorherrschenden tayloristischen Prinzip der Trennung von Kopf- und Handarbeit, werden die zur kompletten Auftragsbearbeitung notwendigen Tätigkeiten (auch planerische und prozeßunterstützende Tätigkeiten) den jeweiligen Bereichen zugeordnet.

1) Gestaltung der „Idealstruktur"

Der erste Schritt auf dem Weg zu dynamischen Strukturen ist die Segmentierung des Unternehmens nach Produkten. Grundsätzlich kann die Strukturierung nach Produkten auf zwei Wegen erfolgen:

– Für ein Unternehmen, das seine Kunden nicht direkt kennt, bietet es sich an, seine Produkte nach der Art des Produktes zusammenzufassen. Das

Gliederungskriterium ist also die Ähnlichkeit oder Gleichheit der Produkte.

– Unternehmen, die auf wenige große Kunden ausgerichtet sind, fassen alle Produkte den einzelnen Kunden entsprechend zusammen. Hiermit wird ein direkterer Kundenbezug im Unternehmen hergestellt.

In einer Vielzahl von Unternehmen wird man sicher einen Kompromiß zwischen diesen beiden Möglichkeiten der Produktzuordnung finden müssen. Hierfür stehen weitere Strukturierungskriterien, wie z.B. Produktstruktur, Betriebsmittel, Materialfluß, Informationsfluß, Personal, Produktprogramm, Organisationsform, Losgrößen, Lieferzeit, Auftragsart, Material, u.a.m. zur Verfügung, die unternehmensspezifisch mit der Produkt- und Marktorientierung kombiniert werden können.

Sind die Produktstrukturen zu komplex und die Produktpaletten zu umfangreich, so daß die Arbeitsgruppe ohne weitere Entscheidungshilfen die Produktgruppen zusammenstellen könnte, kommen zusätzliche Methoden und Hilfsmittel wie z.B. Clusteranalyse und Sankey-Diagramme zum Einsatz.

Die einzelnen Bearbeitungsprozesse werden so weit dezentralisiert, daß eine Komplettbearbeitung der Aufträge innerhalb der segmentierten Unternehmensbereiche möglich ist.

Bei SCHROFF mußte z.B. ein Mittelweg bei der Bildung der Produktgruppen gegangen werden. Hier wurde in kundenbezogene und kundenanonyme Auftragsfertigung unterschieden (Bild 6). Im Idealfall würden diese beiden Bereiche jeweils die Aufträge vom Zuschnitt, über die Fertigung und die Oberflächenbehandlung bis zur Montage komplett bearbeiten.

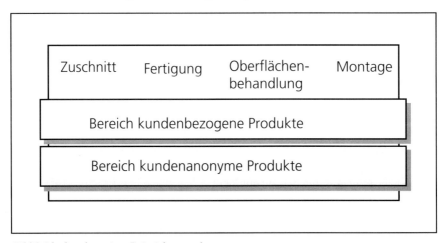

Bild 5: Idealstruktur eines Beispielunternehmens

In den folgenden Planungsschritten verfeinert die Arbeitsgruppe die segmentierte Grob- (Ideal-) struktur zu umsetzbaren, realistischen Strukturvarianten. Fixe

142

Randbedingungen, die in Form von unternehmensspezifischen Produkten, Technologien, Mitarbeitern und Kosten als gegeben akzeptiert werden müssen, werden nacheinander in das Modell eingearbeitet.

2a) Anpassung der Struktur an die Produktpalette

In dem ersten Schritt auf dem Weg zur Soll-Struktur werden die Produkte des Unternehmens bei Bedarf noch einmal näher betrachtet. Mitunter ist es möglich, daß einzelne Produkte nicht optimal in das Raster der gebildeten Produktgruppen hineinpassen. Dies kann z.B. der Fall sein, wenn sich einzelne Produkte aufgrund geringfügiger technologischer Besonderheiten, besonderer Losgrößen etc., von den anderen Produkten abheben. Hieraus ergeben sich Konsequenzen, die sich entweder in der Bildung einer zusätzlichen Produktgruppe darstellen (z.B. Sonderprodukte, Exoten, u.ä.) oder aber in einer gezielten Zuordnung zu anderen Gruppen.

2b) Anpassung der Struktur an vorhandene Technologien und Anlagen

In dem zweiten Schritt werden die technologischen Bearbeitungsprozesse der einzelnen Produkte näher beleuchtet. Hier muß entschieden werden, ob die vorhandenen Betriebsmittel und Anlagen den einzelnen prozeßorientierten Verantwortungsbereichen eindeutig zugeordnet werden können. Mit der Entflechtung der Materialflüsse werden nicht mehr alle Produkte durch eine Fertigung, sondern die einzelnen Produktgruppen durch voneinander abgegrenzte Fertigungslinien gesteuert. Dadurch entsteht mitunter die Situation, daß mehrere Fertigungseinheiten, die ähnliche Produkte bearbeiten, gleiche Maschinen benötigen. Sieht die Arbeitsgruppe durch Abschätzung der anfallenden Kosten keine Möglichkeit, die Anzahl der Betriebsmittel an die Struktur anzupassen, muß sie die Strukturlösung überarbeiten. Die Überarbeitung kann so aussehen, daß die Zusammenstellung der Produktgruppen noch einmal überprüft wird, oder daß bestimmte zentrale, funktional eingerichtete Fertigungsbereiche eingerichtet werden. Besonders in technologiebestimmten Herstellungsprozessen ist es nicht sinnvoll, einzelne Anlagen den kleineren Unternehmenseinheiten zuzuordnen. Dies betrifft vor allem kostenintensive Anlagen, wie z.B. Anlagen zur Oberflächenbeschichtung oder Wärmebehandlung, die nicht mehrmals angeschafft werden können und die auch weiterhin einen hohen Auslastungsgrad ausweisen müssen.

Bei SCHROFF (Bild 6) stellte sich die Situation so dar, daß im Bereich des Zuschnitts auf kostenintensiven und flexiblen Werkzeugmaschinen Werkstücke bearbeitet werden, die von den beiden Bereichen „Kundenbezogene und Kundenanonyme Produkte" gleichermaßen benötigt werden. Eine Aufteilung bzw. Verdopplung der teuren Anlagen ist aufgrund der resultierenden geringereren Auslastung nicht sinnvoll. So entschied man sich hier, genau wie im Bereich der Oberflächenbehandlung dafür, die Bereiche zentral zu belassen, die als Zulieferer bzw. Dienstleister der produktorientierten Bereiche fungieren.

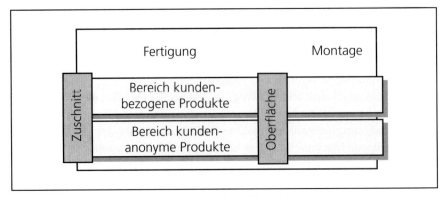

Bild 6: Technologische Restriktionen in einem Beispielunternehmen

2c) Anpassung der Struktur an vorhandene Personalkapazitäten

Eng verknüpft mit der Zuordnung der Betriebsmittel ist die Beschreibung der Funktionen und Tätigkeiten, die von den Mitarbeitern in den Organisationseinheiten ausgeübt werden müssen. In einer Analyse sämtlicher Tätigkeiten des Auftragsbearbeitungsprozesses werden diese hinsichtlich ihrer Dezentralisierbarkeit bewertet (Bild 8). Die Tätigkeiten werden danach beurteilt, ob sie im Sinne der Prozeßorientierung zusammengefaßt und dezentralen Struktureinheiten zugeordnet werden können oder nach wie vor in zentralen Bereichen ausgeführt werden sollten.

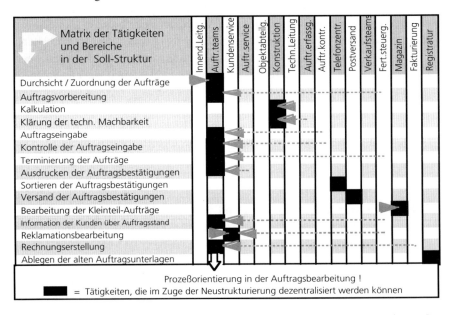

Bild 7: Beispiel für die Verschiebung von Tätigkeiten zwischen Verantwortungsbereichen im Bereich der Auftragsabwicklung

144

Vorrangiges Ziel der Analyse und Zuordnung der einzelnen Tätigkeiten ist es, mit der Verlagerung der Aufgaben und Verantwortung in die dezentralen Struktureinheiten in gleichem Maße die erforderlichen Kompetenzen zu dezentralisieren. Diese Kongruenz von Aufgabe, Verantwortung und Kompetenz ist eine notwendige Voraussetzung für die angestrebte Selbständigkeit der dezentralen Einheiten. Vor diesem Hintergrund müssen auch die indirekten Tätigkeiten betrachtet und diskutiert werden, in welchem Umfang es erforderlich ist, diese in die dezentralen Fertigungseinheiten zu integrieren (Bild 9).

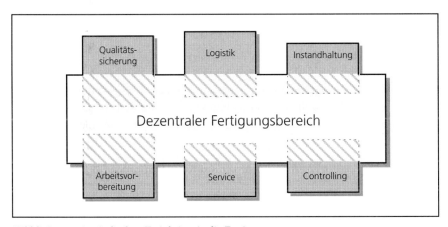

Bild 8: Integration indirekter Tätigkeiten in die Fertigung

Mitunter muß hier die Arbeitsgruppe alte, funktionsorientierte Denkmuster aufbrechen. Beispiele dafür sind die Dezentralisierung und Integration von Tätigkeiten der Bereiche Arbeitsvorbereitung, Qualitätssicherung und Instandhaltung in die direkt wertschöpfenden Bereiche. Unterschiedliche Gründe, die z.B. aus der Mitarbeiterqualifikation, der vorhandenen Personalstärke oder anderen Sachzwängen resultieren, können es auch in diesem Planungsschritt erforderlich machen, die Struktur zu überarbeiten und den betrieblichen Gegebenheiten anzupassen.

2d) Berücksichtigung entstehender Kosten

Die Strukturplanung erfolgt unter steter Berücksichtigung der voraussichtlichen Kosten einer Umsetzung der neuen Strukturen in die betriebliche Praxis. Somit geschieht die Kostenbetrachtung permanent und parallel zu den einzelnen Planungsschritten. Ein wesentlicher Kostenpunkt in vielen Reorganisationsprojekten ist die Anpassung des betrieblichen Layouts an die neuen Strukturen. Hierbei ist es das Ziel, die Arbeitsplätze bezogen auf die einzelnen Struktureinheiten so anzuordnen, daß möglichst kurze Wege entstehen. Mitarbeiter, die identische Aufträge bearbeiten, müssen auch räumlich zusammengeführt werden. Die Anpassung des Layouts an die prozeßorientierten Unternehmensstrukturen hat einen wichtigen Einfluß auf das Klima, die Motivation und die Ausprägung eines Wir-Gefühls zwischen den Mitarbeitern.

3) Gestaltung der Schnittstellen zwischen den Unternehmenseinheiten
Ein Ergebnis der Gestaltung dynamischer Strukturen ist die Minimierung der Anzahl der Schnittstellen im Unternehmen. Doch wie der Gestaltungsprozeß von der „Idealstruktur" zur Soll-Struktur zeigt, ist die Umsetzung der Prozeßorientierung und Aufgabenintegration aufgrund unternehmensspezifischer Restriktionen jeweils nur bis zu einem bestimmten Grad sinnvoll. Beispielsweise können Aufträge auch weiterhin mehrere Verantwortungsbereiche durchlaufen, und auf zentrale Funktionen indirekter Bereiche kann nicht verzichtet werden.
So gilt es abschließend und zur Abrundung des erarbeiteten Strukturkonzeptes, die Schnittstellen bezüglich des Informations- und Materialflusses zwischen den einzelnen Verantwortungsbereichen gezielt zu gestalten. Ziel ist es, die an den Schnittstellen grundsätzlich auftretenden Zeit- und Informationsverluste zu minimieren. Wege zu einem effektiven Schnittstellenmanagement sind z.B.:

- die Umsetzung von Kunden-Lieferanten-Beziehungen im Unternehmen,
- die eindeutige Definition und Zuordnung von Verantwortlichkeiten,
- die Vereinbarung gemeinsamer Ziele zwischen einzelnen Verantwortungsbereichen,
- die Umsetzung neuer Steuerungskonzepte,
- die Installation selbststeuernder Regelkreise und
- die Standardisierung von Datenstrukturen und Informationsinhalten.

Die Gestaltung der Schnittstellen darf nicht dazu führen, daß formalisierte Vorgehensweisen und Regeln die Flexibilität und Dynamik der dezentralen Struktureinheiten einschränken. Eine pragmatische Schnittstellenlösung in diesem Sinne ist z.B. das Patenprinzip. So können bestimmte Mitarbeiter oder Teams zentraler indirekter Bereiche (z.B. Arbeitsvorbereitung, Qualitätssicherung, Instandhaltung) als sogenannte Paten den jeweiligen Fertigungseinheiten zugeordnet werden. Diese Paten können sich auf spezifische Aufgaben spezialisieren und auf kurzen Entscheidungswegen mit den Fertigungseinheiten zusammenarbeiten. Die Mitarbeiter der Fertigung haben feste Ansprechpartner, die ihnen bei der Auftragsbearbeitung zur Verfügung stehen. Bei SCHROFF ist beispielsweise der Servicebereich, dem der Werkzeugbau und die Instandhaltung angehören, weiterhin zentral organisiert. Innerhalb

146

dieses Bereiches wurden Teams eingerichtet, die vorrangig den einzelnen Fertigungseinheiten zugeordnet sind.

Bewertung von Strukturvarianten

In vielen Fällen wird sich die Soll-Struktur nicht in durchgängig logischen Planungsschritten, ausgehend von der Idealstruktur, eindeutig abzeichnen. Abhängig von der Komplexität der Unternehmensprozesse und den unterschiedlichen Sichtweisen der Arbeitsgruppenmitglieder werden mehrere mögliche Strukturvarianten entstehen, die sich als mögliche Lösung anbieten. Bei der Auswahl der jeweils besten Variante sollte hier vorzugsweise der Weg einer qualitativen Bewertung der einzelnen Strukturvarianten gegangen werden. Über die Abwägung der aufgelisteten Vor- und Nachteile der einzelnen Varianten sollte möglichst ein Konsens bei allen Mitgliedern der Arbeitsgruppe über die getroffene Auswahl erreicht werden. Diese unkomplizierte Vorgehensweise bei der Auswahl der Strukturvarianten ist einfach durchführbar, für alle Teilnehmer nachvollziehbar und in der Vielzahl von Fallbeispielen ausreichend. In den anderen Fällen, in denen die qualitative Bewertung nicht ausreicht, werden für die Bewertung der erarbeiteten Lösungsvarianten untereinander und den Vergleich mit der Ausgangsstruktur Strukturbewertungskriterien herangezogen. Leider existieren nicht DIE universell anwendbaren Strukturbewertungskriterien. Die Bewertungskriterien selbst und ihre eventuelle Gewichtung sind durch jedes Unternehmen bezogen auf den speziellen Anwendungsfall zusammenzustellen. Die Auswahl geeigneter Bewertungskriterien richtet sich einerseits nach den vorhandenen Prozeßdaten, und ist andererseits an das Unternehmenszielsystem angelehnt. Die Bewertung der Strukturvarianten basiert auf der Einschätzung, wie sie die formulierten Ober- und Unterziele unterstützen. Durch diese Zielorientierung wird letztlich die Struktur identifiziert, welche die größten Erfolge verspricht. Methoden und Hilfsmittel, die hier zum Einsatz kommen können sind z.B.

-   Paarweiser Vergleich,
-   Nutzwertanalyse
-   Sensitivitätsanalyse
-   Simulation
-   Systeme zur Layout- und Lagerplanung, u.a.

Schritt 5: Stellen Sie die Strukturlösung in einer Ergebnispräsentation dar und beginnen Sie umgehend mit ihrer Umsetzung.

Zum Abschluß des Strukturierungsprozesses wird die erarbeitete Lösung samt ihrer Entstehung aufbereitet, dokumentiert und in einer aussagekräftigen Präsentation dargestellt.
Dies ist zum einen notwendig, damit die Geschäftsführung des Unternehmens noch einmal die Möglichkeit hat, die Strukturlösung kritisch zu hinterfragen.

Die Entscheidung zur Umsetzung der neuen Strukturen fällt daraufhin erfahrungsgemäß aufgrund der zielgerichteten Vorgehensweise und des eingeflossenen Mitarbeiter-Know-hows nicht schwer.

Zum anderen sollte eine weitere Ergebnispräsentation z.B. im Rahmen einer Betriebsversammlung durchgeführt werden, um die betroffenen Mitarbeiter des Unternehmens über die neue Strukturlösung und die damit verbundenen Veränderungen zu informieren. Obwohl es während des Strukturierungsprozesses Aufgabe der Arbeitsgruppenmitglieder war, dezentral Kollegen über den jeweiligen Entwicklungsstand zu informieren und außerhalb der Workshops diese in die Diskussion von Strukturvarianten einzubeziehen, ist diese zusätzliche Informationsveranstaltung notwendig. Hier soll vor allem ein einheitlicher Informationsstand und eine Einordnung in das Gesamtkonzept des Unternehmens vermittelt werden. Auch sollte die Geschäfts- bzw. Projektleitung diese Meilensteinpräsentation nutzen, die weitere Vorgehensweise darzustellen und damit den Ablauf der Umsetzung der neuen Strukturen zu beschreiben. Der Umsetzungsbeginn sollte möglichst im unmittelbaren Anschluß erfolgen, da hier die Planungsergebnisse allen Beteiligten gegenwärtig sind und mögliche Spekulationen und Zweifel am Projekt so erst gar nicht aufkommen können.

Die Dokumentation der Ergebnisse und des Lösungsweges der Arbeitsgruppensitzungen erleichtert es, zu einem späteren Zeitpunkt den Planungsprozeß nachzuvollziehen und somit darauf aufzubauen und Redundanzen zu vermeiden.

Zusammenfassung

Der Prozeß der Strukturgestaltung hat einen maßgeblichen Einfluß auf das Resultat des Reorganisationsprojektes. So ist es nicht allein die gefundene schlüssige Lösung, sondern auch die Vorgehensweise und der Weg der Erarbeitung der neuen Struktur, die den anhaltenden Erfolg des Unternehmens bestimmen.

Die Erfahrungen vieler Fallbeispiele zeigen, daß Mitarbeiter, die an der Entwicklung und Gestaltung neuer Strukturen beteiligt waren, deren Umsetzung aktiv unterstützen und als Promotoren gegenüber den Kollegen wirken. Die Blockade gegenüber einer Strukturlösung, die von außen eingeführt wurde und keiner haben wollte, wird somit abgebaut. Außerdem sind die Mitarbeiter motiviert, den praktischen Beweis anzutreten, eine optimale Bereichslösung entwickelt zu haben. Viele Nachbesserungen und Verfeinerungen des Strukturkonzeptes innerhalb der Umsetzungsphase werden vermieden, da das prozeßspezifische Know-how der operativ tätigen Mitarbeiter in den Gestaltungsprozeß einfließen konnte. Ein kurzfristig entstehender Kostennachteil, der im Zusammenhang mit der Mitarbeiterintegration durch eine eventuell längere

Planungsphase und gebundene Mitarbeiterkapazitäten entsteht, wird während der Umsetzung und im Betrieb der neuen Strukturen in der Regel mehr als aufgewogen.

Dem Moderator von Arbeitsgruppen und den Führungskräften kommt insbesondere die Aufgabe des Ideengebers und der Beschlußherbeiführung zu. Durch sie ist das Gesamtziel im Auge zu behalten. Denn nichts ist gefährlicher, als das Verstricken in Kleinigkeiten, das Abweichen von der eigentlichen Aufgabenstellung und Endlosdiskussionen ohne Ergebnis.

Durch die Mitarbeitereinbindung in die Strukturgestaltung werden diese zudem in die Lage versetzt, zukünftig eigenständig Probleme zu erkennen und Problemlösungen zu erarbeiten. Somit werden die Voraussetzungen für eine künftige selbstinitiierte Gestaltung und Weiterentwicklung von Organisationseinheiten geschaffen.

Im Rahmen abgegrenzter Prozesse bietet die partizipative Strukturentwicklung erhebliche Vorteile bei der Planung und Implementierung organisatorischer Veränderungen. Diese Chance gilt es zum Nutzen des Gesamtunternehmens wahrzunehmen.

8 Differenzierte Steuerungskonzeption

von Claudius Borgmann

Den Markt ins Unternehmen lassen

Turbulente Märkte verlangen eine hohe Veränderungsdynamik bezüglich ihrer produktionsrelevanten Parameter. Doch wann ist der Markt wirklich turbulent? Grundsätzlich ist es dann der Fall, wenn ein sich schnell änderndes Käuferverhalten nicht mehr zuverlässig vorhergesagt werden kann. Ist es dann nicht sinnvoller, sich Käufern zuzuwenden, die nicht so anspruchsvoll sind oder bieten nicht gerade turbulente Märkte enorme Chancen, wenn sie denn erkannt und wahrgenommen werden? Firmen wie 3M beweisen, daß es lohnend ist, dauerhaft Kreativität zu fördern und sich nicht auf verdienten Lorbeeren auszuruhen.

Immer mehr Märkte werden turbulent. Die Unternehmen, die der Dynamik chancen-orientiert gegenüberstehen, werden Erfolg haben!

Das Ziel eines Unternehmens sollte es sein, „den Bestand des Unternehmens unter Einbringung einer maximalen Leistung und unter Beachtung des Optimal-Prinzips für Sachmittel, Kapital und Methoden, eines humanitären Leistungsprinzips und hinreichender Berücksichtigung gesellschaftspolitisch bedeutungsvoller Entwicklungen und Aspekte auf Dauer sicherzustellen" (nach Wittek).

Einfacher läßt es sich auf folgende Weisheit bringen: Nur der Kunde zahlt!

Alte und neue Anforderungen

Kriterien wie Qualität, marktgerechter Preis und kurze Lieferzeiten allein sind auf turbulenten Märkten nicht mehr ausreichend. Vielmehr müssen noch zusätzliche Punkte erfüllt werden, um den Erfolg dauerhaft zu sichern, und zwar:

1. Produktvielfalt, um die zunehmenden individuellen Wünsche und Bedürfnisse der Kunden besser zu erfüllen. Das erfordert statt einer immer größeren Spezialisierung eine immer breiter werdende Produktpalette.

2. Kleine Mengen. Da sich die Größe des Marktes wenig ändert, bedeutet eine größere Produktvielfalt immer kleinere Mengen. Das Volumen jeder einzelnen Produktgruppe wird somit geringer.

Jeder Kunde ist anders. Der Kunde will und muß aus der Anonymität herausgeholt werden. Er will individuell bedient werden. Für Unternehmen bedeutet dies, (vgl. dazu auch DIN/ISO 9000 – 9004) sowohl die materiellen und immateriellen Kundenbedürfnisse als auch die ausgesprochenen und nicht ausgesprochenen

Erwartungen – unter Einhaltung von vereinbarten Normen, Gesetzen und Spezifikationen – zu erfüllen und bedarfs- und zeitgerecht Marktleistungen zu konkurrenz- und marktfähigen Preisen auf der Grundlage einer kostengünstigen Herstellung, die angemessene eigene Gewinne ermöglicht, zu gewährleisten.

Jedes Unternehmen verdient die Kunden, die es hat! Es ist die Aufgabe des Unternehmens, sich die Kunden auszusuchen ebenso wie es dem Kunden beliebt, Produkte zu kaufen, die den erwarteten Nutzen versprechen.

Erste Reaktionen

Wie kann auf die gestiegenen Anforderungen reagiert werden? Orientierung am Kunden bedeutet nicht zuletzt auch erhöhte Flexibilität, insbesondere schnelle Reaktionsfähigkeit.

Als Mängel in der Reaktionsfähigkeit werden dabei häufig die hohe Komplexität und starre Strukturen erkannt (siehe Seitz, Imai, Stalk und Grote) und drücken sich insbesondere in einem hohen Anteil betriebsinterner Eilaufträge sowie einer Schwerpunktsetzung auf eine hohe Anlagenauslastung aus. Verdeutlicht wird dies durch eine zu geringe Reaktionsfähigkeit der Produktionsbetriebe im Vergleich zur Veränderungsdynamik des Umfeldes.

Lösungen beinhalten die konsequente Ausrichtung auf den Kundenwunsch und die Änderung der Organisationsstruktur der Produktionsbetriebe hin zu dezentralen Einheiten (siehe Wildemann: Segmentierung). Ansätze wie die ablauforientierte Fertigung werden dabei als erster Weg begangen, beispielsweise wird insbesondere bei variantenreichen Serienfertigern durch Segmentierung die Komplexität reduziert. Diese Konzepte sind jedoch bei einem turbulenten Markt nicht ausreichend.

Es sind Weiterentwicklungen gefordert, die eine erhöhte Wandlungsfähigkeit institutionalisieren (siehe Hartmann 1995). Vorhandene Ressourcen sowie Mitarbeiter müssen sich ändernden Umfeldbedingungen anpassen können, wollen und auch dürfen. Konzepte wie die Fraktale Fabrik (vgl. Warnecke) weisen den richtigen Weg.

Den „differenzierten Steuerungen" kommt dabei eine zentrale Rolle zu. Eine Individualisierung der Produkte stellt erhöhte Anforderungen an die Produktionssteuerung, insbesondere bei zunehmender Dezentralisierung. Wandlungsfähigkeit ist auch hier das Stichwort.

Stabilität durch Dynamik – differenzierte Steuerungen

Das Ziel des Unternehmens muß somit die vollständige Orientierung aller Unternehmensvorgänge an der Erfüllung der akzeptierten Kundenwünsche sein.

D. h. nur wenn das Produkt wirklich vom Kunden gekauft wird, ist die investierte Arbeit nützlich gewesen. Eine Aussage bezüglich der Effizienz ist damit jedoch noch nicht getätigt.

Die Merkmale differenzierter Steuerungssysteme sind somit:

- Kundenorientierung
- flache Hierarchie
- Dezentralisierung
- eigenverantwortliches Handeln
- offene Kommunikation

Je nach Randbedingungen sind somit verschiedene Ausprägungen auszuwählen. Je unsicherer das Marktverhalten, desto wichtiger ist es, Wandlungsfähigkeit zuzulassen.

Ausprägungen bei eher	
starren Anforderungen	**dynamischen Anforderungen**
• geringerer Freiraum für Mitarbeiter	• höherer Freiraum der Mitarbeiter
• Facharbeiter (Spezialisten)	• Facharbeiter mit Zusatzqualifikation (Universalisten)
• hohes Qualifikationsniveau	• breites Qualifikationsniveau
• einfache Arbeit mit möglichst niedriger Lohngruppe	• Weiterqualifizierung von Mitarbeitern
• geringer Arbeitsinhalt	• großer Arbeitsinhalt
• funktionsbezogene Leistungsentlohnung	• Entlohnung nach Gruppenprämie unter Einbeziehung des gesamten Prozeßerfolges
• EDV-geführt	• EDV-unterstützt
• auslastungsorientiert getrennte Betrachtung von Material- und Informationsfluß	• integrierter Material- und Informationsfluß
• automatisierungsfähig	• übergreifend
• Steuerung nach starren Algorithmen	• variable Steuerung
• Materialfluß automatisieren	• Materialversorgung nach Holprinzip
• viele Schnittstellen	• wenige Schnittstellen
• sequentiell	• ablauforientiert

(in Anlehnung an Kees)

Dabei kommt den Mitarbeitern enorme Bedeutung zu. Sie müssen nunmehr wesentlich mehr Anforderungen erfüllen, die nicht auf das direkte technische Fachwissen beschränkt sind, und zwar:

- technische Kompetenz (Generalist mit Spezialwissen)
- organisatorische Kompetenz (Denken in betrieblichen Zusammenhängen)
- soziale Kompetenz (Teamgeist, Konfliktbehandlung, Kommunikationsfähigkeit)
- Verantwortungsbereitschaft (eigenständiges Denken und Handeln)

Jede dezentrale Leistungseinheit muß für sich genommen lebensfähig sein, d.h. in einer Produktionseinheit können folgende Aspekte integriert sein:

- Materialdisposition
- Materialbereitstellung
- Personaleinsatzplanung
- Betriebsmittelplanung
- Rüsten der Anlage
- Fertigungssteuerung
- Fertigung bzw. Montage inklusive Verpackung
- Qualitätssicherung
- Terminverantwortung
- Innerbetrieblicher Transport
- Reklamationsverantwortung
- Instandhaltung
- Störungsmanagement

Die steigende Individualität der Kundenwünsche erfordert dabei anstelle einer prognoseorientierten Fertigung eine weitgehend kundenauftragsorientierte Produktion, um auch auf einem turbulenten Markt eine hohe Lieferfähigkeit zu erhalten. Die Produktion sollte idealerweise in eine Auftragsfertigung umgewandelt werden oder zumindest mit wesentlich geringeren Lagerbeständen operieren.

Die horizontale Vernetzung der selbständigen Einheiten muß insbesondere durch ein individuelles Kommunikations- und Informationssystem sichergestellt werden, sowohl übergreifend als auch innerhalb der dezentralen Leistungseinheit. Die Wahl des Mediums ist dabei von den Gruppenmitgliedern durchzuführen, allerdings immer auch unter der Berücksichtigung der Bedürfnisse anderer Bereiche, die durch die eigene Arbeit beeinflußt werden. Der Wandel muß als Prinzip begriffen werden, und zwar von allen Mitarbeitern. Dies erfordet ebenfalls, die gesamte Prozeßkette mindestens innerhalb des Unternehmens zu kennen. Motivations- und Anreizsysteme müssen unter ganzheitlichen Gesichtspunkten gestaltet werden, um kontra-produktives Verhalten nicht zu belohnen. Die Kreativität jeder Leistungseinheit soll dabei nicht eingeschränkt werden.

Wie kann die differenzierte Steuerung konzipiert werden?

Auch während der Konzeption können kurzfristige Erfolge sichtbar werden. Durch Einbezug von Mitarbeitern aller Bereiche wird das gesamte Prozeßwissen betrachtet, Widerstände könne somit von Anfang an offen angesprochen werden.

Schritt 1: Verdeutlichen Sie die Dringlichkeit der Veränderung und verständigen Sie sich gemeinsam auf das zu erreichende Ziel. Beachten Sie, daß Sie das Ziel auch für Außenstehende verständlich aufbereiten.

So besteht das Ziel der Optimierung der bestehenden differenzierten Steuerung bei einem DYNAPRO-Unternehmen darin, daß bei der Lieferzuverlässigkeit niemals die Marke von 70% übersprungen wird. Konkret bedeutet dies, daß 30 von 100 Kunden einen falschen Termin bestätigt bekommen.

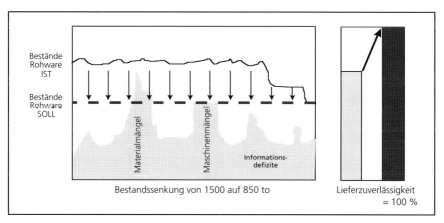

Bild 1: Beispiel für Zieldarstellungen

In einem Unternehmen, das auf kurzfristige Nachfrageschwankungen von +- 50% reagieren muß und wo die Durchlaufzeit weniger als 1 Woche beträgt, kann dies ein enormer Wettbewerbsnachteil sein. Ziel ist somit, 100% der zugesagten Termine einzuhalten. Weiterhin besteht hier das Ziel, den Bestand an Rohpapier von durchschnittlich 1500 to auf 850 to zu senken.

Schritt 2: Bilden Sie geeignete Produktklassen und führen Sie die Maßnahmen strikt durch! Überprüfen Sie, wo die Wiederbeschaffungszeit geringer als die Reichweite ist.

Ein erster Überblick kann wie folgt aussehen:

Produkte	Wiederbe-schaffungszeit	gegenwärtige Reichweite	Bestands-strategie
Produktklasse 1	2 Tage	20 Tage	senken
Produktklasse 2	3 Tage	5 Tage	senken
Produktklasse 3	4 Tage	4 Tage	beibehalten
Produktklasse 4	5 Tage	3 Tage	erhöhen

Die Tabelle gewährt unabhängig von den Kundenforderungen einen ersten Überblick, welche grundsätzliche Strategie gefahren werden sollte. Ob beispielsweise die Bestände der Produktklasse 1 auf eine Reichweite von 2 Tagen reduziert werden sollte oder ganz auf eine Lagerhaltung verzichtet werden sollte, kann nur unter Einbezug der Kundenanforderungen erfolgen.

Schritt 3: Bilden Sie geeignete Kundenklassen! Stellen Sie die Kundenanforderungen den Bestandsstrategien gegenüber. Entscheiden Sie, für welche Produkte bzw. Kunden Bestände notwendig sind.

Die folgende Tabelle verdeutlicht die Verknüpfung der Produktklassen mit weitergehenden Informationen bestehender Kunden.

Produktklasse (PK)	Kundenklasse (KK)			Bestands-strategie	Status
	KK1	KK2	KK3		
PK 1		✗		senken	✓
PK 2	✗			senken	⊖
PK 3			✗	beibehalten	✓
PK 4		✗	✗	erhöhen	✓
Bestellverhalten:	1 x pro Woche	1 x pro Woche	periodisch oder stochastisch		
Vorgabe:	5 Tage	–	–		

Je nach Kundenklasse müssen die im Vorfeld aufgestellten Bestandsstrategien angepasst werden. Beispielhaft kann für die Produktklasse 2 die Bestandsstrategie „senken" nicht aufrecht gehalten werden, da die Kunden der Klasse 1 auf Fertigbestände von mindestens 5 Tagen bestehen und die derzeitigen Bestände somit das Minimum darstellen.

156

So bestehen die unterschiedlichen Kundenwünsche im bereits erwähnten Beispielunternehmen darin, daß es verschiedene Kundenklassifizierungen gibt:

- Kunden mit regelmäßigen Auslieferungen, aber mit Vorgaben. Diese können u.a. das Vorhalten von Fertigbeständen beim Unternehmen fordern, und die damit entstehenden Kosten werden verrechnet (Kundenklasse 1),
- Kunden mit regelmäßigen Auslieferungen, aber ohne Vorgaben (Kundenklasse 2),
- Kunden mit periodischen oder stochastischen Auslieferungen (Kundenklasse 3).

Schritt 4: Identifizieren und eliminieren Sie Verschwendung!

Verschwendung herrscht überall dort, wo etwas für die eigentliche Leistungserstellung nicht notwendig ist, weder für interne Belange noch für externe Kunden. Einer Studie von Mercedes Benz zufolge entfallen von einer Gesamtleistung im Unternehmen ca. 30 % auf Blindleistung, ca. 10 % auf Fehlleistung, ca. 35 % auf Unterstützungsleistung und nur ca. 25 % auf eine reine Nutzleistung.

Zwei Klassen von Verschwendung können identifiziert werden:

- Prozeßverschwendung
- Objektverschwendung

Prozeßverschwendung kann aufgedeckt werden, indem alle Tätigkeiten einer Nutzenanalyse unterzogen werden. Eine geeignete Klassifizierung sieht wie folgt aus:

1. Nutzen für Kunden
2. Nutzen für interne Belange des Unternehmens
3. ohne Nutzen für Kunden und Unternehmen

Eine Überprüfung Ihrer Prozesse sollte unter dem Gesichtspunkt des Nutzens durchgeführt werden! Klassifizieren Sie Ihre Prozesse gemäß den 3 Kategorien und verfolgen Sie folgende Strategie:

Klassifizierung	Strategie
1	beibehalten
2	überprüfen, ob Prozeßveränderungen eine Reduzierung der internen Belange ohne Qualitätseinbuße ermöglichen
3	eliminieren

Objektverschwendung bezieht sich auf einzelne Objekte und bezieht sich überwiegend auf Vorräte und Bestände. Beispielsweise kann durch Markieren aller Vorräte innerhalb kürzester Zeit visuell verfolgt werden, welche Vorräte häufig, selten oder gar nicht verbraucht werden. Ähnlich einer ABC-Analyse kann dann durch ein unterschiedliches Bestellverhalten und/oder Lagerverhalten kontinuierlich die Höhe der Vorräte verbrauchsorientiert angepaßt werden.

Im Beispielunternehmen warten im Jahresdurchschnitt 1500 to an Rohware darauf, verarbeitet zu werden. Mit regelmäßiger Wahrscheinlichkeit wird im letzten Quartal vor der Inventur die Strategie gefahren, die Bestände auf 850 to herunterzufahren. Dies führt bei Bestellauslösungen seitens der Papierdisposition zu Streichungen durch den Einkauf, da ja immer noch genug Papier im Werk bereitliegt. Folge ist, daß oftmals das falsche Papier bevorratet wird und Aufträge mit höherwertigem Papier abgefahren werden müssen, da das vorgesehene Papier nicht geliefert wird.

Grundsätzlich gilt (nach Tominaga):

- Vorräte und Bestände binden Kapital
- Vorräte und Bestände benötigen Fläche
- Vorräte und Bestände führen auch zu einer schlechteren Qualität
- Vorräte und Bestände verdecken Probleme

Schritt 5: Konzipieren Sie Lagerstufen und wandlungsfähige Regelkreise

Beachten Sie, daß weitere Faktoren ihre Steuerung maßgeblich beeinflussen:

- Produktstruktur: je komplexer die Produkte, desto schwieriger ist es, geeignete Regelkreise aufzubauen
- Variantenspektrum: je mehr Varianten sie haben, um so wichtiger ist es, geeignete Klassen zu bilden und individuell die Steuerung auszurichten
- Lieferanten: die Wiederbeschaffung notwendiger Rohstoffe oder Zukaufteile ist mitunter wesentlich länger als die eigentliche Durchlaufzeit innerhalb der eigenen Fertigung. Die Steuerung muß somit ebenfalls die bedarfsgerechte Versorgung gewährleisten, sei es durch eine JIT-Verbindung oder durch Wahl einer verbrauchsorientierten Zwischenlagerung.

Im erwähnten Unternehmen wird nach folgenden Steuerungsprinzipien gearbeitet. Zum einen werden die Kunden der Kundenklasse 1 direkt aus dem Lager beliefert („F-Auftrag"). Erst wenn der Fertigwarenbestand unter dem vereinbarten Mindestbestand fällt, wird ein „Nachproduktionsauftrag" ausgelöst. Kunden der Kundengruppe 2 werden in der Regel nach dem „A-Auftrag" bedient. Erst wenn der Auftrag vorliegt, werden alle Prozeßschritte durchgeführt und in der Regel direkt ausgeliefert. Nur bei zeitlicher Verzögerung ist eine Zwischenlagerung notwendig. Kunden der Kundengruppe 3 werden ebenfalls gemäß „A-Auftrag" bedient. Unwirtschaftliche Losgrößen werden dabei aufgestockt, die zuviel produzierte Menge wird eingelagert.

Grundsätzlich gilt: es wird nur produziert, wenn ein Kundenauftrag vorliegt.

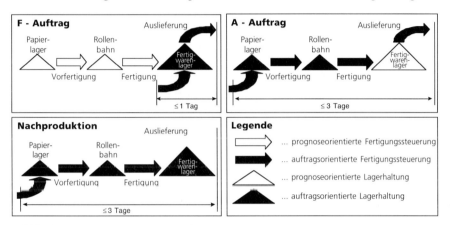

Bild 2: Steuerungsprinzipien im Beispiel

Vermeiden Sie, die differenzierten Steuerungen durch EDV-Systeme zu zementieren. So turbulent der Markt, so wichtig ist ein Überprüfen der gewählten Steuerungen, ob sie immer noch effektiv arbeiten. Die Fähigkeit Vorhandenes kurzfristig anzupassen, darf daher nicht durch starre Informations- und Kommunikationssysteme eingeengt werden.

Schritt 6: Institutionalisieren Sie die neue Steuerung und fördern Sie das Bewußtsein über die Notwendigkeit fortlaufender Anpassungen

Die Implementierung der differenzierten Steuerung ist nicht gleichbedeutend mit einem Projektabschluß. Der erreichte Stand ist immer nur unter den gegenwärtigen Bedingungen optimal. Entscheidend für die erfolgreiche Einführung sowie dauerhafte Anwendung ist, jeden Mitarbeiter über das Prinzip sowie die praktische Verfahrensweise zu informieren. Es muß dabei eindeutig als neuer Standard in der Weise festgeschrieben werden, daß eine Weiterentwicklung nur von diesem neuen Stand aus erfolgen darf. Förderlich ist es hierbei, die Argumentation der Entscheidungsfindung festzuhalten, um somit jedem nichtbeteiligten Mitarbeiter die Möglichkeit zu geben, nichtbetrachtete Widersprüche offen anzusprechen. So wie sich das In- und Umfeld ändert, so ändern sich auch die Anforderungen an die Steuerung. Standardisierung heißt somit nicht, daß das nun gewählte System auf Dauer festgeschrieben ist. Jeder Mitarbeiter ist nun gefordert, Optimierungspotentiale aufzudecken und gemeinsam umzusetzen. Ein erneuter „Startschuß" von außen darf nicht mehr erfolgen.

Das folgende Bild faßt die wesentlichen Aussagen zusammen (in Anlehnung an Adam Opel AG):

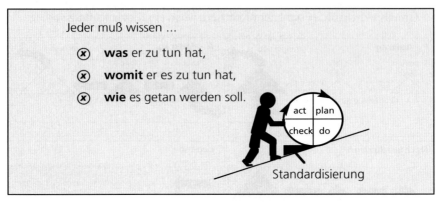

Bild 3: Handlungsmaximen

Im Beispiel äußert sich die Notwendigkeit der laufenden Anpassung in einer jährlichen Umsatzsteigerung von über 20 %. D.h., neue Produkte müssen entwickelt und in das Steuerungskonzept eingegliedert werden. Geänderte Losgrößen sowie die Verwendung von spezifischen Papiersorten und -grammaturen führen zu Anpassungen des Steuerungskonzepts.

Schritt 7: Verdeutlichen Sie die Verbindung der neuen Steuerung mit dem Unternehmenserfolg

Nur wenn jeder Mitarbeiter wirklich nachvollziehen kann, daß die differenzierte Steuerung nachhaltige Erfolge bringt, wird sie auch akzeptiert. Die Entwicklung von aussagekräftigen Kennzahlen und deren Pflege ist daher ein Muß, um die Fortsetzung zu sichern. Eine visuelle Aufbereitung der Kennzahlen erleichtert es, sich den Erfolg einzuprägen.

Entscheidend für den dauerhaften Erfolg ist, kontraproduktive Anreiz- und Motivationssysteme zu überprüfen. Beispielsweise führt eine funktional-orientierte Prämie dem Prozeßgedanken der Steuerung entgegen; die Bereiche optimieren sich unter Umständen auf Kosten des Unternehmensoptimums.

Auch hier gilt das Gesetz der Dynamik: Betrachten Sie den Zustand der laufenden Veränderungen als normal. Nur wenn ein Gleichgewicht zwischen Kundenanforderungen und Erfüllung seitens des Gesamtunternehmens besteht, dürfen Veränderungsanstrengungen ausgesetzt werden!

160

9 Verbindung von personalen und organisationalen Veränderungsprozessen

Vorgehen und Methoden
von Thomas Binder und Erika Grimm

In den vorhergehenden Abschnitten wurden vornehmlich Methoden vorgestellt, die sich mit Themen wie Unternehmensanalyse oder Strukturgestaltung beschäftigten. Personale Aspekte fanden dabei zwar Berücksichtigung, lagen aber nicht im Zentrum der Darstellung. Im folgenden sollen daher Methoden dargestellt werden, in denen personale Faktoren selbst direkt (z. B. Führung) oder indirekt (z. B. Organisationsbewertung durch Mitarbeiter) thematisiert werden.

1. Grundverständnis

Will man Veränderungen in einem Betrieb erreichen, dann bedeutet dies, daß man in bestehende Strukturen und Abläufe eingreifen muß. Die Ansicht, daß man dabei auch die Mitarbeiter mit einbeziehen sollte, ist heute mittlerweile weit verbreitet. Kaum ein Beitrag zu betrieblichen Gestaltungs- und Veränderungsprozessen verzichtet darauf, die Einbindung der davon Betroffenen zu betonen. Oftmals wird darunter aber wenig mehr als Information oder zeitweilige Konsultation verstanden. Will man die Mitarbeiter allerdings in die Veränderungsprozesse miteinbeziehen, dann sollte man sie auch als Personen mit eigenen Werten, Einstellungen, Ideen und spezifischem Wissen und Fähigkeiten wahrnehmen. Kirsch et al. (1978, S. 395ff.) unterscheiden beispielsweise danach, wie diese in Entscheidungen berücksichtigt werden, vier idealtypische Formen der Partizipation:

Art der Partizipation	Einbeziehung von Werten	Einbeziehung von Wissen und Können
Pseudo-Partizipation	nein	nein
Human-Resources-Strategie	nein	ja
Social-Values-Strategie	ja	nein
Authentische Partizipation	ja	ja

Eine Pseudo-Partizipation liegt dann vor, wenn Mitarbeiter nur zum Schein und bei unwichtigen Informationen beteiligt werden. Bei einer Human-Resources-Strategie wird hingegen versucht, die Mitarbeiter gemäß ihrem spezifischen Wissen und Können optimal einzusetzen und dies im Rahmen betrieblicher Entscheidungsprozesse nutzbar zu machen. Sogenannte Social-Values-Strategien stellen hingegen die Einbeziehung von Werten in den Vordergrund; dabei sollen die Mitarbeiter unabhängig von ihrer Qualifikation mit ihren Werten und Meinungen an betrieblichen Entscheidungsprozessen beteiligt werden.

Organisationsentwicklungsansatz:

Der dem Vorgehen in der Querschnittsfunktion „Veränderungskompetenz" zugrundeliegende Organisationsentwicklungsansatz versucht sowohl die Werte als auch das Wissen und Können der Mitarbeiter miteinzubeziehen (authentische Partizipation). Die Integration der Mitarbeiter ist allerdings kein Selbstzweck, sondern wird als wichtige Bedingung dafür angesehen, die Art und Weise, wie eine Organisation mit internen und externen Herausforderungen umgeht, zu verbessern (Rieckmann, 1996).

Da jede Organisation ihre eigene Spezifik hat, ist es nur bedingt möglich aufgrund von allgemeinen wissenschaftlichen Aussagen (z. B. zur Arbeitsgestaltung), Prozesse und Strukturen so zu gestalten, daß sie den Bedürfnissen und dem Potential der Mitarbeiter sowie den Bedingungen und Zielen der Organisation entsprechen. Organisationsentwicklungsmaßnahmen zielen daher darauf ab, die Mitarbeiter an der Gestaltung der betrieblichen Prozesse und Strukturen zu beteiligen, um deren Sichtweisen für die Optimierung betrieblicher Vorgänge nutzbar zu machen.

Grundlage dafür ist zunächst die Sammlung von Informationen über relevante Themenbereiche. Dabei wird allgemein zwischen der Diagnose des Systems (beziehungsweise seiner Subsysteme) und der Diagnose organisatorischer Vorgänge unterschieden (French & Bell, 1994, S. 49 – 60):

Diagnose des organisatorischen Systems	Diagnose organisatorischer Vorgänge
in bezug auf:	**in bezug auf:**
- ganze Organisation - Subsysteme (z.B. Abteilung) - Gruppe - Individuum	- Kommunikation - Zielsetzung - Konflikte - Führung
beispielhafte Fragestellungen:	**beispielhafte Fragestellungen:**

- Akzeptanz der Strukturen
- Größe der Verantwortungs-
  bereiche
- Ausmaß der Kenntnisse und
  Fertigkeiten
	- Intensität/ Richtung der
	  Kommunikation
	- Bewältigung von Konflikten
	- Normen des Führungsstils

Der Vorteil dieses Ansatzes besteht darin, daß auch nicht direkt sichtbare Bestandteile einer Organisation (z.B. Einstellungen, Werte, Interaktionsformen) sichtbar gemacht werden und somit in die gestalterischen Überlegungen im Rahmen eines Organisationsentwicklungsprozesses einfließen können.

Dabei kann man zwischen einer eher an Personen (z.B. Gruppentraining) und einer eher an Strukturen (z.B. job enrichtment) orientierten Herangehensweise unterscheiden. Um dies zu verdeutlichen, kann man das aus der Lernpsychologie stammende verhaltensanalytische Modell von Kanfer und Phillips (1970, S. 54) zum Ursprung nehmen:

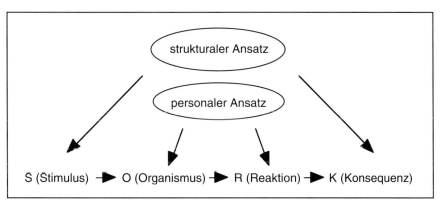

Bild 1: Mögliche Ansatzpunkte der Organisationsentwicklung

Interventionen, die sich auf O (Zustände der Person, z.B. Einstellung zur Arbeit) oder R (Verhaltensweisen, z.B. Dienst nach Vorschrift) beziehen, sind danach dem personalen Ansatz zuzuordnen.

Interventionen, die sich auf S (Bedingungen, z.B. Fließbandarbeit) oder auf K (Konsequenzen, z.B. Prämienlohn) beziehen, sind dem strukturalen Ansatz zuzuordnen.

Je nach Ausgangslage und Möglichkeiten können daher verschiedene Ansatzpunkte gewählt werden, wobei eine Kombination von personalem und strukturalem Ansatz die größten Erfolgschancen bietet (vgl. Gebert, 1995, S. 490 – 492).

Aktionsforschungsansatz:

Die Rolle des Forschers/Beraters (im Englischen treffenderweise Change agent genannt) unterscheidet sich bei einem solchen Herangehen allerdings von herkömmlichen Forschungs-/Beratungsrollen. Die Aktionsforschung (Lewin, 1953) bildet dafür die Grundlage. Bezeichnend dabei ist, daß die strikte Trennung zwischen Forscher und „Beforschten" aufgehoben wird. Nicht mehr vom Forscher/Berater, sondern auch von den anderen am Forschungsprojekt beteiligten

Personen gehen Aktionen aus. Dies garantiert die Praxisnähe der Forschung, denn dabei verbietet es sich, mit einer vorgefertigten und nicht mehr veränderbaren Forschungsstrategie (sowie den dazugehörenden speziellen Methoden und Instrumenten) zu beginnen. Aktionsforschung ist also ein fortlaufender Prozeß der sich zwar durch einen wissenschaftlichen und methodischen Zugang zum jeweiligen Themenkreis auszeichnet, dabei aber auch zahlreichen Änderungen unterworfen sein kann. Darin liegt gerade auch die Aktualität und Dynamik dieses Ansatzes begründet – insbesondere in einem Umfeld, das selbst durch ausgesprochene Turbulenz (Hartmann, 1996, S. 11ff) gekennzeichnet ist, und die Unternehmen ständig vor immer wieder neue Herausforderungen stellt.

Allgemein kann man dabei drei Phasen unterscheiden: Erstens das Sammeln von Daten, zweitens das Feedback dieser Daten an die betrieblichen Akteure und drittens die darauf aufbauende Handlungsplanung. So trivial dieser Ablauf zunächst scheint, so wichtig ist er auch, denn vor allem im zweiten Punkt (dem sogenannten „survey feedback") liegt die Besonderheit des Vorgehens begründet. Die gesammelten, ausgewerteten und aufbereiteten Daten werden möglichst allen Untersuchungsteilnehmern (oder einer daraus gebildeten Projektgruppe) rückgemeldet und dann gemeinsam mit den Beteiligten interpretiert. Dieser dialogische Charakter der Aktionsforschung ist ein wesentliches Merkmal, denn dadurch werden die rückgemeldeten Informationen oft wieder in neue Zusammenhänge gestellt und fließen in den darauf folgenden Handlungsprozeß ein (Moser, 1977). So ist es möglich, immer wieder aktuelle Themen aufzugreifen und rechtzeitig in den Organisationsentwicklungsprozeß zu integrieren. In einem solchen Prozeß zeigt sich auch erst die Relevanz der forschungsleitenden Fragestellung und der dabei eingesetzten Methoden und Instrumente. Indem sich der Forscher oder Berater selbst in den zu untersuchenden Betrieb einbringt, muß er sich in einem Aktionsforschungsansatz auch mit den Reaktionen und Wertungen seiner theoretischen Grundlagen als auch der durch die verwendeten Instrumente erzeugten Daten und deren Interpretation durch die beteiligten Personen auseinandersetzen. Dies ist natürlich auch mit Arbeit auf Seite der beteiligten Mitarbeiter (und Führungskräfte) verbunden, ihnen wird kein fertiges Konzept vorgegeben, sondern sie sind in viele Prozeßstadien aktiv eingebunden. Damit ist aber auch der Grundstein dafür gelegt, sich nach Rückzug des Forschers oder Beraters selbständig mit betrieblichen Problembereichen auseinanderzusetzen.

2. Betriebsspezifisches Vorgehen

Aus den obigen Ausführungen wurde deutlich, daß sich beim Aktionsforschungsansatz alle Beteiligten in den Forschungs- und Gestaltungsprozeß aktiv einbringen müssen. Daraus folgt natürlich auch, daß es kein einheitliches Vorgehen in den am Dynapro-Projekt beteiligten Betrieben geben kann. In jedem Betrieb liegen andere Bedingungen vor und daher sind auch von den in den Betrieben beteiligten

Personen jeweils andere Reaktionen zu erwarten. Weiterhin impliziert der Aktionsforschungsansatz auch keine speziellen Methoden – quantitative und qualitative Methoden können gleichsam zum Einsatz kommen (Friedrichs, 1990 , S. 373; Kriz, Lück & Heidbrink, 1996, S. 221). Je nach Betrieb können sogar zum gleichen Thema (z.B. Führung bei THIMM und FGSU, UESA) verschiedene methodische Zugänge gewählt werden.

Sehr stark wurde die Forschungs- und Gestaltungsarbeit vor allem dadurch bestimmt, ob sich die beteiligten Betriebe in der Anfangsphase des Projektes vornehmlich speziellen Themen (z.B. Termintreue, Qualität) zugewandt hatten, oder ob sie sich – ohne spezifische Problembereiche zu bearbeiten – generell damit beschäftigt hatten, wie Dynamik im Betrieb erreicht und auf Dauer gesichert werden kann. Dies ist eine Frage des Generalisierungs- und damit auch des Aktionsniveaus, denn jede generalisierte Beschäftigung mit Dynamik sollte natürlich auch später in Form von Handlungsprogrammen im Betrieb umgesetzt werden.

Die untenstehende Abbildung zeigt, wie ein idealtypischer Kurvenverlauf aussehen könnte:

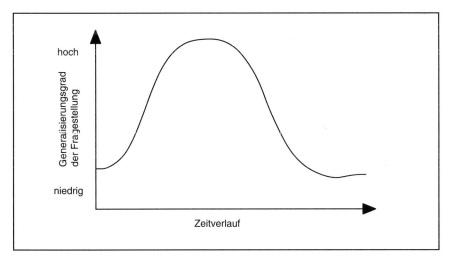

Bild 2: Generalisierungsniveau im Zeitverlauf

Dies soll an einem Praxisfall erläutert werden:

Im Zuge von mehreren Teamsitzungen, in denen über verschiedene Probleme und deren Bewältigung im Betrieb diskutiert wurde, kristallisierte sich heraus, daß das Führungsverhalten einiger leitender Mitarbeiter nicht mehr den externen Anforderungen (z.B. extreme Auftragsschwankungen), denen sich der Betrieb ausgesetzt sieht, entspricht, da zu starr an bestimmten Verhaltensweisen festgehalten wird. Weiterhin beklagten sich die Mitarbeiter, daß sie von den Führungskräften zu wenig Freiräume zugebilligt bekommen. Daraufhin wurden Workshops durchgeführt, in denen zunächst Führungsstiluntersuchungen erfolgten. Im Zuge der darauf folgenden Diskussion stellte sich heraus, daß Führung nicht das einzige Problem ist. So kamen beispielsweise strukturelle Aspekte (z.B. Arbeitsgestaltung) sowie prozessuale Aspekte (z.B. innerbetriebliche Koopertion) zur Sprache. Man war sich aber nicht sicher, ob und vor allem wie diese im Betrieb wahrgenommen werden. Darüber entwickelte sich eine Diskussion, wie der Betrieb organisiert sein sollte, um flexibel und dynamisch auf wechselnde Umweltanforderungen reagieren zu können. Vor allem die Frage danach, wie es erreicht werden kann, daß die Mitarbeiter veränderungsbereiter und somit wechselnden betrieblichen Anforderungen gegenüber aufgeschlossener sind, nahm breiten Raum in den Gesprächen ein. Daher wurde beschlossen, dieser Fragestellung durch eine breit angelegte und möglichst alle Mitarbeiter umfassende Befragung nachzugehen.

Nach Abschluß, Auswertung und Präsentation der Ergebnisse lag eine viele Themenkreise einbeziehende Gesamtübersicht über den Betrieb vor, die auch nach Abteilungen und Hierarchieebenen gegliedert ist. Aufgrund dieser Unterlagen wurden im Projektteam die wichtigsten Erkenntnisse besprochen und gezielt Arbeitsgruppen gebildet, die sich der Optimierung der dabei identifizierten Problembereiche widmeten.

Diese oben skizzierte wellenartige Beschäftigung mit konkreten Themen und einer mehr generalisierten Betrachtungsweise führt dazu, daß einerseits immer wieder an konkreten Problemen gearbeitet, andererseits aber auch der betriebliche Gesamtzusammenhang nicht aus den Augen verloren wird. Dies ist eine wesentliche Voraussetzung dafür, eine kontinuierliche Wandlungs- und damit Anpassungsfähigkeit zu erreichen, die der Dynamik des betrieblichen Umfeldes auf allen Ebenen des Betriebes Rechnung trägt.

Nur so kann man der großen Komplexität einer Organisation gerecht werden. Denn Komplexität zeigt sich in dreierlei Weise (Willke, 1993, S.24):

- in der Vielschichtigkeit, d.h. der Differenziertheit des Systems
- in der Vernetzung, d.h. wechselseitigen Abhängigkeit der einzelnen Teile
- in der Folgelastigkeit der Prozesse

Gelingt es einer Organisation immer wieder, die Generalisierungsebenen zu wechseln, dann wird sie damit auch die sich aus der Komplexität ergebenen Konflikte lösen können. Dabei kann grundlegend zwischen zwei Konfliktarten unterschieden werden:

- Input-Konflikte: Entstehen aufgrund mangelnder Informationskapazität, d. h. nicht alle Informationen können bearbeitet werden.

- Output-Konflikte: Entstehen aufgrund der Knappheit der betrieblichen Ressourcen, d. h. nicht alle relevanten Themen können bearbeitet werden.

Somit wird es der Organisation einerseits möglich, der Gefahr einer zu starken Beschränkung auf eingegrenzte Themen (Input-Konflikt) zu begegnen indem sie sich immer wieder in Phasen hohen Generalisierungsniveaus begibt. Andererseits begegnet sie der Gefahr der Handlungsunfähigkeit (Output-Konflikt) indem sie darauf immer wieder konkrete betriebliche Aktionen folgen läßt.

3. Entwickelte und angewandte Methoden im Rahmen von DYNAPRO

Durch die unterschiedlichen Ausgangslagen der Unternehmen ergibt sich auch kein einheitlicher Forschungsverlauf. Vielmehr wurden aus dem reichhaltigen Methodenarsenal, das im Rahmen von betrieblichen Veränderungsprozessen nutzbar ist (vgl. Jacob & Rössel, S. 81 – 84), die für den jeweiligen Betrieb passenden Methoden und Instrumente ausgewählt. Dabei wird keine Unterscheidung zwischen reinen Analyse- und Gestaltungsmethoden vorgenommen. Denn durch die oben beschriebene Rückmeldung der erhobenen Daten (survey feedback) und die darauf folgenden Interpretationen und Aktionen beginnen sich die beteiligten Personen mit ihrer Arbeitswelt auseinanderzusetzen. Damit lösen sie Veränderungsprozesse aus, die wieder zur Grundlage von Analysen werden. Weiterhin können auch externe Einflüsse im Rahmen dieses Vorgehens rechtzeitig aufgegriffen und einbezogen werden. Somit ist das Vorgehen eher als ein langfristiger Prozeß mit Feedbackschleifen zu verstehen.

Personalstrukturanalyse

In vielen Betrieben werden Personaldaten noch immer nur im Rahmen von Personalverwaltungsmaßnahmen verwendet. Im Rahmen einer Personalstrukturanalyse können diese aber auch für Organisationsentwicklungsmaßnahmen oder strategische Zwecke nutzbar gemacht werden (vgl. Scholz, 1991, S. 72ff.) Je nach Ausgangslage des Betriebes, d.h. dem Grad der Verfügbarkeit und Strukturiertheit von personalwirtschaftlichen Informationen, werden die Daten dann unter verschiedenen Gesichtspunkten neu strukturiert und aufeinander bezogen. Es werden also keine zusätzlichen Einschätzungen oder Bewertungen vorgenommen (siehe Qualifikationspotentialanalyse).

Ziel:

> Strukturierung und Aufbereitung von Personaldaten als Ausgangspunkt von Personal- und Organisationsentwicklungsmaßnahmen.

Grundlage für die im Zuge einer Personalstrukturanalyse ablaufenden Aktivitäten ist eine Dokumentenanalyse. Dadurch kann der zeitliche Aufwand relativ gering gehalten werden (in Abhängigkeit von Anzahl und Beschaffenheit der Daten). Obwohl die Personalstrukturanalyse betriebsspezifisch variiert wird, werden zumeist folgende Faktoren berücksichtigt:

– Alter
– Geschlecht
– Betriebszugehörigkeit
– Qualifikation (Schulbildung, Höhe und Art des Berufsabschlusses)
– Weiterbildungsmaßnahmen
– Fluktuation/Neueinstellungen
– innerbetrieblicher Wechsel (zeitlich begrenzt und dauerhaft)

Die erfaßten Daten werden nach Hierarchiestufen und Abteilungen beziehungsweise Arbeitsbereichen gegliedert. Eine solche Auswertung der Daten nach Unternehmensbereichen ermöglicht es, spezifische Bereichsprofile zu gewinnen. Dadurch lassen sich im Vergleich der einzelnen Einheiten/Bereiche zueinander aber auch im Vergleich zum Gesamtbetrieb wertvolle Aussagen gewinnen. Werden solche Erhebungen zu verschiedenen Zeitabständen (z.B. jedes Jahr) durchgeführt, dann sind noch weitergehende Analysen möglich (eine entsprechende Datenpflege vorausgesetzt). In diesem Fall lassen sich dann auch Entwicklungstrends (z.B. erhöhte Fluktuation in bestimmten Bereichen) aufspüren, die mit anderen Erhebungen (z.B. Führungsstilanalysen) sinnvoll in Beziehung gesetzt werden können.

Die nachstehende Tabelle beinhaltet grundlegende Personaldaten und den damit angestrebten Informationsgewinn.

Themen:	Mögliche Informationen
Altersstruktur	- Altersverteilung und -entwicklung - Überblick über Nachwuchsentwicklung
Dauer der Betriebszu-gehörigkeit	- zeitlich bedingte Personalaustauschprozesse - betriebsinterne Personalumsetzungen - Fluktuation
Qualifikation	- Qualifikationsgerechter Einsatz - Weiterbildungsaktivitäten

Bild 3: Beispielhafte Informationen einer Personalstrukturanalyse

Nutzen:

Die durch die Personalstrukturanalyse gewonnenen Informationen vermitteln einen wichtigen Überblick über personalpolitische Entwicklungen im Betrieb. Es ist sinnvoll, diese Ergebnisse abteilungs- beziehungsweise bereichsspezifisch rückzumelden und dabei den Zusammenhang zu anderen organisationalen Prozessen (z.B. Kommunikation, Führung, Konflikte), die im Rahmen von Organisationsentwicklungsprozessen thematisiert werden, zu diskutieren. Dadurch lassen sich wichtige Zusammenhänge aufdecken, die die Grundlage für spätere organisationale Gestaltungsmaßnahmen und/oder eine Umorientierung der betrieblichen Personalpolitik bilden.

Beispielsweise bieten sich Ansatzpunkte für gezielte Strategien der Personalrekrutierung und des Personaleinsatzes. Insbesondere die betriebliche Alterszusammensetzung stellt dabei ein wichtiges Themenfeld dar. In diesem Rahmen ist es unter anderem wichtig, sich über eine ausgewogene Beschäftigung älterer und jüngerer Arbeitnehmer Gedanken zu machen.

So werden die Vorteile „älterer" Beschäftigter vor allem am Vorhandensein betriebsspezifischer Berufserfahrungen fest gemacht. „Jüngeren" Beschäftigten schreibt man dagegen höhere Mobilitäts- und Flexibilitätspotentiale zu. Aus sozialwissenschaftlicher Sicht scheint es daher sinnvoll, die Vorteile beider Altersgruppen zu nutzen, indem man bewußt Stellen mit älteren und jüngeren Mitarbeitern besetzt. Zum einen werden mit der gleichmäßigen „Besetzung" aller Altersgruppen Berufserfahrungen und „neues" Wissen verknüpft und damit der interne Wissenstransfer effektiv gestaltet. Zum anderen wirkt sich die Zusammensetzung einer Belegschaft aus Stammkräften und jüngeren Mitarbeitern positiv auf die innerbetriebliche Entwicklung von Kreativität und Innovation aus. Beide Strategien entsprechen dem betrieblichen Bedürfnis nach Flexibilität und Kontinuität und sichern damit die angestrebte Dynamik eines Unternehmens.

Qualifikationspotentialanalyse

Die Qualifikationspotentialanalyse ist ein Instrument, das im Rahmen von Personalentwicklungsmaßnahmen eingesetzt werden kann. Nach Holling & Liepmann (1995) beinhaltet Personalentwicklung „alle person-, stellen- und arbeitsplatzbezogenen Maßnahmen zur Ausbildung, Erhaltung oder Wiedererlangung der beruflichen Qualifikation". Für die Informationsgewinnung im Rahmen von Personalentwicklungsmaßnahmen stehen unzählige Methoden und Instrumente zur Verfügung. So können z. B. Tests, Arbeitsproben, Einzel- und Gruppengespräche oder Lebenslaufanalysen zum Einsatz kommen (vgl. Sarges, 1990) Insbesondere beim Einsatz von Tests ist allerdings mit Aktzeptanzproblemen zu rechnen.

Ziel:

1. Erfassung des Qualifikationsniveaus und der Qualifizierungsbereitschaft der Mitarbeiter
2. Erfassung der Teilnahme an bisherigen betrieblichen Qualifizierungsmaßnahmen und des Grades ihrer bisherigen Anwendung
3. Erarbeitung individueller und betrieblicher Schlußfolgerungen

Die Grundlage der Qualifikationspotentialanalyse ist ein etwa halbstündiges Interview. In diesem werden mittels eines halbstandardisierten Fragebogens einerseits Daten über bisherige Weiterbildungsangebote (Themen, Zeitpunkt, Verwertbarkeit), und andererseits Selbsteinschätzungen in Hinblick auf den Kenntnisstand auf diesem Gebiet vorgenommen. Die Aussagen werden vom Interviewer nach einem festgelegten Schema kodiert.

Ein Kernstück der Qualifikationspotentialanalyse ist das sogenannte Bewertungsgitter. In diesem werden alle vom Personalverantwortlichen beziehungsweise Management als potentiell wichtig für den Betrieb angesehenen Weiterbildungsthemen aufgeführt (siehe unten). Diese Liste wird den Mitarbeitern vorgelegt und dabei der jeweilige Kenntnisstand erfragt.

Wichtige Aussagen können durch die drei weiteren Bewertungsspalten gewonnen werden. Bei jeder Weiterbildungsart wird danach gefragt (dichotom: Ja/Nein), ob a) der Kenntnisstand ausreichend ist, b) Interesse an Weiterbildung in diesem Gebiet besteht und c) die Bereitschaft vorliegt, sich an solchen Maßnahmen aktiv zu beteiligen.

Damit ist eine sehr differenzierte Beurteilung möglich. Beispielsweise induziert ein geringer Kenntnisstand noch lange nicht, daß Weiterbildungsbedarf besteht, da das geringe Wissen der Person ja kongruent mit den Arbeitsplatzanforderungen sein kann. Ebenso kann zwar Interesse an einem bestimmten Weiterbildungsthema bestehen, aber fehlende Bereitschaft vorliegen. Bei EDV-Themen kann es beispielsweise vorkommen, daß sich die befragte Person für nicht ausreichend lernfähig auf technischem Gebiet hält.

Art der WB	Kenntnis 1 = Gar keine 2 = Geringe 3 = Mittlere 4 = Große	Ausreichend für mich		Interesse		Bereitschaft		Gründe für Nein
		Ja	Nein	Ja	Nein	Ja	Nein	
Anwender-programme (EDV)								
Sprachen								
Produktkenntnis								
Produktions-techniken								
Arbeitsplatz-sicherheit und Unfallschutz								
Hygiene								
Umweltschutz								
Qualität								
Mitarbeiter-führung und Kommunikation								
Arbeitsorga-nisation								
Betriebsorga-nisation								
Unternehmens-philosophie								
Arbeitsrecht								
Sonstiges								

Bild 4: Beispielhaftes Bewertungsgitter zur Einschätzung von Weiterbildungserfordernissen und -bereitschaften (die linke Spalte ist betriebsspezifisch)

Weitere Elemente der Qualifikationspotentialanalyse sind Fragen zum erwarteten Nutzen (persönlich/für den Betrieb) und Hindernisse, die einer möglichen Teilnahme an Weiterbildungsmaßnahmen im Wege stehen. Die Auswertung erfolgt sowohl personenspezifisch als auch betriebsübergreifend.

Nutzen:

Insbesondere in Verbindung mit demographischen Angaben (z.B. Alter, Betriebszugehörigkeit) bietet die Qualifikationspotentialanalyse sehr aussagekräftige Auswertungsmöglichkeiten zu vielfältigen personalpolitischen Fragestellungen. Es wird nicht nur eine Einschätzung der Mitarbeiter in Hinblick auf ihre Qualifizierungsbereitschaft und -möglichkeit vorgenommen, auch die betrieblichen Weiterbildungsangebote werden in Hinblick auf ihre Relevanz für die Mitarbeiter eingeschätzt.

Somit wird auch ein Beitrag zur zukünftigen Gestaltung der Personalentwicklung erbracht.

Im Gegensatz zu einem bloßen Dokumentieren der themenbezogenen Kenntnisse der Mitarbeiter bezieht die Qualifikationspotentialanalyse gegenwärtige und zukünftig erwartete Anforderungen in die Betrachtung mit ein. Damit wird der besonderen Dynamik des Betriebsgeschehens Rechnung getragen, da der Kenntnisstand der Mitarbeiter immer in Bezug zu den jeweiligen Erfordernissen gesetzt wird.

Führungsanalyse

Jede Art von Veränderung, ob in der Aufbau- und Ablauforganisation, bei Produktentwicklungen oder anderen Veränderungsprozessen, beeinflußt auch das bestehende Beziehungsgeflecht zwischen Führenden und Geführten. Damit sind auch Auswirkungen auf die Art und Weise der Zusammenarbeit verbunden. Deshalb ist es sinnvoll, sich auch mit Führungsfragen zu beschäftigen.

Im Begriff der Führung spiegelt sich die wechselseitige Beziehung von „Führen und geführt werden" wider (Neuberger, 1990). Dies bedeutet, daß sich Führung nicht auf individuelle Merkmale und Verhaltensweisen von Führungskräften reduzieren läßt. Von der Beziehung zwischen Mitarbeitern und Führungskräften hängt es ab, ob ein Verhalten zum Beispiel als autoritär oder partizipativ erlebt wird. Dabei spielen vor allem wechselseitige Erwartungen eine Rolle. Diese werden durch eine Führungsanalyse bewußt gemacht.

Ziel:

1. Klären wechselseitiger Erwartungen von Führungskräften und Mitarbeitern.
2. Ermitteln von Soll- und Ist-Abweichungen in Hinblick auf den Führungsstil.
3. Identifizieren betrieblicher Bedingungen, die den gewünschten Verhaltensweisen entgegenstehen.

172

Die Führungsanalyse ist ein Workshopkonzept, das auf einer Kombination von qualitativen und quantitativen Vorgehen beruht.

In aufeinanderfolgenden Workshops werden zunächst die Erwartungen von Führungskräften an ihre Mitarbeiter erhoben. Diese werden möglichst auf allen Hierarchieebenen eines Betriebes durchgeführt. Dabei wird die Vielschichtigkeit und Komplexität der Erwartungen zutage gefördert. Weiterhin werden meist erste Widersprüche in den Erwartungen deutlich (z. B.: „Mitarbeiter sollen Anweisungen möglichst genau befolgen" versus „Mitarbeiter sollen kreativ und selbständig sein"). In dieser Phase wird noch auf den Einsatz quantitativer Verfahren verzichtet. Die Erwartungen werden mittels der Moderationsmethode (Metaplantechnik) erhoben und gemeinsam mit den beteiligten Führungskräften systematisiert und besprochen.

Ein weiterer Baustein ist die Analyse des jeweiligen Führungsstils. Grundlage dafür ist die Kontinuum-Theorie von Tannenbaum & Schmidt (1958, 1973). Diese gehen von dem zu beobachtenden Führungsverhalten aus und ordnen es nach dem Ausmaß der Autorität der Führungskraft sowie dem Ausmaß der Entscheidungsfreiheit der Mitarbeiter auf einem Kontinuum an. Dabei wird zwischen sieben Führungsstilen unterschieden:

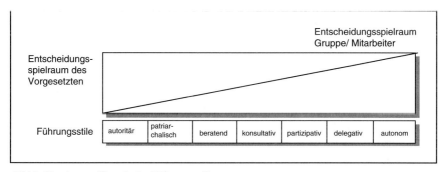

Bild 5: Kontinuum-Theorie des Führungsstils

Während autoritäres, patriarchalisches und beratendes Führungsverhalten vor allem durch den Willen und die Entscheidung des Vorgesetzten geprägt sind, nimmt der Handlungs- und Entscheidungsspielraum der Mitarbeiter mit dem konsultativen Führungsstil deutlich zu. Dieses Führungsverhalten wird mittels eines quantitativen Fragebogens erhoben, der diese sieben Dimensionen exemplarisch aufführt. Dabei wird einerseits das reale (besser: wahrgenommene) Führungsverhalten eingeschätzt (Ist) und andererseits der jeweils bevorzugte Führungsstil (Soll) angegeben (Fragestellungen für Führungskräfte: Wie führe ich? Wie möchte ich führen; für Mitarbeiter: Wie werde ich geführt? Wie möchte ich geführt werden?).

An diese beiden Bausteine schließt sich ein hierarchieübergreifender Konfrontations-Workshop an, in dem die Erwartungen und Beurteilungen der Führungskräfte und Mitarbeiter zusammengeführt, diskutiert und interpretiert werden. Dies erfolgt immer unter Bezugnahme auf die speziellen betrieblichen Bedingungen, womit der konkrete Situationsbezug hergestellt wird.

Nutzen:

Durch die Führungsanalyse werden zunächst Reflexionsprozesse der Beteiligten ausgelöst und unterstützt. Aufgrund der Konfrontation von Ist- und Sollzustand sowie Selbst- und Fremdeinschätzung werden die Führungskräfte aber auch die Mitarbeiter für die jeweils andere Sicht aufgeschlossen. Damit ist eine erste Verständigungsbasis geschaffen, in dessen Rahmen Alternativen und Ansatzpunkte für ein gemeinsames Führungsverständnis entwickelt werden können.

Ein solches Vorgehen, das die wechselseitigen Erwartungen und Verhaltensweisen von Mitarbeitern und Führungskräften unter Einbezug der betrieblichen Bedingungen offenlegt und thematisiert, prägt eine dynamische Führungskultur und erzeugt Bereitschaft für Veränderungsprozesse.

Fragebogen zu betrieblichen Bedingungen individueller Veränderungsbereitschaft

Wenn in einem Unternehmen bisherige Organisationsstrukturen geändert, neue Arbeitsweisen eingeübt oder andere Formen der Zusammenarbeit notwendig werden, dann bedeutet dies, daß sich bisherige Verhaltensweisen ebenfalls ändern müssen. Geschieht dies nicht, werden die angestrebten Veränderungsprozesse nicht erfolgreich verlaufen oder womöglich gänzlich versanden. Deshalb ist es wichtig, daß die Mitarbeiter betrieblichen Veränderungsprozessen gegenüber eine positive Einstellung haben. Diese Veränderungsbereitschaft bildet die Voraussetzung dafür, daß sich die Mitarbeiter aufgeschlossen gegenüber Veränderungen im Betrieb zeigen und auch aktiv daran beteiligen.

Das Ausmaß der Veränderungsbereitschaft wird von zahlreichen Faktoren beeinflußt, die in Zusammenhang mit eher individuellen Dispositionen (vgl. Isermann & Jentschke, 1993) und andererseits eher strukturellen Bedingungen stehen. Dies bedeutet, daß eine Organisation so gestaltet werden kann, daß sie für die Entwicklung der Veränderungsbereitschaft der Mitarbeiter förderlich ist.

Ziel:

Identifizierung von betrieblichen Bereichen, die sich förderlich oder hinderlich auf die Veränderungsbereitschaft der Mitarbeiter auswirken.

- **1. Übereinstimmung mit persönlichen Zielen:**

  Betriebliche Ziele sollen möglichst nicht im Widerspruch zu eigenen Zielen der Mitarbeiter stehen.

- **2. Transparenz der betrieblichen Strukturen und Abläufe:**

  Mitarbeiter sollen den Betrieb überschauen können und über das betriebliche Geschehen hinreichend informiert sein.

- **3. Beeinflußbarkeit der Prozesse:**

  Mitarbeiter sollen über hinreichende Möglichkeiten verfügen, sich in betriebliche Prozesse einzubringen.

Bild 6: Psychologische Voraussetzungen von Veränderungsbereitschaft:

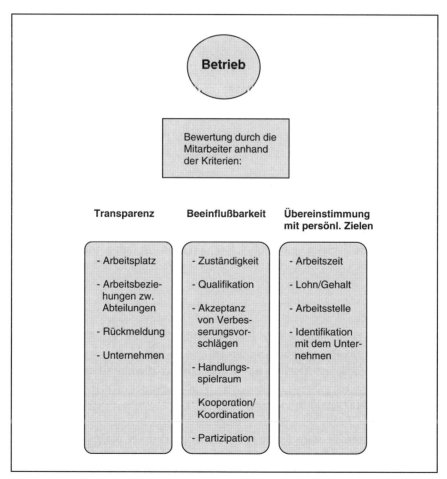

Bild 7: Relevante Themen der drei Kriterien von Veränderungsbereitschaft

Durch den Fragebogen werden diese Voraussetzungen der Veränderungsbereitschaft anhand verschiedener für die drei Kriterien wichtigen Themen überprüft.

Jeder dieser Themenbereiche wird durch vier bis sieben Fragen erfaßt und durch eine sechsfach abgestufte Likert-Skala beurteilt. Dadurch ist es möglich, in der Auswertung verschiedene statistische Verfahren einzusetzen, die eine komplexe Analyse der Daten erlauben (vgl. Zapf, 1989).

1 = trifft gar nicht zu
2 = trifft überwiegend nicht zu
3 = trifft eher nicht zu
4 = trifft eher zu
5 = trifft überwiegend zu
6 = trifft vollständig zu

	1	2	3	4	5	6
Wird ein Auftrag bearbeitet, so werden den vor- und nachgelagerten Stellen alle relevanten Informationen gegeben.	❏	❏	❏	❏	❏	❏
Die Abläufe zwischen den Abteilungen/Arbeitsbereichen sind oft unverständlich.	❏	❏	❏	❏	❏	❏
....	❏	❏	❏	❏	❏	❏

Bild 8: Transparenz – Aussagen zum Themenbereich „Arbeitsbeziehungen zwischen unterschiedlichen Arbeitsbereichen"

Der Fragebogen umfaßt insgesamt 14 Themen, die eine Beurteilung der betrieblichen Bedingungen ermöglichen. Weiterhin ist ein Instrument zur Erfassung der individuellen Veränderungsbereitschaft angefügt. Insgesamt werden etwa 90 Aussagen vorgegeben. Der Bearbeitungszeitraum liegt bei ungefähr 25 min.

Nutzen:

– Der Fragebogen liefert einen breiten Überblick über die betrieblichen Voraussetzungen von Veränderungsbereitschaft.
– Die verschiedenen Abteilungen und Arbeitsbereiche eines Betriebes können anhand der einzelnen Themen (z.B. Handlungsspielraum, Transparenz am Arbeitsplatz) verglichen werden.
– Es können Profile für einzelne Abteilungen und Arbeitsbereiche erstellt werden, in denen die Ausprägung aller Themen gemeinsam dargestellt ist.
– Es können Aussagen darüber getroffen werden, in welcher Beziehung die einzelnen Themen zur Veränderungsbereitschaft stehen.
– Es können Beziehungen zwischen den einzelnen Themen untersucht werden.

Um die Ergebnisse einer solchen Erhebung effektiv zu nutzen, sollten die Ergebnisse an die beteiligten Mitarbeiter rückgemeldet und auch von ihnen interpretiert werden. Dadurch können die einzelnen Ergebnisse (und vor allem die Unterschiede zwischen Abteilungen/Arbeitsbereichen) von den betroffenen Mitarbeitern selbst erklärt und mögliche Hypothesen aufgestellt werden. Dies eröffnet einen weiten Spielraum für nachfolgende Gestaltungsmaßnahmen.

Fragebogen zur Unternehmenskultur

Der Begriff der Organisations- beziehungsweise Unternehmenskultur bezieht sich auf die von den Mitgliedern geteilten Grundannahmen, Werte und Normen und ihren Einfluß auf deren Verhalten (vgl. Dierkes, v. Rosenstiel & Steger, 1993). Die Organisationskultur unterliegt vielfältigen internen (z. B. Aufnahme neuer Mitarbeiter) und externen Einflüssen (z. B. Veränderung der Marktlage) und verändert sich daher im Zeitverlauf in mehr oder minder starkem Maße. Viele Praktiker und Wissenschaftler sehen darin ein wichtiges Gestaltungsfeld und Potential, um Identifikation, Motivation und Leistungen der Mitarbeiter zu erhöhen. Implizit wird dabei davon ausgegangen, daß die Organisationskultur sozusagen als Management-Instrument beliebig gestaltet werden kann. Dabei wird aber übersehen, daß sich Kultur allmählich entwickelt und nicht wie eine neue Fabrikationsanlage implementiert werden kann. Dennoch kann die Beschäftigung mit Organisationskultur einen wichtigen Beitrag zur Zielerreichung eines Unternehmens liefern (vgl. Kobi & Wüthrich, 1986) .

Ziel:

- Analyse von Grundannahmen, Werten und Einstellungen der Organisationsmitglieder

- in Zusammenhang mit deren Bewertung der organisationalen Strukturen und Prozesse.

Da jede Organisation verschiedene Aufgaben zu erfüllen hat, unterschiedlich strukturiert ist und andere Außenbeziehungen unterhält, gibt es auch nicht die eine Kultur, die für alle Unternehmen gut oder erfolgversprechend ist. Weiterhin sagt eine z.B. in Form von Vereinbarungen oder Leitsätzen verschriftlichte Organisationskultur auch nichts darüber aus, ob diese auch wirklich so vorhanden ist. Durch eine Befragung der Organisationsmitglieder kann die Organisationskultur allerdings teilweise „sichtbar" gemacht werden.

Um eine möglichst breite Einbeziehung der Mitarbeiter zu erreichen, bietet es sich an, eine schriftliche Befragung zu relevanten organisationskulturbezogenen Themen durchzuführen. Ein solcher Fragebogen vereint sinnvollerweise standardisierte und offene Fragen, damit keine relevanten Faktoren unberücksichtigt bleiben. Da in jeder Organisation ein unterschiedliches Verständnis von Organisationskultur und auch eine unterschiedliche Gewichtung der einzelnen relevanten Bestandteile (vgl. Schein, 1995) vorliegt, sollte im Rahmen einer solchen Untersuchung auf die Vorstellungen der Unternehmensvertreter eingegangen werden.

Themen:	Fragestellungen
Betriebliche Atmosphäre	- Nennen Sie bitte positive und negative Aspekte und begründen Sie diese stichwortartig. - Versuchen Sie positive und negative Ursachen dafür zu benennen.
Unternehmensziele	- Wenn Sie an die Unternehmensziele, den "Kurs" Ihrer Firma denken: Welche kommen Ihnen als erstes in den Sinn? - Welche Ziele sollten Ihrer Ansicht nach unbedingt verfolgt werden?
Information	- Wie beurteilen Sie Ihren Informationsstand bezüglich folgender Gebiete? (z.B. Wert, den meine Arbeit für die Firma hat, Arbeit der anderen Arbeitsteams...)
Kommunikation	- Wie entsprechen folgende Kommunikationsformen Ihren Ansprüchen und Erwartungen? (z.B. Mitarbeitergespräche, Betriebsversammlungen...)
Partizipation	- Welche Möglichkeiten der Beteiligung können und wollen Sie wahrnehmen? (z.B. Arbeitsplatzgestaltung, technische Ausrüstung...)

Bild 9: Ausgewählte Themenbereiche der Unternehmenskultur

Die Einbeziehung möglichst vieler Mitarbeiter und die breite Auswahl an Themen bedeutet einen hohen Zeitaufwand, ist aber auch notwendig, da es sich ja um ein organisationsumfassendes Thema handelt.

Im Vorfeld der Befragung müssen die Mitarbeiter und Führungskräfte über Sinn und Ziel der Aktion informiert sein und Gelegenheit haben, Bedenken, Zweifel und Ängste zu äußern. Im Rahmen einer Informationsveranstaltung werden dabei Themenschwerpunkte kommuniziert und auf ihre Bedeutsamkeit hinterfragt. Weiterhin sollte in jedem Fall die Anonymität der Beteiligten/Betroffenen gesichert werden.

Nutzen:

Eine von den Mitarbeitern und Führungskräften eines Betriebes mitgetragene Organisationskultur ermöglicht eine vereinfachte Koordination. In dem Maße nämlich, in dem diese Vorstellungen handlungsleitend werden, existiert auch

Übereinstimmung hinsichtlich der Zielvorstellung und Präferenzen. Gerade in mehrdeutigen und/oder sich ständig ändernden Situationen, wie sie durch ein turbulentes Unternehmensumfeld verursacht werden, können erforderliche Aktivitäten dann weitestgehend ohne strukturelle Vorgaben oder ständiges Nachfragen durchgeführt werden (Kieser & Kubicek, 1992, S. 118f.).

Die Ergebnisse einer Unternehmenskulturanalyse liefern Anhaltspunkte dafür, wie die Beschäftigten diese Unternehmenskultur wahrnehmen und interpretieren. Durch eine bereichsspezifische Auswertung ist es weiterhin möglich, auf Unterschiede zwischen den einzelnen Organisationseinheiten einzugehen und diese in Bezug zu deren Spezifika (z. B. eine besondere Personalstruktur) zu setzen. So bietet die Durchführung einer Unternehmenskulturanalyse die Möglichkeit, zu einer von Mitarbeitern und Führungskräften gemeinsam getragenen Unternehmenskultur zu gelangen.

10   Das allgemeine Regelkreismodell

Methodik für Optimierungsprozesse
von Joachim Klink und Bernd Kiesel

Dynamische Produktions- und Organisationsstrukturen sollen es ermöglichen, den veränderlichen Marktanforderungen ständig gerecht zu werden. Das bisherige Strukturverständnis ist durch die These „structure follows strategy" geprägt. In der Praxis bedeutet dies, daß Strukturen in langfristigen Zyklen an die Unternehmensstrategie angepaßt werden. Dadurch ergibt sich jedoch gegenüber den sehr viel kurzzyklischeren Marktveränderungen ein Delta, was sich als „unzureichende Marktorientierung der Strukturen" interpretieren läßt.

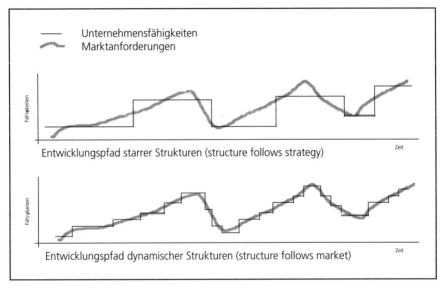

Bild 1: Marktorientierung durch dynamische Strukturen

In dynamischen Strukturen wird ein „structure follows market"-Verhalten angestrebt, welches im Idealfall eine deckungsgleiche Entwicklung von Marktanforderungen und Unternehmensfähigkeiten beschreibt. Für derartige Entwicklungsvorgänge wurde das allgemeine Regelkreismodell erarbeitet. Es stellt eine einfache Methodik für die Durchführung von Optimierungsvorgängen dar. Es beschreibt den Weg, wie Veränderungsprozesse im Unternehmen umgesetzt werden und verbindet dabei die Kontinuität einer „klassischen", auf Dauer angelegten Organisationsform mit der Dynamik einer Projektorganisation. Durch die Verknüpfung mit dem Leitsystem dient das Regelkreismodell als Umsetzungsinstrument, welches die Verbindung zwischen Unternehmenszielen und operativem Tagesgeschäft herstellt.

Stab-Linien-Organisation	Organisation mit Regelkreismodell	Projektorganisation/ Projektmanagement
auf Dauer angelegt	mittelfristig angelegt	Einmalcharakter
Ziel: reibungsloses Betreiben eines vordefinierten Konzeptes/ Prinzips	Ziel: kontinuierliche Reflexion und Optimierung von Abläufen, effizientes Erarbeiten und Umsetzen von Lösungsmaßnahmen	Ziel: effizientes Erreichen eines Zieles bzw. Lösen eines Problems
hohe Kontinuität: Zuordnung von Personen zu Aufgaben über längeren Zeitraum konstant; soziale Strukturen sind häufig festgefahren	Ausgewogenheit zwischen Kontinuität und Dynamik: Zuordnung von Personen zu Aufgaben variabel; soziale Strukturen bleiben mittelfristig konstant	hohe Dynamik: Zuordnung von Personen zu Aufgaben variabel: Ausbildung von sozialen Strukturen problematisch

Bild 2: Einordnung des Regelkreismodells

Der Zielkonflikt zwischen dynamischem Handeln sowie stabilen organisatorischen Abläufen und sozialen Strukturen wird in herkömmlichen Organisationsformen dergestalt gelöst, daß der Stab-Linien-Organisation eine Projektorganisation überlagert wird. Dabei kommt der Stab-Linien-Organisation die stabilisierende Rolle zu. Sie stellt die „soziale Heimat" der Mitarbeiter und den organisatorischen Rahmen für Entscheidungsprozesse und Informationsflüsse dar. Zusätzlich zum Tagesgeschäft werden besondere Aufgaben in Projekten bearbeitet. Hierzu werden die beteiligten Mitarbeiter für einen bestimmten Zeitraum oder mit einem Teil ihrer Kapazität für die Projektarbeit abgestellt. Durch diese Konstellation lassen sich Kräfte für unvorhergesehene Aufgaben oder Zielstellungen bündeln und diese relativ wirkungsvoll bearbeiten. Besonders für abteilungsübergreifende Zusammenarbeit ist diese Konstellation sehr förderlich. Problematisch in einer solchen „Zwitter-Organisation" ist zum einen, daß eine derartige Organisation temporär doppelte Unterstellungsverhältnisse mit sich bringt. Zum anderen wirkt sich die Unterteilung in Tagesgeschäft und Projektarbeit derart aus, daß der Projektarbeit häufig eine Sonderrolle zugesprochen wird. Die mentale Einstellung, die diese Konstellation nach sich zieht ist – im Hinblick auf die Verarbeitung dynamischer Veränderungen – fatal: Dynamik wird als (häufig störender) Sonderfall, Stabilität als Normalfall betrachtet. Die Anforderungen an die Organisation und die mentale Einstellung der Mitarbeiter ist jedoch genau gegenteilig: Die Dynamik muß als Normalfall gelten. Hier setzt das Regelkreismodell an. Das Regelkreismodell vereint beide Organisationsformen, indem es die klassische Stab-Linien-Organisation in Regelkreisen abbildet (die sozialen Strukturen beläßt), und dynamisch weiterentwickelt. Zusätzlich können bedarfsgemäß neue Regelkreise initiiert, bzw. alte abgeschafft werden. Mehrfache Unterstellungsverhältnisse gibt es trotzdem, jedoch wird nun generell „in Regelkreisen gearbeitet". Damit wird die Dynamik zum Normalfall. Das Regelkreismodell siedelt sich folglich zwischen der Stab-Linien-Organisation und der Projektorganisation an. Gegenüber der reinen Projektorganisation hat sie jedoch den Vorteil, daß kontinuierliche Optimierungsprozesse besser gehandhabt werden können.

Was sind Ziel und Nutzen des Regelkreismodells?

Mit dem Regelkreismodell werden betriebliche Optimierungsprozesse methodisch unterstützt. Durch eine ausgereifte Systematik (ähnlich wie Projektmanagement) werden Mitarbeiter eines Unternehmens zusammengebracht, um gemeinsam über einen längeren Zeitraum die für sie relevanten Größen zu optimieren. Das systematische Vorgehen ermöglicht es, immer wieder neue Aufgabenstellungen effizient zu bewältigen. Die Mitarbeiter werden durch den Umgang mit dem Regelkreismodell „gezwungen", sich mit den permanenten Veränderungen von Zielen, Anforderungen und Fähigkeiten auseinanderzusetzen (dynamisches Verhalten wird trainiert). Andererseits stellt das Regelkreismodell ein verläßliches Instrument dar, welches die Mitarbeiter bei der Bewältigung der Dynamik unterstützt, was die Dynamik beherrschbar macht. Das „Phänomen Dynamik" wird entmystifiziert. Wie ein Kind, das eine ihm unbekannte, verschlossene Tür öffnen kann, wenn es einmal das Prinzip des Türöffnens verstanden hat, werden die Mitarbeiter mit einer Methodik vertraut gemacht, die sie in die Lage versetzt, mit unbekannten Problemen umzugehen.

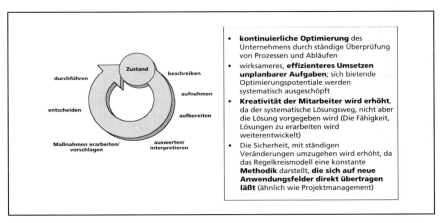

Bild 3: Nutzen des Regelkreismodells

Wie funktioniert das Regelkreismodell?

Das Regelkreismodell besteht aus 3 wesentlichen Elementen: Dem Regelkreisobjekt, dem Regelkreiszustand und dem Regelzyklus.

Das Regelkreisobjekt ist das Objekt, das mit dem Regelkreismodell optimiert werden soll. Es kann eine Organisationseinheit (Abteilung, Gruppe) aber auch ein Produkt oder ein Markt sein. Es ist frei wählbar.

Der Regelkreiszustand ist eine Beschreibung der momentanen Situation des betrachteten Regelkreisobjektes. Er enthält die wesentlichen Optimierungsgrößen, die dem jeweiligen Regelkreis zugrundegelegt werden. Diese Größen müssen für jeden Regelkreis neu definiert werden.

Der Regelzyklus ist die Zeitstrecke für einen Optimierungsvorgang. Nach einem logischen Ablaufschema werden Zustandsgrößen ermittelt, Verbesserungsmaßnahmen erarbeitet und durchgeführt.

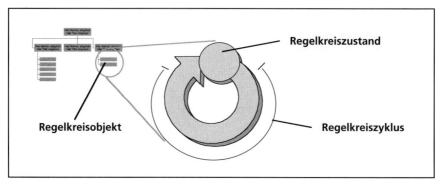

Bild 4: Die 3 wesentlichen Elemente des Regelkreismodells

Durch mehrfaches Durchlaufen des Regelkreises wird der Zustand des Regelkreisobjektes kontinuierlich optimiert. Durch die allgemeine Anwendbarkeit des Regelkreismodells auf beliebige Objekte und Zustandsgrößen können Regelkreise nach Bedarf neu gebildet oder aufgelöst werden.

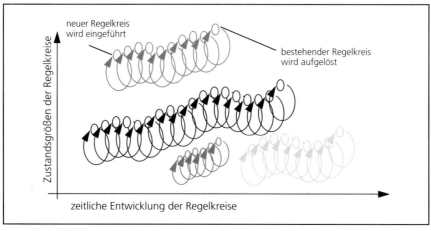

Bild 5: Dynamische Optimierung

184

Wie wird das Regelkreismodell angewandt?

„Technik entwickelt sich vom Primitiven über das Komplizierte zum Einfachen". Das Regelkreismodell wurde für eine einfache Handhabung speziell in kleineren und mittleren Unternehmen entwickelt. Die Anwendung des Regelkreismodells erfolgt schrittweise und ist dem intuitiven Vorgehen des Menschen bei Problemlösevorgängen nachempfunden. Es enthält viele Ansätze aus bekannten Methoden wie beispielsweise KVP, Projektmanagement, Quality-Circle. Es beinhaltet den KVP-Gedanken der kontinuierlichen Optimierung, nutzt ähnliche Verfahrensabläufe wie das Projektmanagement und ist an den zyklischen Ansatz der Quality-Circle angelehnt.

Bevor der eigentliche Regelzyklus eingeleitet wird, muß ein neuer Regelkreis initiiert werden. Ein neuer Regelkreis sollte dann initiiert werden, wenn sich im Unternehmen ein neuer Regelungsbedarf ergibt. Regelungsbedarf entsteht z.B. wenn erkannt wird, daß die Qualität eines Produktes nicht den Kundenforderungen entspricht oder die Durchlaufzeit eines Bereiches sich erhöht. Hierzu ist zuerst ein Regelkreisobjekt und der dazugehörige Regelkreiszweck festzulegen. Dabei ist zwischen drei prinzipiellen Anwendungsfeldern des Regelkreismodells zu unterscheiden. Das Regelkreismodell kann einerseits als Führungsmodell eingesetzt werden. In diesem Fall wird eine Organisationseinheit (z.B. Gruppe) als Regelkreisobjekt behandelt. Das Regelkreismodell wird dann eingesetzt, um die Gruppe mittelfristig hinsichtlich ihres Zielerfüllungsgrades zu optimieren und zu führen. Andererseits kann das Regelkreismodell jedoch auch als Optimierungsinstrument auf beliebige betriebliche Objekte angewandt werden. Dies kann beispielsweise ein bestimmtes Produkt sein, dessen Qualität und Rentabilität man verbessern will. Dann wird das Produkt als Regelkreisobjekt definiert. Eine dritte Möglichkeit für die Anwendung des Regelkreismodells ist dann gegeben, wenn man beispielsweise feststellt, daß die Kommunikation innerhalb eines Bereiches mangelhaft ist. Dann wird der gesamte Bereich als Regelkreisobjekt abgebildet und das Regelkreismodell als Informationsplattform eingesetzt. In diesem Fall unterscheidet es sich nicht wesentlich von anderen Formen des geplanten Informationsaustausches wie bspw. Projektsitzungen, monatliche Informationsrunde etc.. Jedoch kann es Sinn machen, die Systematik des Regelkreismodells auch für diesen Zweck anzuwenden, da die Mitarbeiter dann immer nach der gleichen Methodik vorgehen, was den Trainingseffekt und die Effizienz erhöht.

Die Initiierung eines Regelkreises beinhaltet die Bestimmung des Regelkreisobjektes, des Regelkreiszwecks sowie die Auswahl der Personen, die für die Optimierung des Regelkreisobjektes in Frage kommen. Dabei gilt es, einen ausgewogenen Kompromiß zu erzielen zwischen dem Aufwand für die Durchführung eines Regelkreises und dem Erfolg, der damit erreicht wird. Einerseits sollte man bestrebt sein, möglichst alle Personen in den Regelkreis einzubeziehen, die das Regelkreisobjekt beeinflussen können. Auf der anderen Seite ist jedoch auch leicht ersichtlich, daß mit zunehmender Personenzahl der finanzielle Einsatz durch ver-

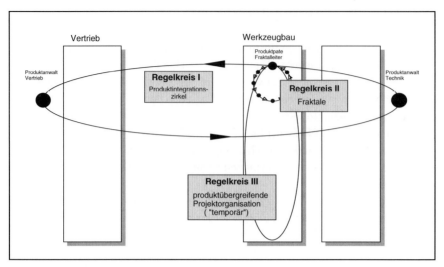

Bild 6: Beispiele für Regelkreisobjekte

lorene Arbeitsleistung in der Haupttätigkeit steigt und die Effizienz der Arbeit abnimmt. Die wirtschaftliche Größe eines Regelkreises umfaßt ca. 5-15 Personen. Diese Größe hängt natürlich auch von weiteren Faktoren ab wie beispielsweise der Fähigkeit der Mitarbeiter, diszipliniert und kreativ zusammenzuarbeiten. Auch läßt sich durch den Einsatz spezieller Kreativitäts- und Moderationstechniken die Effizienz der Regelkreissitzungen bei größeren Gruppen sicherstellen. Darüber hinaus ist auch entscheidend, welcher Regelkreiszweck zugrundegelegt wird. In einem Regelkreis mit Informationscharakter können mehr Personen zusammengefaßt werden als in einem Regelkreis mit überwiegend Arbeits- und Entscheidungscharakter. Damit ist der Regelkreis initiiert.

Erster und zugleich wichtigster Schritt der Regelstrecke ist die Beschreibung des Zustandes des Regelkreisobjektes. In diesem Schritt müssen „so viel wie nötig, aber so wenig wie möglich" Beschreibungsgrößen herausgearbeitet werden, die den Zustand des betrachteten Regelkreisobjektes hinreichend charakterisieren. Es ist leicht nachzuvollziehen, daß die Auswahl der richtigen Größen von entscheidender Bedeutung ist. Der Zustand enthält eine in die Zukunft gerichtete (Ziele/Anforderungen) und eine in die Vergangenheit gerichtete (Fähigkeiten) Komponente. Wird das Regelkreismodell als Führungsmodell angewandt, ergeben sich Anforderungen und Ziele aus der Zielhierarchie des Leitsystems.

Die Beschreibung des Zustandes ermöglicht so im Laufe des Regelzyklus´ einen Soll-/Ist-Vergleich und die Ableitung von Optimierungsmaßnahmen. Ein erster positiver Effekt tritt jedoch meist schon in diesem Stadium auf: Durch die Diskussion und Auswahl der Zustandsgrößen bilden die Regelkreismitglieder ein gemeinsames stabiles Verständnis der wesentlichen Optimierungsfaktoren aus. In einem DYNAPRO-Unternehmen wurden die Mitglieder durch diesen Schritt be-

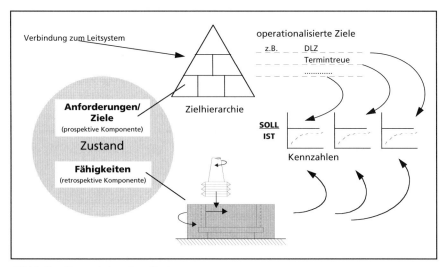

Bild 7: Der Zustand eines Regelkreises

reits derart für die betriebliche Problemstellung „Termintreue" sensibilisiert, daß diese kurzfristig schon um ca. 20% verbessert werden konnte.

Jeder der folgenden Schritte bezieht sich auf die festgelegten Zustandsgrößen. Für jeden Schritt muß nun geklärt werden, durch wen er wahrgenommen wird und in welcher Form. Auf einem Formblatt (siehe Bild 8) läßt sich so der ganze Regelkreis übersichtlich beschreiben. Durch den Checklisten-Charakter des Formblattes ist sichergestellt, daß alle wichtigen Tätigkeiten durchgeführt wurden und alle Informationen jederzeit verfügbar sind.

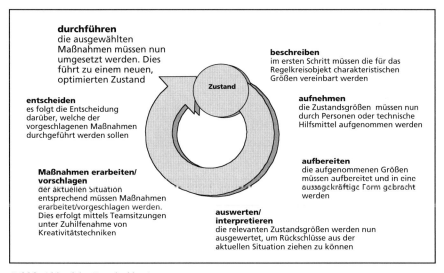

Bild 8: Ablauf des Regelzyklus´

187

Im nächsten Schritt ist festzulegen, wie die relevanten Zustandsgrößen aufgenommen werden müssen. Diese können durch Personen ermittelt werden, z.B. durch Selbstaufschrieb, Beobachtung oder manuelle Auswertungen zu Durchlaufzeiten, Ausfallhäufigkeiten, Abstimmungsproblemen etc.. Häufig ist es jedoch auch möglich, Daten zu Hilfe zu nehmen, die schon aus anderen Gründen im Unternehmen verfügbar sind. Dies sind beispielsweise Qualitätsdaten, Kostendaten, Bestandsverläufe, ... Anschließend ist zu klären, in welcher Form die aufgenommenen Zustandsgrößen aufbereitet werden und wer dafür verantwortlich ist. Um mit mehreren Personen effizient und zielorientiert arbeiten zu können, müssen als Vorarbeit zu einem gemeinsamen Treffen (Regelkreissitzung) konkrete Interpretationen des aktuellen Zustandes vorliegen. Diese Interpretationen werden i.d.R. aus dem Soll/Ist-Vergleich von Zustandsgrößen gewonnen. Nun ist zu klären, durch wen und in welchem Zeitraum entsprechende Maßnahmen erarbeitet werden müssen, die der Verbesserung des Zustandes dienen. Bei Regelkreisen mit wenigen Personen und entsprechender Problemstellung kann die Maßnahmenerarbeitung direkt in der Regelkreissitzung durchgeführt werden. Bei aufwendigeren Themen oder größerem Teilnehmerkreis ist es sinnvoll, kleinere Teams zu bilden, die sich mit Teilaufgaben befassen. Nun muß entschieden werden, welche der vorgeschlagenen Maßnahmen durchgeführt werden sollen. Diese Entscheidung kann durch die gleichen Personen getroffen werden, die mit der Maßnahmenerarbeitung betraut sind (Selbstorganisation). In manchen Fällen ist es jedoch auch angebracht, diese Entscheidung durch alle Regelkreismitglieder treffen zu lassen oder sogar eine gesonderte Entscheidungsebene zu benennen. Mit der Benennung von Verantwortlichen für die Durchführung der entschiedenen Maßnahmen schließt sich der Regelkreis. Die Auswirkungen der durchgeführten Maßnahmen führen zu einem neuen optimierten Zustand.

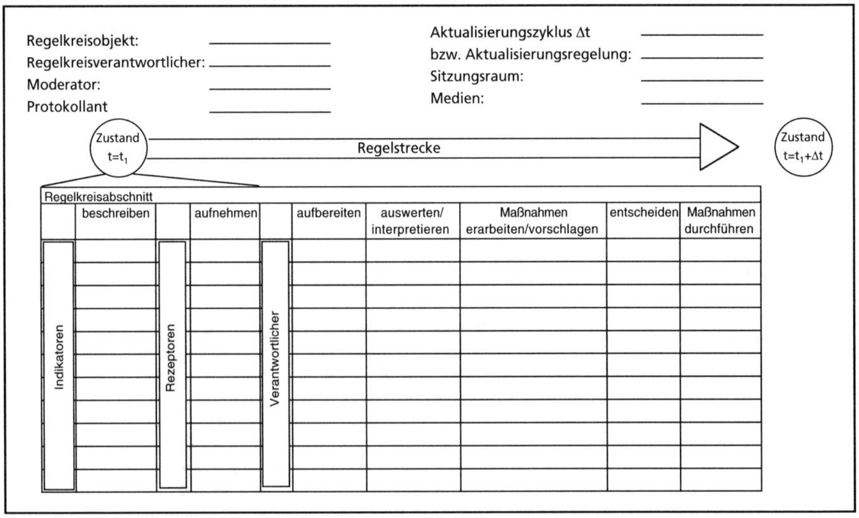

Bild 9: Regelkreis-Formblatt

Weitere Elemente der „Regelkreis-Toolbox" sind u. a. :

- Der Aktualisierungsmodus (Zeitraum bis zur nächsten Zustands-darstellung)
- Funktionen/Verantwortliche (Moderator, Protokollant, ...)
- Räumlichkeiten
- Hilfsmittel

Sie werden für jeden Regelkreis gesondert auf dem abgebildeten Regelkreis-formblatt festgehalten.

Was muß beim Einsatz des Regelkreismodells besonders beachtet werden?

Das allgemeine Regelkreismodell läßt sich prinzipiell für jede Problemstellung oder Optimierungsaufgabe einsetzen. Es beschreibt nur den Lösungsweg und nicht die Lösung. Das bedeutet jedoch, daß Optimierungsgrad und -geschwindigkeit stark von der Gestaltung des einzelnen Regelkreises abhängen. Dabei sind 3 Faktoren besonders wichtig:

- Die Auswahl der richtigen Zustandsgrößen
- Die Zusammensetzung der Regelkreismitglieder, deren Anzahl und Qualifikation
- Die Rolle des Moderators

Die Auswahl der Zustandsgrößen hat den nachhaltigsten Einfluß auf Richtung und Effekt der Optimierungsmaßnahmen. Da sich häufig mehrere relevante Zustands-größen – zumindest teilweise – widersprechen, kann es vorkommen, daß sich ge-genläufige Maßnahmen blockieren. Derartige Interdependenzen sollten entweder vermieden, oder durch Priorisierung entschärft, mindestens aber transparent ge-macht werden. Eine weitere Gefahr besteht bei Maßnahmen, die kurzfristig einige Zustandsgrößen positiv beeinflussen, langfristig aber negative Auswirkungen haben. Diese Möglichkeit sollte bei der Entscheidungsfindung sorgfältig beleuchtet werden.

Die Zusammensetzung der Regelkreismitglieder ist ebenfalls von zentraler Be-deutung für den Erfolg des einzelnen Regelkreismodells. Sowohl die Interpretati-on des Zustandes als auch die Maßnahmenerarbeitung kann fehlgeleitet werden, wenn bestimmte, für den Optimierungszweck wichtige, Einflußgruppen unterre-präsentiert sind. Es ist darauf zu achten, daß möglichst alle Fraktionen, die Wissen zur Optimierungsaufgabe beisteuern und/oder Einfluß auf die Zustandsgröße neh-men können, ausgewogen berücksichtigt sind. Die Problematik der begrenzten Anzahl wurde oben bereits angesprochen. Darüber hinaus ist die Qualifikation der Teilnehmer bedeutsam für die Effizienz der Regelkreissitzungen. Idealerweise sind die Regelkreisteilnehmer gewohnt, selbständig Lösungen in Gruppen zu erarbeiten. Das nötige Werkzeug wie Kreativitätstechniken, Projektmanagement etc. sollten zumindest in Grundzügen beherrscht werden, wenn mit dem Regelkreis-modell direkt „meßbare" Ergebnisse erzielt werden sollen. Auf der anderen Seite kann jedoch das Regelkreismodell auch im Einführungsstadium als Rahmen die-nen, diese Techniken zu erlernen. Sinn und Zweck des Regelkreismodells ist ja nicht ausschließlich, Lösungen zu erarbeiten. Vielmehr sollen durch das Regel-kreismodell die Mitarbeiter angeregt und unterstützt werden, sich dynamisch zu verhalten. Das Regelkreismodell wird dann als Qualifizierungsplattform benutzt. In diesem Falle sollte jedoch ein Trainer einen effizienten Lernfortschritt unter-stützen.

Einen entscheidenden Einfluß auf die Effizienz der Regelkreissitzungen hat der Moderator. Er steuert die Diskussion der Regelkreisteilnehmer und ist verantwort-lich für die Gesprächsdisziplin. Seine Aufgabe ist es, die Kommunikation ziel-orientiert, konkret und verbindlich zu machen. Bei unerfahrenen Gruppen, ent-sprechender Themenstellung und wenig entschlossenem Moderator droht die Gefahr von „Kaffeerunden". Macht man sich den finanziellen Aufwand von Re-gelkreissitzungen bewußt, der durch die Freistellung von Mitarbeitern von ihrer eigentlichen Tätigkeit hervorgerufen wird, so wird deutlich, welche anspruchsvol-le Aufgabe dem Moderator zufällt. Aber auch diese Aufgabe kann als Trainings-feld im Rahmen der Personalentwicklung dienen. Insbesondere bei Regelkreisen mit überwiegendem Informationscharakter ist es durchaus anzuraten, die Modera-torenrolle wechselnd durch alle Regelkreisteilnehmer wahrnehmen zu lassen. Die Sicherheit im Umgang mit Menschen dient der persönlichen Entwicklung und kommt dem Unternehmen – wenn auch nicht auf Heller und Pfennig errechenbar – wieder zugute. Für diesen Zweck sind auch die Moderationswerkzeuge entwickelt worden. Sie unterstützen den Moderator in der Entschärfung von Standard-Pro-

Bild 10: Die Moderationswerkzeuge

blemsituationen bei Kommunikationsprozessen in Gruppen (abschweifende Beiträge, Zeitüberschreitung, aggressive Wortwahl, Killerphrasen, ...). Durch das Aufzeigen der entsprechenden Symbol-Karte kann der Moderator dem Redner ein entsprechendes Signal geben. Dieser erhält – ohne im Redefluß unterbrochen zu werden – die Chance, seine Ausführungen gemäß dem Hinweis des Moderators anzupassen, ohne daß eine direkte Kritik nötig wird, welche häufig zum Aufbau von Spannungen beiträgt. Bei Regelkreisen mit Arbeits- und/oder Entscheidungscharakter ist es sinnvoll, mit professionellen Moderatoren zu arbeiten, die den Umgang mit Kreativitätstechniken und Konfliktsituationen in Teams beherrschen.

Welche Erfahrungen und Erfolge gibt es mit dem Regelkreismodell?

Das Regelkreismodell wurde – außer in DYNAPRO – auch in weiteren Unternehmen eingesetzt. Dabei wurden die unterschiedlichsten Erfahrungen gemacht. Teilweise stellten sich nachhaltige Erfolge ein, in einem Fall konnte kein nennenswerter Fortschritt erzielt werden. Für fundierte Auswertungen ist es jedoch noch zu früh. Als weitgehend abgesicherte Trendaussage läßt sich jedoch ein Zusammenhang zwischen dem Erfolgseintritt bei der Anwendung des Regelkreismodells und der im Unternehmen vorgefundenen Qualifikation der Mitarbeiter ausmachen. Tendenziell ließ sich feststellen, daß sich eine „Vorbildung" der Regelkreisteilnehmer mit Projektmanagement- und Kreativitätstechniken deutlich auf die Zeit auswirkte, bis sich meßbare Erfolge einstellten. Bei fehlender Kenntnis dieser Techniken überwog der oben erwähnte „Trainingseffekt", der sich schlecht durch meßbare Größen oder direkt nachvollziehbare Effekte ausweisen läßt. Die Mannigfaltigkeit der möglichen Anwendungen soll an dieser Stelle durch Beschreibung zweier weitgehend gegensätzlicher Extremfälle dargestellt werden.

In einem Unternehmen (DYNAPRO-Partner) wurde die Umsetzung des Regelkreismodells völlig in Eigenregie durchgeführt. Die Mitarbeiter befanden sich auf einem hohem Ausbildungsstand bezüglich Projektmanagement. Die Moderation übernahm ein eigener Trainer. Die Erfolge waren nachhaltig spürbar. Obwohl das Potential der Methodik noch nicht vollständig ausgeschöpft wurde, konnten achtbare Erfolge erzielt werden. Die Termintreue stieg – unterstützt durch weitere Maßnahmen – in wenigen Monaten insgesamt um 30 Prozentpunkte. In einem Bereich wurde sogar die vollständige Neukonstruktion eines Produktes ausgelöst. Das Regelkreismodell wird als wirkliche Hilfe angesehen und kontinuierlich eingesetzt.

In einem anderen Unternehmen (kein DYNAPRO-Partner) wurde das Regelkreismodell durch externe Moderation umgesetzt. Die Mitarbeiter hatten keine nennenswerten regelkreisrelevanten Fähigkeiten. Das Regelkreismodell hatte ausschließlichen Informationscharakter. Die ursprünglich 4 angesetzten Termine wurden durch das Unternehmen auf 2 Veranstaltungen á ca. 2h reduziert. Trotz der extrem geringen Trainingszeit konnten einige Probleme, insbesondere hervorgerufen durch mangelhaften bereichsübergreifenden Informationsaustausch, bereinigt werden. Dennoch wird nach Meinung des Verfassers das Potential der Methode in diesem Fall nicht andeutungsweise ausgeschöpft. Der Einsatz des Regelkreismodells ist in diesem Fall – gemessen an den betrieblichen Voraussetzungen – zu kurzfristig angelegt. Es steht zu befürchten, daß das Regelkreismodell in eine „bessere Kaffeerunde" abdriftet.

Resumée

Das Regelkreismodell ist eine Methodik für die Unterstützung von permanenten Optimierungsprozessen. Sie enthält bekannte und intuitiv angewandte Ansätze für Problemlösungsvorgänge und ist deshalb leicht erlernbar und einfach handhabbar. Durch die allgemeine Anwendbarkeit hat sie das Potential, als universelle Führungs- und Optimierungsmethodik angewandt zu werden. Sie gibt den Lösungsweg, nicht aber die Lösung vor. Das zwingt die Mitarbeiter eines Unternehmens, ihre Arbeit und Prozesse permanent zu reflektieren und zu verbessern. Andererseits werden sie jedoch durch die Methodik unterstützt, mit immer wieder neuen Problemstellungen zurechtzukommen. Die Methodik stellt jedoch kein „Allheilmittel" für kurzfristigen Erfolg dar, sondern begleitet einen langfristigen Prozeß von Unternehmen und Mitarbeitern mit dem Ziel, dynamisches Verhalten zu beherrschen.

11   Bewegungsraum und Wirkmodell

von Matthias Hartmann und Mario Spiewack

1. Der Bewegungsraum

Im Zuge von Reorganisationsmaßnahmen wird die Dezentralisierung einzelner
Funktionen (w.z.B. Auftragssteuerung, operative Beschaffung und Disposition)
und Verantwortungen (w.z.B. Termin-, Mengen-, Qualitäts- und Bestandsverant-
wortung) vorgenommen. Dies ist prinzipiell richtig. Unerwartete Schwierigkeiten
treten nur dann auf, wenn man sich mit dieser Veränderung aus dem Gleichgewicht
von Kompetenz – im Sinne von qualifizierter Entscheidungskompetenz – und Verantwortung bewegt (Bild 1).

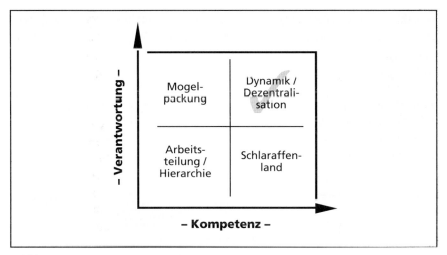

Bild 1: Kompetenz-Verantwortungs-Matrix

Das Bild stellt sich in den bisher vorherrschenden, hierarchisch-tayloristischen
Strukturen sehr klar und konsistent dar. Direkt am Prozeß werden in der Regel kei-
ne Entscheidungen getroffen, da hierfür die Vorgesetzten bzw. die übergeordneten
Planungs- und Steuerungsabteilungen zuständig sind. Allerdings wird der einzelne
Mitarbeiter im Gegenzug auch nur für die von Ihm direkt beeinflußbare Tätigkeit
an seinem Arbeitsplatz verantwortlich gemacht. Mit den erweiterten, prozeßorien-
tierten Arbeitsumfängen müssen sich hier zwangsläufig Verschiebungen ergeben.
Aber genau hier treten die Fehler auf.

Im einen Fall wird zwar über entsprechende Zielvereinbarungen/-vorgaben hinsichtlich Liefertreue, Durchlaufzeit, Qualität, Produktivität, etc. viel Verantwortung an die dezentralen Organisationseinheiten abgegeben. Allerdings können die
zur Einhaltung / Erreichung der Ziele notwendigen Maßnahmen nicht durch den

für die Zielerreichung Verantwortlichen ausgelöst werden. Eine solche Divergenz zwischen Kompetenz und Verantwortung möchten wir als „Mogelpackung" bezeichnen, da der eigentliche Zweck einer dynamischen, prozeßorientierten Organisation dadurch nicht erreicht werden kann.

Im anderen Fall wird zwar die Entscheidungskompetenz näher an den Prozeß verlagert, allerdings ist keine eindeutige Zuordnung der Verantwortung vorhanden. Spätestens beim ersten real auftretenden Problem wird man feststellen, daß jeder Beteiligte zunächst den oder die anderen als eigentlich Verantwortlichen darstellt und damit alles weit von sich weist. Diese Divergenz beschreibt die Erscheinungsform, die wir als „Schlaraffenland" bezeichnen. Diese ist selbstverständlich ebensowenig tragbar wie die „Mogelpackung". Dem Kongruenzprinzip der konsistenten Zuordnung von Kompetenz und Verantwortung kommt damit elementare Bedeutung bei der Bildung neuer Organisationseinheiten zu.

In Verbindung damit führen erweiterte Betrachtungen, bezogen auf die zu bewältigenden Arbeitsaufgaben im Unternehmen, zu folgenden Schlußfolgerungen. In hierarchisch-tayloristischen Strukturen wurden Arbeitsaufgaben – auch die Trennung von Planen (Entscheiden) und Ausführen – durch klare Aufgabenzuordnungen mittels Stellenbeschreibungen vorgenommen und festgeschrieben. Dies war unter damaligen Randbedingungen durchaus praktikabel. Der in diesem Zusammenhang geleistete „Dienst nach Vorschrift", dem wird wohl jeder Unternehmer zustimmen, ist zukünftig nicht mehr gefragt.

Mit den erweiterten, prozeßorientierten Arbeitsumfängen müssen sich in dynamischen Strukturen zwangsläufig Veränderungen ergeben (Bild 2).

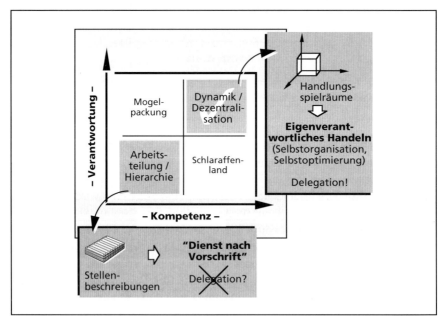

Bild 2: Erweiterte Betrachtung aus der Kompetenz-Verantwortungs-Matrix

Wie bereits verdeutlicht und im ersten DYNAPRO-Band ausgeführt, setzt die Umsetzung der geforderten Strukturdynamik die Steigerung der Wandlungsfähigkeit von Unternehmen voraus. Wandlungsfähigkeit meint in diesem Zusammenhang die selbstgetriebene Anpassung und Weiterentwicklung der Organisationsstruktur infolge kurzzyklischer und sprunghafter Marktveränderungen.

Ein zentrales Element solcher wandlungsfähiger Unternehmen ist der Bewegungsraum. Er kennzeichnet eine wichtige Steuergröße dezentraler Organisationseinheiten. Mit dem Bewegungsraum läßt sich die gegenwärtige Situation und der bestehende Handlungsfreiraum, der eine Grundvoraussetzung dynamischen Strukturverhaltens darstellt, transparent darstellen (vgl. Bild 3).

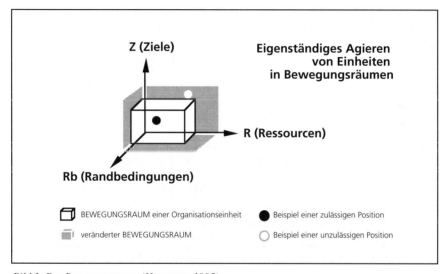

Bild 3: Der Bewegungsraum (Hartmann 1995)

Er ist ein einfaches Erkennungs- und Visualisierungsinstrument, das die Wandlungsfähigkeit einer Organisation sicherstellt, indem es die Gestaltungsmöglichkeiten und -spielräume veranschaulicht und im Bedarfsfall entsprechende Wirkmodelle zur systemimmanenten Strukturveränderung verfügbar macht.

Er besitzt die Achsen: Ziele, Ressourcen und Randbedingungen, die damit einen dreidimensionalen Raum aufspannen – den „Bewegungsraum". Die Dimension „Ziele" beschreibt jeweils quantifizierbare Zielvereinbarungen, die zwischen der betrachteten Organisationseinheit und deren Kunden / Lieferanten festgelegt wurden. Als zweite Dimension werden „dezentral frei verfügbare Ressourcen" ausgewiesen. Dabei gehen technische, personelle und betriebswirtschaftliche Aspekte wie zum Beispiel Anlagenverfügbarkeit, Qualifikation, Investitionsbudget u.a. in diese Dimension ein. Mit den „Randbedingungen" werden – als dritte Dimension – Aspekte wie Betriebsverfassung und Betriebsvereinbarungen, beispielsweise zu Arbeitszeitregelungen berücksichtigt.

Der Wert jeder Dimension reflektiert den Autonomiegrad der Organisationseinheit. Die Größe des Bewegungsraumes wächst mit dem Grad der Autonomie einer Organisationseinheit. Die Dimensionen bilden damit ein Bindeglied zwischen Strategie und Struktur, da die Ziele durch die Unternehmensstrategie, die Ressourcen und Randbedingungen jedoch durch die Struktur bestimmt werden.

Die aktuelle Position einer Organisationseinheit zeigt auf, ob zum Betrachtungszeitpunkt alle Vereinbarungen erfüllt werden. Dies wird dann durch die Visualisierung einer zulässigen Position innerhalb des Bewegungsraumes erkennbar.

Sobald eine Vereinbarung, wie z. B. bezüglich Lieferzeiten, Liefertreue, Maschinennutzung, Kundenzufriedenheit, Kundenakquisition, Mitarbeiterqualifikation nicht eingehalten wird, stellt sich im Visualisierungsinstrumentarium eine unzulässige Position der Organisationseinheit außerhalb des vereinbarten Bewegungsraumes ein. Eine unzulässige Position löst „automatisch" entsprechende Aktionen aus, wodurch gekoppelte Korrektur- oder Veränderungsmechanismen des Wirkmodells in Kraft treten (vgl. Bild 4).

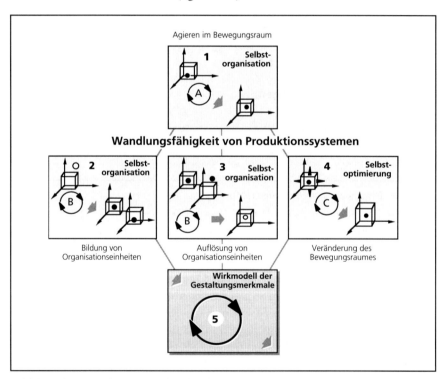

Bild 4: Mechanismen für Strukturveränderungen

Aus der Wandlungsfähigkeit von Organisationseinheiten in Verbindung mit dem Bewegungsraum lassen sich in Summe vier grundlegende Ausprägungen unterscheiden (siehe Bild 4):

196

1. Die Positionskontrolle und -bewertung weist eine zulässige Position der Organisationseinheit im Bewegungsraum auf – d. h. selbstorganisiertes Agieren einer Organisationseinheit innerhalb des vereinbarten Bewegungsraumes. Eine Grundvoraussetzung zur Bewältigung turbulenter Aufgaben im Rahmen „Selbstorganisation" einer Organisationseinheit, ist die konsistente Zuordnung von Kompetenz und Verantwortung.

2. Die Positionskontrolle und -bewertung weist eine unzulässige Position der Organisationseinheit im Bewegungsraum auf – Bildung von Organisationseinheiten im Rahmen der „Selbstorganisation". Damit wird im Sinne der zur Bewältigung turbulenter Aufgaben nötigen Strukturdynamik eine Strukturveränderung angestoßen. Am Ende des Strukturierungsprozesses hat sich die Organisationseinheit geteilt – die Neubildung einer Organisationseinheit ist erfolgt.

3. Die Positionskontrolle und -bewertung weist eine unzulässige Position der Organisationseinheit im Bewegungsraum auf – Auflösung einer Organisationseinheit im Rahmen der „Selbstorganisation". Bei einer Ursachenanalyse werden keine Potentiale hinsichtlich einer weiteren Nutzung der Organisationseinheit-spezifischen Teilleistungen aufgezeigt. Eine zulässige Position kann weder durch eine Strukturveränderung der Organisationseinheit, noch durch eine Veränderung des Bewegungsraumes herbeigeführt werden. Damit wird eine Strukturveränderung angestoßen, die eine Zusammenfassung von Organisationseinheiten / Auflösung der Organisationseinheit zur Folge hat.

4. Neben der selbstorganisiert ablaufenden Strukturveränderung muß eine wandlungsfähige Organisationseinheit über einen Wirkungsmechanismus verfügen, der in einem kontinuierlichen Suchprozeß mögliche zukünftige Anforderungsprofile von Kunden/Lieferanten an eine Organisationseinheit generiert. Das Gestaltungsmerkmal „Selbstoptimierung" bewirkt das aktive Mitwirken einer Organisationseinheit an der Veränderung ihres Bewegungsraumes, im Sinne der Entwicklungsfähigkeit. Hierbei wird die Ausrichtung an den sich ändernden Zielen ebenso wie die erneute Orientierung an vorhandenen Zielen nach einer Veränderung relevanter Umfeldparameter berücksichtigt.

An dieser Stelle sei angemerkt, daß wir sie im weiteren mit den zugrunde liegenden mathematischen Grundlagen und Modellen verschonen möchten. Sollten sie Interesse an einer Vertiefung der Thematik haben, wenden sie sich bitte an die Redaktion.

Zusammenfassung:

- Der Bewegungsraum ist ein einfaches Erkennungs- und Visualisierungsinstrument, das die gegenwärtige Situation und den bestehenden Handlungsfreiraum von Organisationseinheiten transparent darstellt.

- Der Bewegungsraum kennzeichnet eine wichtige Steuergröße dezentraler Organisationseinheiten. Handlungsspielräume stellen eine Grundvoraussetzung für dynamisches Strukturverhalten dar. Damit ist der Bewegungsraum ein zentrales Element wandlungsfähiger Unternehmen.
- Der Bewegungsraum ist ein Instrument, das die Wandlungsfähigkeit einer Organisation sicherstellt, indem es die Gestaltungsmöglichkeiten und -spielräume veranschaulicht und im Bedarfsfall entsprechende Wirkmodelle zur Strukturveränderung verfügbar macht.

2. Das Wirkmodell

Die Wandlungsfähigkeit einer Serienfertigung bei turbulenter Aufgabenumwelt stellt insbesondere die Anforderung, daß alle während einer Aufgabenerfüllung auftretenden Situationen von den Organisationseinheiten weitgehend eigenständig bewältigt werden. Einzelne Organisationseinheiten einer wandlungsfähigen Serienfertigung müssen somit dazu befähigt werden, turbulente Eingangsgrößen (wie z.B. unvorhersehbar eintreffende Kundenaufträge) unter Beachtung der Kundenwünsche in stabile Ausgangsgrößen (wie z.B. prognostizierbare, verlässliche Liefertermine) umsetzen zu können.

Gerade bei der Serienfertigung spielt dieses stabilisierende Verhalten jeder einzelnen Organisationseinheit eine wesentliche Rolle, da sich ein unkontrolliertes Verhalten einzelner Organisationseinheiten nicht – wie z.B. bei Einzelfertigung – vorwiegend nur auf die einzelne Organisationseinheit negativ auswirkt, sondern aufgrund vergleichsweise größerer Abhängigkeiten zwischen Organisationseinheiten entlang eines mehrstufigen Serienfertigungsprozesses negative Auswirkungen auf das Gesamtsystem hat.

Die Wandlungsfähigkeit einer Organisationseinheit setzt daher gerade bei der Serienfertigung voraus, daß neben der oben genannten Aufgabenerfüllung auch Wirkungsmechanismen beschrieben und zur Verfügung gestellt werden, die die erforderlichen Veränderungen von Struktur oder Bewegungsraum einzelner Organisationseinheiten aktiv bewirken können.

Zur Abbildung der beiden Teileigenschaften einer aktiven Entwicklungs- und Anpassungsfähigkeit von wandlungsfähigen Organisationseinheiten werden aus diesem Grund bei mehrstufiger Serienfertigung in einer turbulenten Aufgabenumwelt die beiden Gestaltungsmerkmale der „Selbstorganisation" und „Selbstoptimierung" eingesetzt.

Generell wird mit den Gestaltungsmerkmalen „Selbstorganisation" und „Selbstoptimierung" der Zweck verfolgt, den erweiterten Bezugsrahmen der Organisationseinheiten einer mehrstufigen Serienfertigung gerade bei einer turbulenten Aufgabenumwelt aktiv nutzen zu können. Dabei führt die Verlagerung von

Entscheidungskompetenz in die direkt am Fertigungsprozeß beteiligten Organisationseinheiten zu einem hohen Grad an Selbstorganisation bei dem Agieren einer Organisationseinheit innerhalb ihres Bewegungsraums (vgl. im Wirkmodell „A" siehe Bild 6).

Bild 5: Modell der Gestaltungsmerkmale zur Herstellung der Wandlungsfähigkeit einer Organisationseinheit

Zudem dient das Merkmal Selbstorganisation der Umsetzung der Anpassungsfähigkeit als dem reaktiven Teilaspekt der Wandlungsfähigkeit. Die Organisationseinheiten haben somit die Fähigkeit, sich aus eigener Substanz an die wechselnden Anforderungen einer turbulenten Aufgabenumwelt anzupassen (vgl. im Wirkmodell „B" siehe Bild 6). Dabei entstehen in einem selbstorganisiert ablaufenden Prozeß Strukturen, die sich den jeweiligen Bedingungen dynamisch angleichen. Indikator für das Auslösen eines Anpassungsvorganges ist das Verlassen des Bewegungsraumes der Organisationseinheit, was in dem Beschreibungsmodell durch eine unzulässige Position außerhalb des Bewegungsraumes visualisiert wird.

Die Entwicklungsfähigkeit einer Organisationseinheit bezieht sich dagegen als proaktiver Teilaspekt der Wandlungsfähigkeit auf den Prozeß der ständigen Verbesserung und Weiterentwicklung der Organisationseinheit mit dem Ziel, sich in einem stabilen Gleichgewicht mit den Veränderungen turbulenter Märkte zu halten. Hierzu kann jede Organisationseinheit ihren Bewegungsraum selbst mitgestalten. Entsprechend der externen und internen Anforderungen kann sich eine Organisationseinheit somit jederzeit in Teilen oder als ganzes neu orientieren. Hierzu bestimmt die Organisationseinheit unter anderem, welche sozialen und fachbezogenen Kenntnisse und Weiterbildungsmöglichkeiten benötigt werden (vgl. im Wirkmodell „C" siehe Bild 6).

Die beiden Gestaltungsmerkmale bilden damit für den Fall der mehrstufigen Serienfertigung die Anpassungs- und Entwicklungsfähigkeit im Beschreibungsmodell ab, was in Kombination zur Wandlungsfähigkeit einer Organisationseinheit führt (siehe Bild 6).

Das hierzu erforderliche Wirkmodell der Gestaltungsmerkmale entsteht letztlich als zusammenfassende Darstellung, in bezug auf die Einzelfälle der Selbstorganisation und der Selbstoptimierung erarbeiteten Regelkreise.

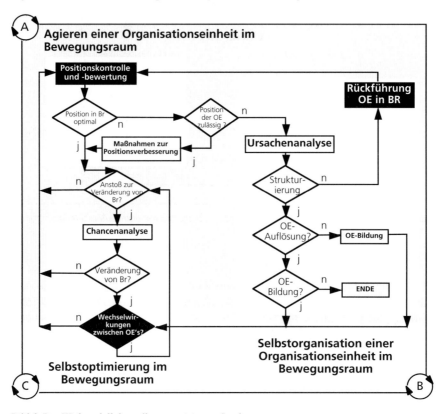

Bild 6: Das Wirkmodell der selbstorganisierten Strukturanpassung

Mit dem Wirkmodell der beiden Gestaltungsmerkmale Selbstorganisation und Selbstähnlichkeit konnte die Herstellung der Wandlungsfähigkeit in bezug auf einzelne Organisationseinheiten einer mehrstufigen Serienfertigung bereits herbeigeführt werden. Die weiterführenden Ausführungen in diesem Zusammenhang werden wir Ihnen im dritten DYNAPRO-Band geben.

Eines läßt sich jedoch zu diesem Zeitpunkt bereits sagen: Der Einsatz von Bewegungsraum und Wirkmodell initiiert sowohl einen permanenten selbstgetriebenen Optimierungsprozeß innerhalb des Unternehmens als auch die selbstorganisierte Durchführung von Prozessen zu kurzzyklischen Strukturanpassungen. Die zur Steigerung der Wandlungsfähigkeit von Unternehmen erforderliche Strukturdynamik kann so erzeugt und erhalten werden.

12 Kooperation als strategische Alternative

Grundlagen und Methodik
von Oliver Siegler

1. Grundlagen zur Kooperationsthematik

Im folgenden soll die Möglichkeit zur Kooperation im Zusammenhang mit dynamischen Produktions- und Organisationsstrukturen erörtert werden. Die Entscheidung zur Kooperation kann als eine Strategie für dynamische Unternehmensstrukturen verstanden werden. Kooperationen bergen erhebliche Gewinnpotentiale in sich, die sich besonders aus Dynamik- und Flexibilitätsvorteilen erzielen lassen. Es werden im folgenden Grundlagen zur Kooperationsthematik sowie ein methodischer Ansatz zur Umsetzung der Entscheidung zur Kooperation aufgezeigt. Einschränkend ist hierbei hinzuzufügen, daß der vorgestellte Ansatz wesentlich auf konkreten DYNAPRO-Projekterfahrungen beruht, eine Verallgemeinerung also nur unter Vorbehalt erfolgen kann.

Die Fragestellung, die im wesentlichen beantwortet werden soll, heißt: „Wie und in welcher Form kann Kooperation eingeleitet, umgesetzt und durchgeführt werden?" Dieser Fragestellung sind weitere Fragestellungen untergeordnet, die im folgenden nur teilweise aufgegriffen werden können. Relativ umfassend kann zu den Fragen Stellung bezogen werden, was Gegenstand von Kooperationen sein kann, welche Arten von Kooperationen es gibt und welche Strategien sich damit ableiten lassen. Auch kann methodisches Know-how aufgezeigt werden. Zudem können die prinzipiellen Wirkungen, also Nutzen- und Kosteneffekte von Kooperationen dargelegt werden. Nur ansatzweise und unvollständig können Fragen nach dem geeigneten Kooperationspartner und den Rahmenbedingungen, die Kooperationen fördern beziehungsweise hemmen, erörtert werden. An erster Stelle stehen also die Diskussion der verschiedenen Kooperationsmöglichkeiten sowie die Erläuterung einer allgemeinen Methodik zum Kooperationsmanagement.

Der Begriff der Kooperation bezeichnet jede Form der Zusammenarbeit, die der gemeinschaftlichen Bearbeitung einer Aufgabe dient (vgl. Marr 1992, S.1154). Von Kooperation kann also nur gesprochen werden, wenn Personen oder Personengruppen miteinander arbeiten, interagieren. Kooperationen sind hilfreich oder notwendig erachtete Interaktionen zur Erreichung eines Zieles. Sie können geplant sein oder sich spontan entwickeln. Kooperationen sind von dem Charakter der Gegenseitigkeit gekennzeichnet. Interaktionen, die beispielsweise auf einem Befehl beruhen, sind keine Kooperationen. Es kann bei Kooperationen von einer gegenseitigen Abhängigkeit zur Zielerreichung gesprochen werden. Diese Abhängigkeit steht jedoch einer relativen Autonomie gegenüber, welche die einzelnen Kooperationspartner besitzen. Die Grenzen der Kooperation sind erreicht, wenn eine ausgeprägte Unterordnungsbeziehung zwischen den Kooperationspartnern besteht.

Ein Bezugsrahmen zur Erklärung von Kooperation läßt sich trotz des Fehlens einer allgemeinen Theorie der Kooperation in der Transaktionstheorie sowie in tauschtheoretischen und koalitionstheoretischen Ansätzen finden. In Hinblick auf Transaktionskosten scheinen Kooperationen im Vergleich zum Einkauf von Produkten und Dienstleistungen in vielen Fällen ein kostenminimaler Koordinationsmechanismus zu sein. Ebenso lassen sich Kooperationen tauschtheoretisch erklären. Durch den Markt schwer zu bewertende Produkte und Dienstleistungen, etwa Forschungs- und Entwicklungsleistungen, lassen sich besser tauschen und austauschen statt zu kaufen. Letztlich, unter koalitionstheoretischer Betrachtung, läßt sich durch Bündelung von Interessen mittels Kooperationen das Einzelinteresse besser durchsetzten. Kooperation beruht damit zusammenfassend in aller Regel auf einer Tauschbeziehung oder auf der Zusammenlegung von Ressourcen.

Ein selten beachteter Aspekt der Kooperationsthematik sind die Kooperationen mit dem Kunden beziehungsweise allgemein die Kooperationsbeziehungen mit den „stakeholdern" einer Organisation. Kooperation ist in diesem Zusammenhang zwar ein ungewöhnlicher Begriff, dennoch ist er angebracht. Durch die Sichtweise „Kunde als Kooperationspartner" werden einige Besonderheiten der Unternehmen-Kunden-Beziehung deutlich. Zur Erfüllung der gemeinsamen Zielsetzung, nämlich der Befriedigung des Kundenbedürfnisses, sind entsprechend des Kooperationsgedankens Interaktionen notwendig. Das Unternehmen profitiert davon, genau zu erfahren, was der Kunde wünscht, um sich am Markt bewähren zu können. Der Kunde profitiert davon, genau das zu bekommen, was er braucht und wünscht. Er hat möglicherweise selbst auch wieder Kunden, so daß eine kooperative Verkettung zwischen einer Vielzahl von Unternehmen und dem Endabnehmer entsteht. Dieser Gedanke erscheint dabei nicht nur für Investitionsgüter sinnvoll, sondern erfährt mit anderer Pointierung auch für Konsumgüter und Dienstleistungen seine Berechtigung. Dieses partnerschaftliche Verhältnis zwischen Unternehmen und Kunden ermöglicht innovative Formen der Gestaltung von Kundenbeziehungen. Der Kunde als Kooperationspartner ist damit ein weiterer Ansatz progressiver Unternehmensführung.

Abschließend zu diesen einleitenden Bemerkungen gilt es, sich gegenüber dem Ansatz des virtuellen Unternehmens abzugrenzen, der zur Zeit intensiv und kontrovers diskutiert wird. Als virtuelle Unternehmen werden netzwerkförmige, durch Informationstechnik unterstützte Formen der zeitlich befristeten Zusammenarbeit zwischen mehreren rechtlich selbständigen Unternehmen und Personen zur Erfüllung konkreter Kundenaufträge bezeichnet (Olbrich 1994, S.28). Zwar ist auch ein virtuelles Unternehmen damit eine Kooperationsform, das Verständnis von Kooperation, wie es im folgenden verwendet wird unterscheidet sich jedoch erheblich von dem Kooperationsverständnis des virtuellen Unternehmens.

Zugrundeliegendes Kooperationsverständnis in Abgrenzung zum Ansatz des virtuellen Unternehmens:

- langfristige Kooperation statt kurzfristige Kooperation
- räumliche Nähe statt Entfernung und viele Schnittstellen
- Einbindung und Kulturbildung statt Projektorganisation
- face-to-face-Zusammenarbeit statt Informationstechnik

Das in der Gegenüberstellung skizzierte Kooperationsverständnis ist geprägt von dem Aspekt der Nähe, der meinem Verständnis nach elementar für die notwendige Vertrauensbasis einer Kooperation ist (vgl. auch den Beitrag zum lokalen Kooperationsverbund). Die Voraussetzungen für eine tragende Vertrauensbasis sind bei Kooperationsformen, die auf dem hier zugrunde liegenden Kooperationsverständnis basieren, durch die oben aufgeführten Aspekte wahrscheinlicher als bei einem virtuellen Unternehmen. Ein Kernpunkt zur Gestaltung von Kooperationen ist also die notwendige Vertrauensbeziehung, die zu erreichen, ein Schwerpunkt eines jeden Kooperationsmanagements darstellen muß.

Im folgenden Abschnitt werden entsprechend der unterschiedlichen Möglichkeiten zur Kooperation, Kooperationsstrategien beziehungsweise einzelne Elemente von diesen vorgestellt.

2. Arten von Kooperation (Kooperationsstrategien)

Als Kooperationsstrategie wird die Richtung verstanden, entlang der sich die Kooperation entwickeln soll. Grundlegend für eine derartige Kooperationsstrategie ist die Wahl zwischen intra- und interorganisationaler Kooperation beziehungsweise die horizontale, vertikale oder diagonale Ausrichtung der Kooperationsbeziehung.

Zunächst kann also zwischen intra- und interorganisationaler, interner und externer, Kooperation unterschieden werden. Intraorganisationale Kooperation meint die Zusammenarbeit zwischen einzelnen Personen, Personengruppen oder Abteilungen einer Organisation. Problematisch ist hierbei die hierarchische Stellung oder Einordnung der einzelnen Kooperationspartner zueinander. Die Grenzen zwischen Anordnung und Kooperation sind fließend, der Aspekt der Gegenseitigkeit ist nicht immer vollständig erfüllt. Nicht nur formale Weisungsbeziehungen, sondern auch informale Aspekte beeinflussen die Kooperation hierbei prinzipiell stärker als bei der interorganisationalen Kooperation.

Interorganisationale Kooperation ist die Zusammenarbeit zwischen selbständigen Unternehmen. Die Kooperationspartner besitzen hierbei größere Autonomie im Gegensatz zur intraorganisationalen Kooperation. Abhängigkeiten zwischen den Kooperationspartnern sind nicht so stark ausgeprägt. Kooperation wird noch stärker als auf intraorganisationaler Ebene zur alternativen Strategie von Konkurrenz. Letztlich ist jedoch auch hier die Kooperation auf Interaktionen zwischen Personen zurückzuführen, so daß die Unterschiede zwischen intra- und interorganisationaler Kooperation nicht grundsätzlicher Natur sind. Ein Hinweis hierfür ist auch darin zu sehen, daß von zwischenbetrieblicher Kooperation faktisch nicht nur bei rechtlich und wirtschaftlich selbständigen Unternehmen gesprochen werden kann, sondern auch bei Kooperationen zwischen (selbständigen) Unternehmenseinheiten, wie sie sich beispielsweise aus dem Konzept der Fraktalen Fabrik ergeben (vgl. z. B. Warnecke 1995). Der Kooperationsgedanke wird gerade bei der Betrachtung der Zusammenarbeit von Unternehmenseinheiten zunehmend bedeutsamer, da man erkannt hat, daß die Idee der Profit Center oder Cost Center dysfunktionale Effekte dahingehend verursacht, daß ein Bereichsegoismus die unternehmerischen Gesamtziele oft untergräbt. Kooperation ist eine zentrale Konzeptionen, um sich dieser Problemstellung anzunehmen.

Neben dieser grundlegenden Unterscheidung von Kooperationsarten und Kooperationsstrategien kann bezogen auf die Stellung der Kooperationspartner zueinander, zwischen horizontaler, vertikaler und diagonaler Kooperation unterschieden werden (vgl. Bild 1). Diese Unterscheidung wurde ursprünglich für interorganisationale Kooperationen benutzt, sie kann aber auch entsprechend für intraorganisationale Kooperationen angewendet werden.

Von horizontaler Kooperation wird gesprochen, wenn die Kooperationspartner der gleichen Branche angehören oder einer ähnlichen Tätigkeit nachgehen. Es kann zwischen der funktionsbezogenen und der produktbezogenen Spezialisierung im Rahmen der Kooperation unterschieden werden. Erstere zeichnet sich dadurch aus, daß ein Partner beispielsweise Serviceleistungen für ein anderes Unternehmen anbietet, letztere dadurch, daß jeder Partner beispielsweise einen Teil des Gesamtsortiments fertigt. Als weiteres Beispiel horizontaler Kooperation, bei der die Kooperationspartner einer gemeinsamen Funktion nachgehen, dient die häufig anzutreffende gemeinsame Gestaltung der Beschaffungsfunktion in Einkaufsgenossenschaften.

Bei vertikaler Kooperation ist eine Form der Zusammenarbeit gemeint, die aufeinanderfolgende Produktionsstufen miteinander verbindet. Es handelt sich somit um eine Lieferanten-Kunden-Kooperation. Auch hierbei kann von einem gegenseitigen Abhängigkeitsverhältnis ausgegangen werden. Dabei ist jedoch in den meisten Märkten eine Tendenz auszumachen, die den Abnehmer in eine bessere Position bewegt. Dieses führt vielerorts dazu, daß versucht wird, wichtige Lieferanten über Beteiligungen in ein Unternehmen zu integrieren, um somit die Unsicherheiten aus der Kooperationssituation in die Sicherheit einer Weisungsbeziehung zu überführen. Prinzipiell ist die vertikale Kooperation Ausdruck zunehmender Spezialisierung beziehungsweise der Konzentration der Unternehmen auf ihre Kerngeschäfte. Unter wirtschaftlichen Gesichtspunkten führen make-or-buy-Entscheidungen dazu, daß nur das ureigenste Geschäft selbst getätigt wird und der Rest über Kooperationen „zugekauft" wird.

Die diagonale Kooperation bezieht sich nicht auf die Verbindung gleichgelagerter (horizontaler) oder nachgelagerter (vertikaler) Produktionsstufen, sondern stellt faktisch eine Residualgröße für weitere Formen der Kooperationen dar. Die Kooperationspartner stammen aus unterschiedlichen Branchen. Als Beispiel lassen sich Bedarfsgruppenkooperationen anführen (vgl. Staudt/ Kriegesmann/ Behrendt 1996, S.922). Diese Bedarfsgruppen bilden sich beispielsweise zwischen mehreren Unternehmen zur Durchführung größerer Bauvorhaben, um durch Bündelung der einzelnen Kompetenzen anspruchsvolle Aufträge akquirieren zu können. Als weitere diagonale Kooperationsform wird auch das Vorgehen vieler mittelständischer Unternehmen zur Erschließung neuer Märkte genannt, die gegen Entgelt Marketing oder Service internationaler Unternehmen nutzen. Hierbei ist jedoch kritisch zu hinterfragen, ob es sich noch um eine Kooperation im oben skizzierten Sinne handelt. Weder ist eine direkte gegenseitige Abhängigkeit auszumachen, noch ist ein gemeinsames Ziel der Kooperationspartner zu erkennen.

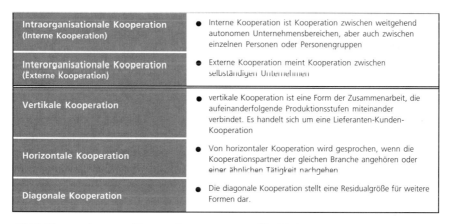

Bild 1: Kooperationsarten/ Kooperationsstrategien im Überblick

Neben diesen grundsätzlichen Unterscheidungen von Kooperationsformen beziehungsweise den Basiselementen von Kooperationsstrategien können weitere Elemente mit diesen Grundformen zu einer Kooperationsstrategie verknüpft werden. Eine Übersicht über wesentliche Charakteristika von Kooperationen, wiederum insbesondere bezogen auf zwischenbetriebliche Kooperation, bietet die untenstehende Abbildung (Bild 2). Wesentliche Kriterien wie der Kooperationsgegenstand, die Intensität, die Partnergröße, die Anzahl der Partner, die Zeitperspektive und die Art der Bindung können dabei problemlos auch für die Thematik der innerbetrieblichen Kooperation übernommen werden. Bezüglich der Kooperationsstrategien läßt sich abschließend feststellen, daß es grundsätzlich sehr viele Möglichkeiten zur Kooperation gibt. Prinzipiell sind die aufgeführten Ausprägungen der einzelnen Kooperationscharakteristika frei miteinander kombinierbar.

Gegenstand der Kooperation	Beschaffung / Einkauf	Produktion	Absatz/ Vertrieb	Markt-forschung	Forschung/ Entwicklung	Sonstige
Richtung der Kooperation	gleiche Branche und Marktstufe (horizontal)		gleiche Branche, aber vor-/ nachgelagerte Marktstufe (vertikal)		andere Branche (diagonal)	
Intensität	Erfahrungsaustausch	Aufgaben-Funktions-Abstimmung	wechselseitige Spezialisierung		Gemeinschafts-unternehmen	
Partnergröße	der/ die Partner haben wesentlich mehr Mitarbeiter		Partner haben etwa gleich viele Mitarbeiter		Partner haben wesentlich weniger Mitarbeiter	
Partner-herkunft	lokal	regional	national	international		
				Entwicklungs-länder	(marktwirt-schaftliche) Industrie-länder	(ehemalige) Ostblock-länder
Anzahl der Partner	Zwei-Partner-Kooperation (2-Partner)		Kleingruppen-Kooperation (3-6 Partner)		Großgruppenkooperation (7 und mehr Partner)	
Zeit-perspektive	kurzfristig (unter 5 Jahren)		mittelfristig (5 Jahre)		langfristig/ nicht befristet	
Bindung	formlos			vertraglich		

Bild 2: Kooperationscharakteristika (Quelle: Staudt/ Kriegesmann/ Behrendt, 1996, S.925)

Eine Strategie, die beispielsweise zum Erfolg geführt hat, ist eine lokale, vertikale Kooperationsform, die eher formlos und mit vielen Partnern angelegt ist sowie langfristigen Charakter besitzt. Inhaltlich geht sie über die verschiedensten Bereiche und ist relativ intensiv. In der Praxis läßt sich häufig beobachten, daß Kooperationen nicht isoliert und nur auf ein enges Themenfeld begrenzt sind, sondern intensive Kooperationsbeziehungen zwischen Unternehmen dazu führen, daß sich Kooperationen auf den verschiedensten Ebenen zwischen den Kooperationspartnern entwickeln.

Im folgenden Abschnitt werden die grundsätzlichen Vor- und Nachteile von Kooperation erläutert. Es soll gezeigt werden, daß Kooperationen ein hohes Erfolgspotential in sich bergen, bevor dann im Schlußabschnitt ein methodischer Ansatz zur Gestaltung von Kooperationen abgeleitet wird.

3. Wirkungen von Kooperation

Kooperationen sollen und können im wesentlichen zu Ertragssteigerungen, Kostensenkungen und zur Risikominimierung beitragen. Ziele, die mit Hilfe der Kooperation erreicht werden sollen, sind beispielsweise zum einen eine erhöhte Wettbewerbsfähigkeit, etwa durch die Konzentration auf die Kernkompetenz des Unternehmens, beziehungsweise eine erhöhte Leistungsfähigkeit, etwa durch ein umfassenderes Angebot an Produkten und Dienstleistungen und zum anderen eine optimale Auslastung der personellen und maschinellen Kapazitäten, etwa durch einen kurzfristigen flexiblen Personalaustausch zwischen Kooperationspartnern (vgl. Staudt/ Kriegesmann/ Behrendt 1996, S.923f.).

Angestrebte Effekte durch Kooperation:

- erhöhte Leistungsfähigkeit
- Kostensenkungen
- Risikominimierung
- erhöhte Wettbewerbsfähigkeit
- optimale Auslastung der personellen und maschinellen Kapazitäten
- Nutzung von Synergiepotentialen
- gemeinsame Nutzung von Ressourcen – Ressourcenteilung

Kooperationen beinhalten Chancen und Risiken. Es lassen sich prinzipielle Kooperationsvor- und -nachteile ableiten. Dem erhofften wirtschaftlichen Nutzen steht dabei insbesondere die Angst vor einer größeren Abhängigkeitsbeziehung gegenüber. In Form einer Kooperationsbilanz können Kooperationsvorteile und Kooperationsnachteile gegeneinander aufgewogen werden (Bild 3). Insgesamt

Grundsätzliche Vorteile	Grundsätzliche Nachteile
Risikovorteil • Risikominderung durch Fehlerausgleich • Risikostreuung durch Investitionsaufteilung	**Kostennachteil** • Gründungskosten • Koordinationskosten • Informations- und Kommunikationskosten • Transportkosten • Reintegrationskosten nach Auflösung der Kooperation
Kostenvorteil • Kostendegression durch Größenvorteile • Kostendegression trotz Produktvielfalt	
Potentialvorteil • Verstärkung des Finanzpotentials • Verbesserung der Sachmittelausstattung • Steigerung des Qualitätsniveaus • Ergänzung des technischen Know-Hows • Verbesserung des Marktzuganges	**Abhängigkeitsnachteil** • Eigenständigkeitsverlust • Offenlegen von Betriebsgeheimnissen
Ergebnisvorteil • Breiteres Verwertungsspektrum • Schnellere Markteinführung neuer Produkte und Dienstleistungen	**Erwarteter Kooperationsgewinn**
Flexibilitäts- und Dynamikvorteil • Schnellere Auftragsbearbeitung • Schnellere Produktentwicklung	

Bild 3: Kooperationsbilanz (Quelle: Staudt, E./ Kriegesmann, B./ Behrendt, S. 1996, S. 929, modifiziert)

kann von einem prinzipiellen Gewinn bei Kooperationen ausgegangen werden. Herauszuheben sind in Hinblick auf dynamische Unternehmensstrukturen insbesondere die Dynamik- und Flexibilitätsvorteile, aber auch die Kosten- und Ergebnisvorteile. In der Kooperationsbilanz gelangt man so zu einem Saldo auf der Passivseite. Dennoch ist einzuräumen, daß dieser Gewinn nur ein potentieller ist. Damit dieser zustandekommt, die Kooperation also erfolgreich ist, müssen verschiedene Voraussetzungen erfüllt sein.

Dabei muß unterschieden werden zwischen betrieblichen und personenbezogenen Voraussetzungen. So muß gewährleistet sein, daß die Kooperationsziele der Kooperationspartner miteinander kompatibel sind. Jeder Kooperationspartner muß einen Vorteil aus der Kooperation ziehen können. Hinsichtlich der personenbezogenen Voraussetzungen ist es soziale Kompetenz, die die Kooperationspartner aufweisen müssen – im einzelnen besonders die Fähigkeiten, im Team zu arbeiten, Fairneß zu üben und zuverlässig zu sein. Zudem ist die Bereitschaft, eine Vertrauensbeziehung einzugehen unerläßlich für eine erfolgreiche Kooperation. Organisationsumgreifend bedarf es damit einer besonderen auf Kooperation ausgerichteten Organisationskultur bei den Kooperationspartnern (vgl. hierzu ausführlich Abschnitt 4).

Um das prinzipielle Erfolgspotential von Kooperationen zu nutzen, ist es zweckmäßig, ein methodisches Gerüst aufzustellen, womit dieses Potential in tatsächlichen Erfolg transferiert werden kann. Grundzüge hierfür werden im folgenden Abschnitt aufgezeigt.

4. Methodischer Ansatz zum Kooperationsmanagement

Zu Beginn diesen Abschnitts ist zu betonen, daß im folgenden kein „Kochrezept" für die Gestaltung erfolgreicher Kooperationen aufgezeigt werden kann. Dieses ist aufgrund der vielen unterschiedlichen möglichen Kooperationsformen und daraus ableitbaren Kooperationsstrategien nicht machbar. Der Erfolg von Kooperation hängt maßgeblich von den konkreten situativen Bedingungen ab. Dennoch kann ein allgemeiner methodischer Ansatz zum Kooperationsmanagement zur Diskussion gestellt werden, der bei einzelnen Unternehmen im DYNAPRO-Projekt bereits zu Erfolgen geführt hat.

Um die oben aufgeführten Kooperationsvorteile zu realisieren und die Nachteile von Kooperation zu reduzieren, beziehungsweise um mit diesen sinnvoll umgehen zu können, bedarf es eines Kooperationsmanagements.

Einerseits gilt es, innerhalb eines Kooperationsmanagements besonders die erforderlichen „hard facts" und das Vorgehen zu definieren und zu gestalten (vgl. hierzu Staudt/ Kriegesmann/ Behrendt 1996, S.932f.). Innerhalb eines vierstufigen Entwicklungsprozesses ist zunächst eine strategische Entscheidung erforderlich, die Kooperation als Strategie für anzugehende Aufgabenfelder in Betracht zieht und festsetzt. Ist dieses geschehen, sind geeignete Partner zu suchen, möglichst aus dem direkten Unternehmensumfeld. Sind diese gefunden und ist nach ersten Kontakten eine beiderseitige fundamentale Kooperationsbereitschaft vorhanden, die von einem Vertrauensverhältnis getragen wird, kann in einem dritten Schwerpunkt die Kooperationsbeziehung fixiert werden. Es wird die Art der Kooperation bestimmt. Im einzelnen sind die Ziele und Inhalte der Kooperation festzulegen, Rechte und Pflichten zu definieren sowie auch Sanktionsmaßnahmen zu bestimmen. In einem letzten Schritt geht es darum, die eingegangene Kooperationsbeziehung in Gang zu bringen und zu halten, zu steuern und Elemente der Kooperationsbeziehungen den Anforderungen entsprechend neu zu gestalten. Innerhalb des Managements der vorhandenen Kooperationsbeziehung ist auch ein Kooperations-Controlling einzurichten. Ein Instrumentarium das die Kooperation, orientiert an bestimmten Kennzahlen, mißt und bewertet. Für mögliche Konflikte ist ein Konfliktmanagement zu erarbeiten. Da ein Konflikt zwischen gleichberechtigten Partnern schnell zum Bruch der gesamten Kooperationsbeziehung führen kann, ist es erforderlich, frühzeitig unterschiedliche Auffassungen und Interessen zu erkennen und mit diesen geeignet umzugehen. Konflikte sind idealerweise bei der Definition der Kooperationsbeziehungen, also im Vorfeld zur eigentlichen Kooperation auszuräumen.

Andererseits ist ein Schwerpunkt des Kooperationsmanagements bei den „soft facts" zu setzen (vgl. Marr 1992, S.1161f.). So sind neben der Schaffung geeigneter Koordinationsmechanismen vor allem personale Aspekte und Klimaaspekte als Gestaltungsansatz für ein Kooperationsmanagement zu präferieren, da Kooperationen elementar von Interaktionen geprägt sind. Entscheidend sind die Bedingungen für die Kooperation, das Kooperationsklima. Je unterschiedlicher sich die potentiellen Kooperationspartner sind, desto wichtiger wird diese interaktionsbezogene Sichtweise. Subjektive Wahrnehmungsprozesse der Kooperationsbeteiligten sind von großer Bedeutung für die gesamten Kooperationsbeziehungen. Dabei geht es um die direkte Einbindung der Kooperationspartner und die Gestaltung der Kommunikationsprozesse. Die harmonische Beziehung zwischen den Kooperationspartnern hat maßgeblichen Einfluß auf die Qualität des Ablaufes und des Inhaltes einer Kooperation. Neben der sozialen Kompetenz, die hierbei von den Kooperationspartnern gefordert ist, ist besonders auch das Bemühen um eine Vertrauensbasis unabläßlich. Um diese zu erreichen, ist beispielsweise die Informationspolitik entsprechend zu gestalten. Auch ist von Beginn an in allen Belangen ein integratives Vorgehen anzustreben. Es darf nicht dazu kommen, daß sich ein Partner übervorteilt oder nur benutzt sieht. Um dieses zu vermeiden, ist auch darauf zu achten, daß ein ausgeglichenes Machtverhältnis zwischen den Kooperationspartnern besteht.

Eine Vorgehensweise zur Implementierung und Aufrechterhaltung von Kooperationsbeziehungen bedarf zusammenfassend eines intensiven Kooperationsmanagements, bei dem sowohl „hard facts", als auch „soft facts" berücksichtigt werden. Es ist also zum einen wichtig, sich bewußt zur Kooperation zu entscheiden, die geeigneten Partner zu suchen und die Kooperationsbeziehungen zu gestal-

ten. Zum anderen ist ein Kooperationsklima herbeizuführen, daß die Kooperationen erst ermöglicht. Dieses ist für den Betrieb der Kooperationen von großer Bedeutung. Insbesondere personale Beziehungen sind hierbei zu beachten und zu
pflegen, um die für Kooperationen notwendige Vertrauensbasis zu ermöglichen
(siehe zusammenfassend Bild 4).

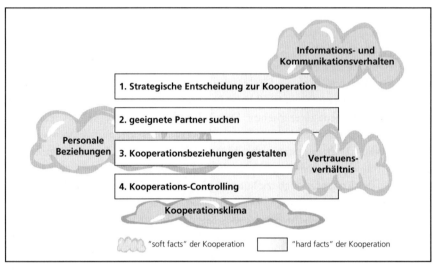

Bild 4: Methodischer Rahmen des Kooperationsmanagements

Den „soft facts" einer Kooperationsbeziehung kommen besonders beim Betrieb
und zur Aufrechterhaltung der Kooperationsbeziehungen besondere Bedeutung
zu, den „hard facts" insbesondere bei der Implementierung. Die Beachtung dieser
Kooperationsfaktoren und die ineinandergreifende Gestaltung und Pflege von
„hard" und „soft facts" einer Kooperation sollten wesentlich dazu beitragen, Kooperationsvorhaben zum Erfolg zu führen.

Zur planungsseitigen Unterstützung von Kooperationsvorhaben empfiehlt es
sich, Kooperationen als „echte" Kooperationen zu gestalten, die gekennzeichnet
sind durch den Charakter der Gegenseitigkeit und der relativen Autonomie der Kooperationspartner. Darüber hinaus sind „hard" und „soft facts" mit den konkreten
internen und externen Bedingungen abzustimmen. Das Kooperationsmanagement
bedarf dabei insgesamt einer sehr hohen Sensibilität, womit noch einmal die Bedeutung der „soft facts" hervorgehoben werden soll. Wie Kooperation im Einzelnen zu gestalten sind, hängt nach wie vor von der speziellen Situation ab. Mit dem
in diesem Artikel skizzierten Möglichkeiten und Verfahrensweisen kann jedoch
eine derartige Herausforderung besser strukturiert werden. Kooperation in ihrer
Vielfalt sollte somit zu einer echten strategischen Alternative werden, um durch
die Nutzung der vorhandenen Gewinnpotentiale bei immer härteren und turbulen-
teren Umfeldbedingungen bestehen zu können.

Teil III
Die DYNAPRO-
Firmenfälle

LOGIS

1 Den Markt ins Unternehmen lassen

Unternehmensgestaltung als permanenter Prozeß bei VITA
von Ulrich Müller und Jochen Stephan

Das Unternehmen auf einen Blick

Name: VITA-Gemüse Frischdienst GmbH
Sitz: Wanzleben und Reutlingen
Branche: Nahrungsmittel
Mitarbeiter: 660 (31.12.1996)
Produkte: Salate, Gemüse, Dressings

1. Ausgangssituation und Unternehmensentwicklung

Die wegen der individuellen Mischungen sehr vielfältige Produktpalette von Vita
wird über eine schnelle, extrem qualitätsorientierte Logistikkette hergestellt und

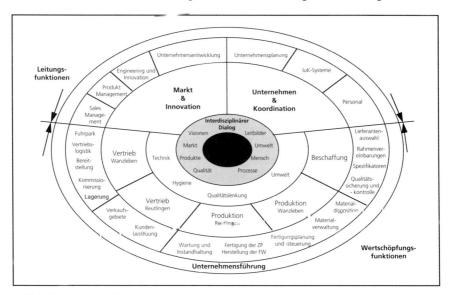

Bild 1: Bausteine der Vita-Organisation

vertrieben. Somit ist die Logistikleistung ein fundamentaler Bestandteil im Leistungserstellungsprozeß. Der Kunde hat die Möglichkeit bei Vita bis 12.00 Uhr zu bestellen und bekommt am nächsten Morgen frisch produzierte Ware ausgeliefert – in ganz Deutschland. Die Dimension dieser Leistung ist besser zu beurteilen, wenn man weiß, daß Vita täglich etwa 60 Tonnen Salat und Gemüse produziert.

Nachdem das neue Werk in Wanzleben in Betrieb ging, gab es im gesamten Unternehmen einige organisatorische Umstellungen. In der Folge kam es zu einer erhöhten Reklamationshäufigkeit und damit zu Störfaktoren im empfindlichen Wertschöpfungsprozeß.

Die Vita Geschäftsleitung nahm DYNAPRO zum Anlaß, die gesamte Unternehmensentwicklung hin zu dynamischen Strukturen in einen permanenten Gestaltungsprozeß einzubetten.

2. Ziele in DYNAPRO

Vita gehört zu den Unternehmen, die offensiv und chancenorientiert an der Gestaltung ihrer Zukunft arbeiten. DYNAPRO, firmenintern als „PROVITA" bezeichnet, ist als entscheidender Motor der Gesamtentwicklung zu sehen. Sicherlich waren die kurzfristig aufgetretenen Probleme beim Produktionsanlauf in Wanzleben ein zusätzlicher Motivator, um sich über dynamische Strukturen mit dem Ziel langfristiger Wettbewerbsfähigkeit Gedanken zu machen – und diese dann auch umzusetzen.

3. Schritte und Methoden zur Umsetzung

Schematisch läßt sich die Vita-Entwicklung wie folgt darstellen (Bild). Im vorliegenden Zusammenhang mag es genügen, einige markante Punkte herauszugreifen.

1994: Vita-Philosophie
Die Vita Philosophie wurde 1994 in einem partizipativen Prozeß von einer gemischt-hierarchischen Gruppe erarbeitet. Diesem Team war bewußt, daß es mit dem Veröffentlichen von Leitsätzen nicht getan ist. Die Philosophie muß gelebt werden und allen Mitarbeitern bekannt sein. Auch in der Vita-Philosophie sind Kundenorientierung und Qualität besonders hervorgehoben.

1995: Neuer Produktionsstandort Wanzleben
Der größte Meilenstein in der jüngeren Firmengeschichte – hier allerdings nur der Vollständigkeit halber erwähnt. Details können an anderer Stellen nachgelesen werden.

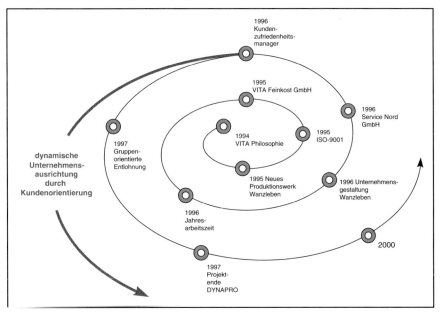

Bild 2: Meilensteine der Firmenentwicklung

1996: Arbeitszeitmanagement

Um zu dynamischen Strukturen zu gelangen, sind viele kleine Schritte notwendig. Auch die Arbeitszeitregelung der Firma Vita weist in den letzten beiden Jahren eine ständige Flexibilisierung auf. Waren es 1994 im Stammwerk in Reutlingen noch 10 Stunden, die im Rahmen der Arbeitszeitregelung ausgeglichen werden konnten, so wurden für das neue Werk Wanzleben schon 30 Stunden vereinbart. 1996 wurde für Reutlingen ein viel beachteter Haustarifvertrag abgeschlossen, der ein Jahresarbeitszeitkonto beinhaltet. So wurden die Voraussetzungen geschaffen, der saisonal und täglich stark schwankenden Produktionsmenge mit ausreichender Personalkapazität begegnen zu können. Allerdings wurde mit dieser Festschreibung des Jahresarbeitszeitkontos noch keine Verhaltensänderung der Mitarbeiter erreicht. Die tägliche Arbeitszeit muß noch stärker an die Produktionsaufträge gekoppelt werden: die Abfahrtszeiten der Kühl-LKWs bestimmen das Produktionsprogramm und damit letztlich die Arbeitszeiten. Eine analoge Entwicklung ist im Bereich der Entgeltfindung beobachtbar.

1996: Der Kundenzufriedenheitsmanager

Der Anlaß zur Schaffung dieser Position war simpel: die bereits erwähnte Zunahme der Reklamationen. Vorrangiges Ziel der eingesetzten Managerin war es deshalb, sich schnell und direkt mit den Kunden in Verbindung zu setzen. Persönliche Kontakte wurden hergestellt. Dann wurde auf Basis dieser Kontakte gemeinsam mit den Kunden nach Verbesserungspotentialen gesucht.

217

Die Informationen, die der Kundenzufriedenheitsmanager persönlich übermittelt bekommt – zur Strukturierung hat er einen Leitfaden zur Hand – gelangen ungefiltert ins Unternehmen. Die Regelkreise bis zur Behebung identifizierter Mängel sind so extrem kurz: der Markt kommt in Form wichtiger Reklamationen und Verbesserungen am selben Tag ins Unternehmen.

Die schnelle Realisierung der durch die Kundenbefragung und den direkten Kontakt des Kundenzufriedenheitsmanagers aufgezeigten Verbesserungspotentiale wird durch folgende Faktoren erreicht:

- Die Funktion des Kundenzufriedenheitsmanagers wird durch die Geschäftsführung stark unterstützt.
- Kundengetriebene Informationen und daraus resultierende Verbesserungsvorschläge werden sehr viel schneller umgesetzt.
- Die Einführung des Kundenzufriedenheitsmanagers wird bei den befragten Unternehmen als sehr positiv betrachtet. Für die Kunden ist es neu, „so wichtig genommen zu werden".

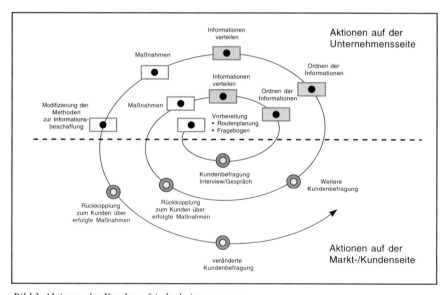

Bild 3: Aktionen des Kundenzufriedenheitsmanagers

Auf der Seite des Kunden zeitigt der Kundenzufriedenheitsmanager ebenso positive Wirkungen: der Kunde erkennt, daß seine Reklamationen und Verbesserungen ernst genommen und sofort in die Tat umgesetzt werden. Das schafft Vertrauen.

Ein Bericht des Kundenzufriedenheitsmanagers ergab beispielsweise, daß die firmeneigene Logistik eine Kernkompetenz ist. Im Gegensatz zum Dienstleister ist dem Vita-Fahrer das Produkt und seine Sensibilität genau bekannt. Infolge dieser

218

Feststellung wurde ein Meeting mit den Dienstleistern einberufen, in dem diese Besonderheiten anschaulich dargestellt wurden. Die Dienstleister wurden beispielsweise mit der Herstellungsweise und den Randbedingungen des Produktes vertraut gemacht. Der Mangel war schnell behoben.

4. Ausblick

In diesem Jahr soll die Philosophie wieder auf den Prüfstand: daher muß geprüft werden, ob die Sichtweise von 1994 noch auf die heutigen Anforderungen paßt. Weitere, im Sinne der Unternehmensentwicklung/Dynamisierung zu unternehmende Schritte sind beispielsweise

- die Integration bedarfsorientierter, gemischt-hierarchischer Problemlösungsgruppen,
- die Durchführung einer Bottom-up-Qualifikationsbedarfsanalyse oder
- die Ausgestaltung externer und interner Kunden-Lieferanten-Beziehungen.

Effekte durch DYNAPRO:

- Bottom-Up Analyse Mitarbeiterqualifizierung
- Kundenzufriedenheitsmanager
- Realisierung KVP
- Systematische Vorgehensweise zur Reduzierung der Schnittstellen bei der Produktionsübergabe
- Umsetzungsbausteine VITA-Philosophie

2   Vom Pilotfraktal zur Fraktalen Produktion

Das Beispiel Schroff
von Wolfgang Kiefer

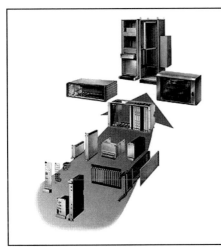

**Das Unternehmen
auf einen Blick**

Name: Schroff GmbH
Sitz: Straubenhardt
Branche:Metallverarbeitende
Industrie
Mitarbeiter: 900 in Strauben-
hardt, 1500 weltweit
Produkte: Mechanische
Aufbausysteme für die
Elektronik

1.   Ausgangssituation und Unternehmensentwicklung

„Partner with the Best" lautet der Leitsatz unseres Unternehmens. Eine hohe Herausforderung, der wir uns als Marktführer auf dem Gebiet der mechanischen Aufbausysteme für die Elektronik stellen. Unsere Produktion in Straubenhardt im Nordschwarzwald ist gefordert, den Veränderungen, die der Markt und unser vielfältiges Produktspektrum mit sich bringen, schneller gegenüberzutreten. Dazu bedarf es technischer und organisatorischer Lösungen.

Die Anfänge unseres Weges zu dynamischen Strukturen gehen bis auf das Jahr 1994 zurück. Bereits im ersten DYNAPRO-Buch wurde über die Konzeption fraktaler Strukturen bei Schroff berichtet. An dieser Stelle soll das Wichtigste noch einmal kurz zusammengefaßt werden:

Mit Unterstützung des Fraunhofer IFF entwickelten wir 1994 eine neue Organisation in der Fertigung. Wir entwarfen vier prozeßorientierte Fraktale, die nach Auftragsart und Produktgruppen gegliedert waren. Eines dieser Fraktale wurde als Pilotbereich umgesetzt, um Erfahrungen für die Realisierung der restlichen Einheiten zu sammeln. Anfang 1996 arbeitete das Pilotfraktal bereits 6 Monate. Die Anzahl der Aufträge, die wir innerhalb der vereinbarten Durchlaufzeit von 10 Tagen fertigen wollten, stieg anfänglich stark an. Die Entwicklung stagnierte jedoch über einen längeren Zeitraum, so daß wir im Jahr 1996 vor neuen Aufgaben standen.

2. Ziele in DYNAPRO

Zielsetzung war die Stabilisierung des Fraktalbetriebes, um eine weitere Verbesserung der Kennzahlen zu erreichen. Darüber hinaus bewerteten wir die Erfahrungen im Pilotfraktal so gut, daß wir die weiteren Fraktale planen und umsetzen wollten. Dies erforderte die Umstrukturierung des gesamten restlichen Fertigungsbereiches, in dem über 200 Mitarbeiter tätig waren. Die von uns geplante Integration vorgelagerter Funktionen hatte einen Einbezug weiterer 50 Personen in das Projekt zur Folge. Unser Ziel ist die nachhaltige Dynamisierung der gesamten Produktion nach dem Muster des Pilotfraktals, um unsere Wettbewerbsposition chancenorientiert weiter zu verbessern.

3. Schritte und Methoden zur Umsetzung

Schritt 1:

Wir starteten mit einer detaillierten Produktzuordnung zu den Fraktalen. Es bestand das Problem, daß bisher die Zuordnung von Produktverantwortung nur unscharf geklärt war. Durch Vereinbarungsgespräche in Arbeitsgruppen erreichten wir, daß aufgrund der für die Fraktale geplanten Technologie und ihres jeweiligen Know-Hows eine klare Zuordnung von Teilen und Produkten erfolgte.

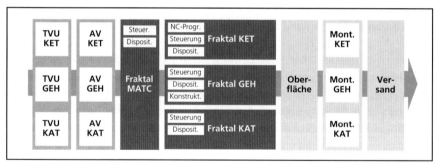

Bild 1: Neustruktur bei Schroff

Schritt 2:

In einem nächsten Schritt vereinbarten wir die Aufgaben der Fraktale und integrierten vorgelagerte Funktionen. Dies war notwendig, um die Prozeßorientierung weiter voranzutreiben und eine hohe Durchgängigkeit zu erreichen. Das Ziel war, die Verantwortung eines Auftrages und die Fertigungskompetenz in einer Hand zu halten. In der Folge wurde die Dezentralisierung von Steuerung und Disposition erforderlich, die, abgesehen von einigen Bereichen, in denen Aufträge unterschiedlicher Fraktale zusammenlaufen, auch umgesetzt wurde. Es ist denkbar, daß wir langfristig noch weitere Funktionen dezentralisieren werden.

Schritt 3:

Durch unsere heterogene Struktur mit zentralen und dezentralen Bereichen vernetzten sich unsere Abläufe sehr stark. Durch die anschauliche Darstellung der Verläufe gelang es uns, die Abläufe zu entflechten und insbesondere hinsichtlich ihrer Abwicklung auch in vorgelagerten Bereichen transparent darzustellen.

Schritt 4:

Nachdem Produkte, Funktionen und Abläufe für die Fraktale bekannt waren, erfolgte die Zuordnung der Betriebsmittel zu den Fraktalen. Teilweise mußten Maschinen neu beschafft und Werkzeuge ein zweites Mal hergestellt werden. Die Umsetzung erfolgte im laufenden Betriebsgeschehen, obwohl sie mit einem Umzug verknüpft war. Der offizielle Start der Fraktale war der 1. Juli 1996.

Schritt 5:

Eine parallel begonnene Phase zielte darauf ab, die Fraktale anhand von Kennzahlen zu führen. Gemeinsam mit den Fraktalleitern entwickelten wir ein Zielsystem, das die spezifischen Ziele für die Fraktale beinhaltet und sich direkt aus dem Unternehmenszielsystem ableitet. So kann die Produktionsstrategie in den Fraktalen entsprechend umgesetzt werden. Durch die Untersetzung der Fraktalziele mit entsprechenden Kennzahlen wurde eine zielgerichtete Steuerung möglich. Fraktalziele und Zielerreichung sind jedem Mitarbeiter mit Hilfe von Informationstafeln transparent.

Schritt 6:

Zur Auftragssteuerung wählten wir ein differenziertes Steuerungskonzept. Ziel war die hundertprozentige Einhaltung der Liefertermine sowie eine ausreichende Verfügbarkeit bei Lagerteilen. Den Kern des erarbeiteten Prinzips stellen die auf Erfahrungswerten basierenden Lieferfenster dar, d.h. die Durchlaufzeit zwischen Zu- und Abgang eines Auftrages im Fraktal. Die Festlegung der Lieferfenster orientiert sich an den Kundenanforderungen sowie an individuellen Kriterien wie z.B. Fertigungsaufwand und Produktstruktur. Ein Auftrag mit einer definierten Lieferzeit wird in eine Kette von Lieferfenstern unterteilt. Diese erlauben die Spezifizierung des Liefertermins auf verbindliche Ecktermine für die an der Abwicklung beteiligten Fraktale. Die Ecktermine wiederum dienen als externes Steuerungshilfsmittel zur Überwachung des Auftragsfortschrittes. Die Definition der Lieferfenster war anfänglich sehr umfangreich, da wir für das komplette Spektrum unserer Aufträge eine jeweils spezifische Lösung vereinbaren mußten. Die Entflechtung dieser Komplexität war Gegenstand der gesamten Umsetzungsphase und wird uns noch weitere Monate beschäftigen. Zudem haben wir uns die Aufgabe gestellt, die Steuerungsstrategie mit Lieferfenstern in ein informationstechnisches Instrument einzubinden, das neben den technischen Features der Auftragssteuerung eine möglichst nutzerfreundliche Oberfläche haben muß und im Bedarfsfall eine Kommunikation mit dem bestehenden PPS-System ermöglicht.

Das Ziel heißt auch hier, Kompetenz und Verantwortung für Ablaufschritte jeweils in eine Hand zu geben.

4. Ausblick

Wir haben die Erfahrung gemacht, daß die Umsetzung einer Fraktalstruktur unter starker Einbindung der Mitarbeiter, durch organisatorisches, technisches und informationstechnisches Know-How zu bewältigen ist. Jeder Beteiligte muß eine hohe Flexibilität mitbringen und sich sehr offen gegenüber Veränderungen verhalten. Wir sehen jedoch keinen anderen Weg, als über diese Veränderungen eine langfristige Wettbewerbsfähigkeit zu erreichen. Die Entwicklung unserer Kennzahlen gibt uns bei dieser Auffassung recht.

Bild 2: Zeit für Strukturveränderungen bei Schroff

Dabei dürfen wir jedoch nicht vergessen, daß sich auch in Zukunft das Kundenverhalten, unsere Produkte und unsere Märkte ändern werden. Dies führt auch zu weiteren Veränderungen in der Fertigung, so daß wir zum jetzigen Zeitpunkt keinen Endzustand erreicht haben. Wir hoffen jedoch, durch die DYNAPRO-Philosophie zukünftige Herausforderungen schneller zu bewältigen.

In der Zukunft gilt es, die Fraktalstruktur in der Fertigung weiterzuentwickeln. Bezogen auf das Unternehmen bedeutet es, eine Centerorganisation aufzubauen. Die Produktion wird um alle Funktionen der Auftragsabwicklung angereichert, die Prozesse werden optimiert und es entstehen Center of Competence. Sie sind für die Produktion einzelner Produktgruppen verantwortlich und finden sich verteilt an den internationalen Produktionsstandorten von Schroff wieder.

Marketing-, Produktentwicklungs- und Vertriebsprozesse werden in weiteren Centern mit hohem Marktbezug abgebildet. Ziel ist es, dadurch eine hohe Modularität der Organisationsstruktur zu erreichen, darüber hinaus ist der Kunden-

Service zu stärken. Die Erfahrungen aus der Umsetzung der Fraktalstruktur sollen bestmöglich genutzt werden. Kurze Planungs- und Umsetzungszeiten und eine hohe Mitarbeiterintegration sind damit zu realisieren.

Während die Planung des ersten Pilotfraktals 9 Monate dauerte, wollen wir die Centerorganisation bereits nach 3 Monaten umsetzen. Ein ehrgeiziges Ziel, das jedoch bei den immer höheren Kundenanforderungen nicht zu umgehen ist.

Effekte durch DYNAPRO:

- Verkürzung der Durchlaufzeit um bis zu 30 %
- Erhöhung der Liefertreue auf bis zu 97 %
- Reduzierung des Lagerbestandes
- Steigerung der Auftragsanzahl/Monat

3 Die Wende nach der Wende schaffen

Aurich Edelstahl GmbH
von Wolfgang Nümann und Frank Barthold

Das Unternehmen auf einen Blick

Name: Aurich Edelstahl GmbH
Sitz: Limbach-Oberfrohna
Branche: Metallverarbeitung
Mitarbeiter: 61
Produkte: Behälter, Apparate

---

1. Ausgangssituation und Unternehmensentwicklung

Die Geschichte des Betriebes Aurich Edelstahl GmbH gleicht derjenigen vieler vormals planwirtschaftlich orientierten Unternehmen. 1990 arbeiteten 350 Mitarbeiter in der Firma, die sich auf die Zulieferung von Edelstahlbehältern in der Textilindustrie und im Textilmaschinenbau spezialisiert hatte. Im Jahr 1990 wurde der Gesamtbetrieb reprivatisiert und in mehrere selbständige Firmen aufgegliedert.

In der Folgezeit war das Unternehmen konfrontiert mit dem Zusammenbruch der traditionellen Märkte und dem Zwang zur Neuorientierung. Aufgrund des vorhandenen Know-Hows in der Edelstahlverarbeitung begann man, sich mit der Produktion von Tanks, Anlagen und Apparaten neue Märkte zu erschließen. Basis dafür war der fachlich gut ausgebildete Mitarbeiterstamm und die zur Verfügung stehenden Betriebsmittel. Von 1991 bis 1996 sank die Mitarbeiterzahl von 91 auf 61. Der Umsatz verdoppelte sich jedoch in dieser Zeit auf ca 7,2 Mio. DM im Jahre 1996.

Das derzeit angebotene Leistungsspektrum umfaßt die gesamte Projektierung, Fertigung, Montage und Inbetriebnahme von Apparaten und Prozeßanlagen sowie zugehöriger Versorgungssysteme. Die durchschnittliche Auftragszeit beträgt 4–12 Wochen, die Zeit für eine Angebotserstellung 2 Tage bis 2 Wochen. Im Interesse der Flexibilität dem Kunden gegenüber ist es für das Unternehmen notwendig, daß organisatorische und informatorische Abläufe auch unkonventionell und situationsgerecht ablaufen können. Diesen Anforderungen konnte zu Beginn der Restrukturierung nicht ohne Schwierigkeiten entsprochen werden.

2. Ziele in DYNAPRO

Ausgehend von den strategischen Vorgaben, die in den Schwerpunkten

- Ausbau der Geschäftsbereiche Tank-, Anlagen- und Apparatebau,
- Ausbau der Systemfertigung,
- Aufbau eines eigenen Innovationspotentials,
- Kooperation mit anderen Anlagenbauern,
- Aufbau eines Montage- und Service-Centers als eigenständiger Geschäftsbereich

zusammengefaßt werden können, wurde für DYNAPRO ein zentrales Ziel abgeleitet. Dieses Ziel heißt: Ganzheitliche und durchgängige Gestaltung und Umsetzung einer sich dynamisch stabilisierenden Produktions- und Organisationsstruktur.

Hieraus abgeleitet wurden für DYNAPRO präzisierte Aufgaben definiert:

1. Die bisherige Konzentration des laufenden Geschäftsbetriebes auf Einzelpersonen umzuwandeln und eine breite Handlungsfähigkeit, ein engagiertes Mitdenken der Mitarbeiter zu erreichen.
2. Mit dem vorhandenen Mitarbeiterpotential neue, zukunfts- und umsatzträchtige Geschäftsfelder zu erschließen.
3. Dauerhaft ein positives Betriebsergebnis erzielen.

3. Schritte und Methoden zur Umsetzung

Die erste DYNAPRO-Phase stand zunächst im Zeichen analytischer Arbeiten. Dabei wurden detailliert Potentiale ermittelt. Schwerpunkte lagen auf der

- Untersuchung und Darstellung der Strukturen und Geschäftsabläufe,
- Erfassung, Klassifizierung und Bewertung der typischen Umfeldbedingungen für das Unternehmen.

Das ursprüngliche Projektvorgehen basierte auf der Konzeption und Umsetzung partieller Lösungen. Das Unternehmen sollte, unter dem priorisierten Blickwinkel unumstößlicher Liefertermine, schrittweise flexibilisiert werden.

Im Oktober 1995 kam es zu einem Geschäftsführerwechsel. Die neue Leitung stellte fest, daß das partielle Vorgehen noch keine grundlegende Verbesserung der Unternehmenssituation gebracht hatte. Trotz erheblicher Umsatzsteigerungen kam man nicht aus der Verlustzone – zu viele ungelöste Probleme der Ausgangslage standen dem entgegen.

Im Gegensatz zu anderen DYNAPRO-Firmen entschloß sich Aurich Edelstahl, die Umsetzungsaktivitäten auf das gesamte Unternehmen auszudehnen. Die volle Breite der Belegschaft sollte die neu formulierten Ziele verinnerlichen und sich aktiv am Reorganisationsprozeß beteiligen. Schnell wurde klar, daß ein entscheidendes Hemmnis für flexible Unternehmensabläufe in der traditionell zentralistischen Struktur zu sehen war. Aufgaben und Kompetenzen mußten vollkommen neu geordnet werden.

Aus der Zahl einschlägiger Aktivitäten können folgende Schritte hervorgehoben werden:

- Umfangreiche Dezentralisierung von Aufgaben und Kompetenzen,
- Parallelisierung von Abläufen,
- Schaffung eines Auftragszentrums als Koordinationsinstrument dezentraler Strukturen,
- Befristete Umsetzungsphasen zum Mitarbeitertraining,
- Ausbau des flexiblen Arbeitszeitmodells,
- Lohnleistungskonzept zur Mitarbeitermotivation.

Zur Unterstützung der organisatorischen Lösungen wurde ein Informationssystem entwickelt, das auf dv-technischen und dv-freien Lösungen basiert. Letztere setzen in hohem Maß auf die Gewährleistung informeller Kommunikation. So haben beispielsweise alle Mitarbeiter jeden Tag eine halbe Stunde lang die Chance, direkt mit der Geschäftsleitung zu sprechen. Eine ungewöhnliche, aber sehr effektive Möglichkeit, den Zielkonsens sicherzustellen.

Bei Aurich Edelstahl wird die Wirksamkeit des vernetzten DYNAPRO-Vorgehens besonders deutlich: die generalstabs- bzw. beratermäßige Verfolgung der Projektlogik Analyse-Konzeption-Pilotanwendung-Umsetzung führte nicht zum Erfolg. Dagegen wurden die einzelnen Module des Umsetzungsleitfadens situativ zum Einsatz gebracht, die aus unterschiedlichen Gründen nicht erfolgsträchtige partielle Umsetzung wandelte sich pragmatisch zur gesamtheitlichen Reorganisation.

Die Gestaltung dynamischer Strukturen und Abläufe ist für Aurich Edelstahl zu einem wesentlichen Wettbewerbsvorteil geworden. Im Hinblick auf die Flexibilität bei der Umsetzung der Kundenaufträge bei gleichzeitiger Verbesserung der Kostenstrukturen sind erhebliche Fortschritte erzielt worden. Seit der Umsetzung des Fraktalgedankens hat sich das Betriebsergebnis permanent verbessert. Diese positive Entwicklung wird sich auch in diesem Jahr fortsetzen.

Um eine ständige Wettbewerbsfähigkeit zu sichern, wurden im Rahmen des Projektes DYNAPRO eine Vielzahl von Organisationskonzepten verwirklicht. Sie reichen von einer umfassenden, prozeßorientierten Aufgaben und Kompetenzneuverteilung bis hin zu einem Entlohnungssystem, welches unternehmerisches Denken und die Flexibilität der Mitarbeiter honoriert. Durch die Dezentralisierung von Aufgaben und Verantwortung erhielten die Mitarbeiter größere Handlungsspielräume. Sie sind eine der Grundlagen, damit Mitarbeiter beim Auftragsdurchlauf engagiert eingreifen und handeln. Der Weg dahin aber war für beide Seiten ein Lernprozeß, der mittlerweile seine Früchte trägt. So haben die Mitarbeiter verinnerlicht, daß die Qualität ihrer Arbeit wesentlich zum erfolgreichen Bestehen des Unternehmens am Markt beiträgt. Die Zielstellung, Kundenanforderungen zu Zeit, Kosten und Qualität unbedingt zu erfüllen, wird mittlerweile durch das Engagement aller Mitarbeiter und durch flexible, oft unkonventionelle Unternehmensabläufe verwirklicht.

Weitere Aufgaben

Erfolg ist nicht von Dauer und muß ständig neu erkämpft werden. Die Märkte, auf denen Aurich Edelstahl agiert, sind turbulent und hart umkämpft. Bei verschiedenen Produktgruppen sind im Verlauf der vergangenen Jahre zahlreiche Wettbewerber in Konkurs gegangen. Deshalb ist es außerordentlich wichtig, sich durch Wettbewerbsvorteile wie Schnelligkeit, Qualität bzw. ein günstiges Preis-Leistungsverhältnis hervorzuheben. Die dynamischen Unternehmensstrukturen, die Flexibilität und Schnelligkeit erst ermöglichen, sind dafür ein wichtiger Erfolgsfaktor. Um dies auch weiterhin abzusichern, wurden sich folgende Aufgaben gestellt:

- Chancen bzw. Veränderungsbedarf rechtzeitig erkennen sowie
- Strukturanpassungen weitgehend dezentral gesteuert und mit geringem Aufwand durchführen.

Lösungsansätze

Wettbewerbsentscheidend ist, daß das Unternehmen in einem geeigneten Zeitraster Marktentwicklungen analysiert. Anhand unternehmensspezifischer Marktindikatoren müssen rechtzeitig Anzeichen für erforderliche Strukturveränderungen erkannt werden. Die Anzeichen sind durch geeignete Methoden aufzubereiten und zu visualisieren. Nachfolgend werden kurz Konzept und erste Anwendungsaspekte einer Methode zum Navigieren vorgestellt.

Im Unternehmen wird regelmäßig das Instrument des Portfolio-Navigators eingesetzt (Bild 1). Zentrales Anliegen hierbei ist, daß insbesondere Marktneuentwicklungen bzw. Wachstumsprodukte identifiziert und daraufhin untersucht werden, ob diese gegebenenfalls ins eigene Produktprogramm aufgenommen und hergestellt werden können. Eine betriebliche Diskussionsrunde führt periodisch einen Produktportfoliovergleich zwischen dem eigenen Unternehmen, Systemproduzenten und/oder Endkunden durch. Wichtige Hilfsmittel, die die notwendige Informationsbasis gewährleisten, sind die offenen und vertrauensvollen Kunden-

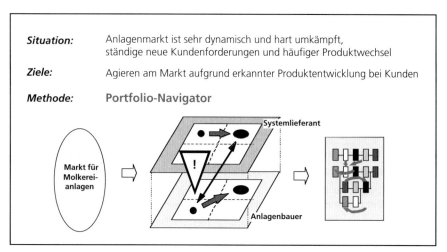

Bild 1: Der Portfolio-Navigator

beziehungen, Beobachtungen zum Käuferverhalten von Endkunden bzw. neuer Produktentwicklungen bei Systemproduzenten.

Aktuelles Beispiel für das Erkennen und Initiieren eines chancengetriebenen Veränderungsprozesses ist die jüngste Entwicklung in einem wichtigen Marktsegment des Unternehmens. Hier wurde mit Hilfe des beschriebenen Instrumentes rechtzeitig die Chance eines neu entstehenden Produktes aufgegriffen. Ein neues Endprodukt am Konsumentenmarkt erforderte beim Hersteller Investitionen in technisch weiterentwickelte und den neuen Herstellungsverfahren gerecht werdende Anlagen. Die Aufträge für Komplettanlagen werden an Systemhersteller vergeben, deren Zulieferer Aurich Edelstahl ist. Das Unternehmen sah hier die Chance, durch frühzeitige Strukturanpassungen im Fertigungsbereich dieses neue Produkt vor den Konkurrenzfirmen anbieten zu können. Bereits in der Entwicklungs- und Konstruktionsphase wurden beim Systemproduzenten Informationen über konstruktive und fertigungstechnische Besonderheiten gesammelt. So konnten in kürzester Zeit die notwendigen organisatorischen Umgestaltungen sowie Qualifikationsmaßnahmen für die Mitarbeiter durchgeführt werden. Aufgrund des erzielten Zeitvorsprunges gelang es, dem Kunden das Produkt früher und mit kürzeren Lieferterminen anzubieten und damit das Marktsegment zu erweitern.

4. Ausblick

Aurich schreibt heute schwarze Zahlen. Und das soll so bleiben. Deshalb wird permanent nach Möglichkeiten gesucht, um den vermeintlich „optimalen" Organisationsablauf zu verbessern – dynamische Strukturentwicklung, ganz im Sinne von DYNAPRO. Anhand des erreichten Betriebsergebnisses ist zu verzeichnen, daß sich der Schulterschluß mit den Mitarbeitern als der richtige Weg erwiesen hat. Die Flexibilität ist heute so groß, daß künftig notwendige organisatorische Anpassungen ohne größere Schwierigkeiten erfolgen können.

Effekte durch DYNAPRO:

Beginnen läßt sich hier mit einer Aussage des Geshäftsführers von Aurich Edelstahl: „Angepaßte organisatorische und informatorische Abläufe zahlen sich in erweiterten betriebswirtschaftlichen Freiräumen aus". Was heißt das?

Für das Unternehmen: Die finanzielle Lage des Unternehmens veränderte sich von der permanenten Verlustzone und Zahlungsschwierigkeiten zu einem soliden Gewinn und Liquiditätsspielraum. Die gute Liquiditätslage ermöglicht mittlerweile eine gezielte Preispolitik gegenüber den Kunden und das Erreichen von Kostenvorteilen bei Lieferanten und Kooperationspartnern aufgrund des Ausnutzens von Skonti. Darüber hinaus sichert die Flexibilität der Unternehmensstrukturen und -abläufe entscheidend die weitgehende Einhaltung von kalkulierten Lieferterminen. Hier gab es den wohl entscheidenden Schritt nach vorn, von etwa 50% auf ca 90% Liefertermintreue, wobei die Verschiebungen in Abstimmung mit den Kunden erfolgen konnten.

Für die Mitarbeiter: Bei Erreichen der kalkulierten Kennziffern zahlt sich das Engagement für die Mitarbeiter im Verdienst und in gesicherten Arbeitsplätzen aus. Es besteht ein unmittelbarer Zusammenhang zwischen Unternehmenszielen und den Mitarbeiterinteressen. Mit Basis- und Prämienanteil konnte 1996 ein übertariflicher Lohn gezahlt werden. Das gestiegene Interesse der Mitarbeiter am Unternehmen zeigt sich in vielen Dingen der täglichen Geschäftsabläufe: Initiativen zu Strukturveränderungen und -verbesserungen gehen jetzt auch von den Leuten selbst aus, die Kundenaufträge sehen sie als „ihre" Aufträge. Das breite Engagement spiegelt sich nicht zuletzt im hohen Qualitätsniveau der Produkte wider – Kundenreklamationen treten immer seltener auf.

4   Vom flexiblen zum dynamischen Unternehmen

Wie THIMM die steigenden Umweltanforderungen aktiv meistert
von Thomas Binder, Claudius Borgmann, Dr. Dietmar Müller

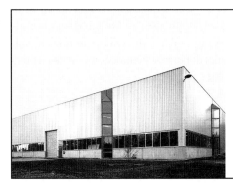

Das Unternehmen auf einen Blick

Name:
THIMM Verpackung GmbH + Co.
Sitz: Eberswalde
Branche: Papierverarbeitung
Mitarbeiter: 72
Produkte: Wellpappen-Verpackungen

1.   Ausgangssituation und Entwicklung

Das THIMM-Werk in Eberswalde befindet sich in einer beneidenswerten Lage: seit der Aufnahme der Produktion im Januar 1992 konnte die Betriebsleistung kontinuierlich gesteigert werden. Bereits im Sommer 1993 hatte der Betrieb die Produktivität der vier THIMM-Werke in den alten Bundesländern erreicht und ist seitdem das produktivste Werk der Firmengruppe. Sicherlich ist dafür mitverantwortlich, daß von Anfang an die modernsten am Markt vorhandenen Maschinen eingesetzt wurden. Darüber hinaus wurde der Mitarbeiterstamm vor Inbetriebnahme des Werkes in anderen Werken intensiv ausgebildet und konnte so die Startphase ohne Qualifikationsdefizite überbrücken.

Von Beginn an wurde darauf Wert gelegt, moderne Managementmethoden zu etablieren. Die Einführung von Gruppenarbeit stieß dabei zunächst auf Ablehnung: sowohl im mittleren Management als auch bei den gewerblichen Mitarbeitern wünschte man sich einen Chef, der präzise Anweisungen gibt, die man dann konsequent befolgt. Sicherlich kamen hier die Erfahrungen aus VEB-Zeiten zum Ausdruck. Heute will niemand mehr die Gruppenarbeit missen. Die daraus resultierenden Spielräume geben den Mitarbeitern und der Organisation ein hohes Maß an Flexibilität – nicht zuletzt ein Grund für die hohe Produktivität.

2.   Problemstellung und Aufgabe an Dynapro

Zu Beginn des Projektes legten wir besonderen Wert auf die Erarbeitung einer gemeinsamen Sicht aller Beteiligten (Forscher und Praktiker) auf den Betrieb. Dies war notwendig, da es zunächst unklar war, was ein so modernes, hochproduktives und schlankes Unternehmen mit voller (und steigender) Auftragslage im Rahmen des DYNAPRO-Projektes zusätzlich erreichen wollte. Im Gegensatz zu anderen Unternehmen im DYNAPRO-Verbund waren keine drängenden Probleme wie z. B. hierarchische Organisationsstrukturen oder mangelnde Produktivität zu identifizieren. Um diesen chancenorientierten Ansatz herauszuarbeiten, entschlossen wir uns zunächst zu einer offenen und allen Möglichkeiten breiten Raum lassenden Diskussion über zukünftige Vorstellungen der Unternehmensentwicklung. Daher wurde in den ersten Sitzungen bewußt auf eine schematisierte Erfassung des Unternehmens und seiner Umwelt verzichtet.

Externe Situation und Entwicklung:
THIMM wird sich in Zukunft mit steigender Marktdynamik auseinandersetzen müssen. Auf den angestammten Märkten existiert ein deutlicher Verdrängungswettbewerb, der sich sowohl auf Qualität als auch auf die Preise bezieht. Weiterhin wird die Bedienung dieser Märkte auch mit einer immer weiter wachsenden Produktvielfalt verbunden sein. Insbesonders wird es notwendig werden, auch kleinere Aufträge schnell und kostengünstig zu bearbeiten und auf Sonderwünsche einzugehen. Weiterhin unterliegt die Auftragslage starken saisonalen Schwankungen.

Interne Situation und Entwicklung:
Die Mitarbeiter sind durch den zunehmenden Absatz zeitlich stark belastet. Gegen eine Neuregelung der Arbeitszeit (zunehmende Flexibilisierung) bestehen allerdings große Bedenken. Im Rahmen des Auftragszuwachses wurden auch neue Mitarbeiter eingestellt, doch zeigte sich, daß diese nicht die gleiche Motivation haben wie diejenigen, die das Werk von Anfang an mitaufgebaut haben.

Weiterhin herrschte im Betrieb zunächst große Skepsis gegenüber einer Neuorientierung im Rahmen eines Forschungsprojektes. Daher galt es, die Mitarbeiter für eine positive Annahme des nun einsetzenden Veränderungsprozesses zu gewinnen. So wurden die Diskussionen anfangs stark von Kostenaspekten dominiert, womit der Focus eher auf Einsparpotentialen denn auf Organisationsentwicklungsaspekten lag. Insbesonders das mittlere Management und der Betriebsrat sahen nicht die Notwendigkeit, etwas grundlegend zu verändern. Hier zeigte sich deutlich, „daß Erfolg der größte Feind des Wandels ist" (Hartmann, 1996, S. 150).

Festlegung der Projektziele:
Im Zuge der Beschäftigung mit den vielfältigen zukünftigen Anforderungen konnte es nicht darum gehen „klassische" Themen wie Kosteneinsparung oder Qualität abzuarbeiten. Daher einigten wir uns auf folgende Projektzielsetzung, die die grundlegende Frage nach betrieblicher Wandlungs- und Entwicklungsfähigkeit thematisiert:

> „Wie kann ein flexibel arbeitendes Unternehmen den Anforderungen hinsichtlich einer weiter steigenden Umweltdynamik dauerhaft gerecht werden?"

Um dieser Fragestellung praxisnah und für die Mitarbeiter nachvollziehbar nachgehen zu können, griffen wir auf die in den ersten Sitzungen am häufigsten genannten Einzelziele zurück. Diese konnten den Oberbegriffen Ökonomie, Zeit, Qualität und Flexibilität zugeordnet werden. Weiterhin einigten wir uns auf eine Ergänzung um die Themen Ökologie und Soziabilität. Diese sechs Themenfelder ließen wir von der nun gebildeten Projektgruppe diskutieren. Im folgenden sind beispielhafte Nennungen zur Flexibilität aufgeführt:

Beispiel Flexibilität:

- Arbeitszeit nach Auftragseingang gestalten
- Wartungsarbeiten in produktionsfreie Zeit legen
- Einsetzbarkeit der Mitarbeiter erhöhen
- auf geringere Losgrößen eingehen

Mittels eines paarweisen Vergleichs anhand einer Bewertungsmatrix wurden diese sechs Ziele gewichtet und aufeinander bezogen. In Abwandlung der ursprünglichen Form dieser „Zielorientierten Potentialanalyse" (Förster, 1995) wurde die Bewertung nach Management-, Mitarbeiter und antizipierter Kundensicht unterteilt, um die unterschiedlichen Wertstrukturen der verschiedenen Interessengruppen zu berücksichtigen. Die sich daraus ergebenden Zielpyramiden sehen wie folgt aus:

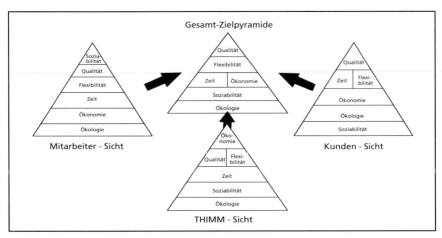

Bild 1: Zielpyramiden

Weiterhin wurde diese Zieldiskussion um eine Bewertung ergänzt, die zwischen Dringlichkeit und Wichtigkeit unterscheidet. So können Ziele zwar für den Betrieb wichtig, aber in der gegenwärtigen Situation und unmittelbaren Zukunft nur von geringer Dringlichkeit sein. Wie das nachfolgende Bewertungsportfolio zeigt, wird dem Flexibilisierungsziel überragende Bedeutung beigemessen, da es sowohl als wichtiges als auch als dringliches Ziel bewertet wurde. Danach folgen Ökonomie und Zeit, zwei Ziele, die auch in der Zielpyramide im oberen Bereich zu finden sind. Obwohl Qualität in der Gesamt-, Kunden- und Managementpyramide auf den oberen Rängen angesiedelt ist, kommt diesem Punkt unter Dringlichkeitsaspekten keine Bedeutung zu.

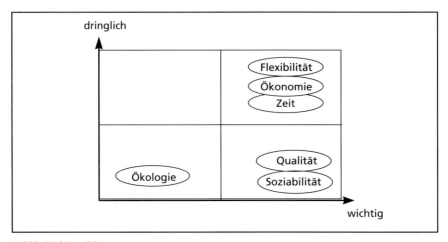

Bild 2: Ziel-Portfolio

3. Vorgehen im Rahmen von Dynapro

Die Zieldiskussionen zeigten deutlich, daß auch bei einer breitgefächerten und systematisierten Zielsystemanalyse das Thema Flexibilität an erster Stelle steht. Weiterhin wurde deutlich, daß noch in herkömmlichen Dimensionen gedacht wird. Zwar wurde Flexibilität thematisiert, aber nicht im Sinne von Dynamik verstanden. Denn dies bedeutet, daß sich die Mitarbeiter auf wechselnde Anforderungen einstellen und bereit sind, Veränderungen im Betrieb mitzutragen und/oder mitzugestalten. In der Projektarbeit sollten daher einerseits spezielle Themen (z. B. Kosten) und andererseits auch grundsätzliche Fragen nach der Entwicklung von Veränderungsbereitschaft bearbeitet werden. Das weitere Vorgehen gestaltete sich wie folgt:

1) Zu den drei als dringlich und wichtig erachteten Themen, wurde jeweils eine Arbeitsgruppe gebildet (Verantwortung: Fraunhofer Institut für Farbrikbetrieb und -automatisierung).

236

2) Es wurde eine Arbeitsgruppe gebildet, die sich mit den betrieblichen Voraussetzungen für die Entwicklung von Veränderungsbereitschaft bei den Mitarbeitern beschäftigt (Verantwortung: a&o research).

3.1. Arbeitsgruppen zu speziellen Themenbereichen

AG Kosten:
Hier wurden die Hauptkostentreiber identifiziert. Allerdings können diese im Rahmen des Projektes nicht reduziert werden, da funktionale Zuständigkeiten dagegensprechen.

AG Flexibilität:
In dieser AG fand ein Abgleich bestehender Arbeitszeitsysteme und Qualifikationsprofile mit neuen Anforderungen statt. Auch hier war das Ergebnis, daß keine zwingenden Handlungserfordernisse existieren.

AG Struktur:
Die Arbeitsgruppe konnte dabei eindeutig identifizieren, daß insbesondere die Lieferzuverlässigkeit im Werk weitaus schlechter als allgemein angenommen war. Mittels eines Ishikawa-Diagramms wurden die werksinternen Ursachen eingegrenzt und spezifisch angesprochen. Im Vergleich mit anderen Werken konnte eindeutig festgestellt werden, daß die als fortschrittlich angesehene Struktur des Werkes Eberswalde ebenfalls nicht ausreichend ist, um die Schallmauer von 70 % Lieferzuverlässigkeit zu durchbrechen. Gerade im Bereich der Wellpappherstellung stellt die Verbesserung dieser Kennzahl einen erheblichen Wettbewerbsfaktor dar.

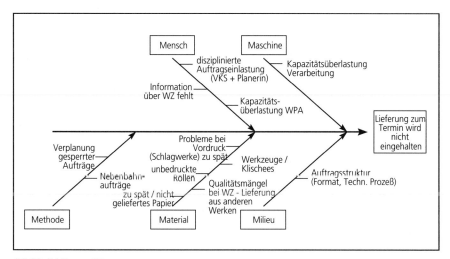

Bild 3: Ishikawa-Diagramm

Neben den inhaltlichen Ergebnissen der jeweiligen Arbeitsgruppen konnten vor allem folgende Beobachtungen gemacht werden:

Positive Erfahrungen beim Einsatz der Arbeitsgruppen waren insbesondere:

– Die Mitarbeiter haben das Gefühl bekommen, wieder im Boot zu sitzen
– Die Mitarbeiter empfinden die Diskussion von Praxislösungen anderer Betriebe als wertvollen
– Beitrag, um der Betriebsblindheit zu entgehen und vor allem andere Sichtweisen zu erhalten
– Die Mitarbeiter identifizieren sich stark mit den Ergebnissen.

Wichtige Erfahrungen waren weiterhin:

– Die Mitarbeiter tun sich schwer, zu abstrahieren. Alle Vergleiche mit erfolgreichen Unternehmen werden aufgrund der andersartigen Bedingungen als nicht übertragbar gesehen!
– Tagesprobleme haben häufig Vorrang und beeinflussen die Richtung der Diskussion nachhaltig
- Bestehendes zu optimieren ist für die Mitarbeiter einfacher, als neue Wege zu beschreiten.
– Das Veränderungsbewußtsein ist bei den Mitarbeitern höher, wenn es um Änderungen anderer Bereiche geht. Die Forderung nach Veränderung im eigenen Wirkungskreis wird als Schuldzuweisung aufgefaßt.

3.2. Erhebungen zur Bewertung von förderlichen Bedingungen der Veränderungsbereitschaft

Im Rahmen unserer Beschäftigung mit Dynamik im Unternehmen konnte es nicht nur darum gehen, spezielle betriebliche Probleme zu lösen. Wir setzten uns damit auseinander, wie es ermöglicht werden kann, ein positives Klima für betriebliche Veränderungen zu schaffen. Daher wurde eine Methode entwickelt, mit deren Hilfe die betrieblichen Bedingungen von Veränderungsbereitschaft untersucht werden können. Hierzu gab es nur sehr wenige wissenschaftliche Arbeiten, die zumeist auch in einem anderen Kontext erhoben wurden (z. B. Heinrich, 1982). Erste organisationspsychologische Erhebungen wiesen Zusammenhänge zwischen betrieblichen Bedingungen und Veränderungsbereitschaft nach, waren aber nicht für den Einsatz im Rahmen eines Organisationsentwicklungsprozesses entwickelt worden (Freese & Plüddemann, 1993). Im Rahmen des Projekts wurde nun ein Untersuchungsansatz entwickelt, der psychologisch relevante Kriterien für Veränderungsbereitschaft benennt (vgl. Abschnitt 2.9).

Dies sind:
1. Übereinstimmung mit persönlichen Zielen/Bedürfnissen
2. Transparenz der betrieblichen Strukturen und Abläufe
3. Beeinflußbarkeit der Prozesse

Zu jedem dieser Kriterien wurden aus wissenschaftlicher Sicht Themen identifiziert, die damit in Zusammenhang stehen (z.B. Akzeptanz von Verbesserungsvorschlägen, Rückmeldung über Arbeitsergebnisse). Diese sollten die Grundlage für einen zu erstellenden Fragebogen bilden.

Partizipative Instrumentenentwicklung:
In einem Metaplanworkshop bei THIMM wurde den beteiligten Mitarbeitern die gleiche Aufgabe gestellt, d.h. sie sollten aus ihrer praktischen Arbeit heraus für sie wichtige Punkte benennen, welche die Veränderungsbereitschaft der Mitarbeiter beeinflussen. Unerwartet war dabei die hohe Übereinstimmung zwischen ihrer praktisch-betriebsbezogenen Sicht und den theoretisch formulierten Annahmen.

... deren unerwartete Folgen:
Obwohl wir durch die Einbeziehung der Mitarbeiter (neben der Überprüfung unserer Annahmen) deren Motivation und Bereitschaft wecken wollten, wurden gerade dadurch Vorbehalte und Ängste in bezug auf den Fragebogeneinsatz deutlich, die zunächst zu einer Verzögerung der Projektarbeit führten.

Hauptargumente gegen die Befragung waren:

1. Der Umfang und die Komplexität des Fragebogens.
2. Die Befürchtung, daß Rückschlüsse auf die Personen gezogen werden können.
3. Die Annahme, daß eine solche Befragung nichts bringt, weil eine entsprechende Auswertung, Rückmeldung und Umsetzung sowieso nicht stattfindet.

... und deren Lösung:
Aufgrund dieser Reaktionen mußten wir uns noch eingehender mit den Ursachen dieser teils unerwarteten Widerstände beschäftigen – ein Problem, das bei Mitarbeiterbefragungen öfter auftritt (vgl. Pritchard, R.; KLeinbeck, U. & Schmidt, H., 1993, S. 149-151). Insbesondere mußte verdeutlicht werden, daß nicht die Mitarbeiter, sondern die betrieblichen Bedingungen, unter denen sie arbeiten, bewertet werden. Weitere Vorbehalte wurden vor allem durch die Zusicherung der Werksleitung, daß die verantwortlichen Vorgesetzten mit keinen negativen Reaktionen rechnen müssen, ausgeräumt.

Durchführung:

Der Fragebogen gliedert sich in vier Teile: Übereinstimmung mit persönlichen Zielen, Beeinflußbarkeit, Transparenz und Veränderungsbereitschaft. Zu jedem Themenbereich wurden vier bis sieben Aussagen zusammengestellt, welche die einzelnen noch recht komplexen Themen anhand ihrer relevanten Aspekte überprüft. Aufgrund der überschaubaren Mitarbeiteranzahl wurden alle erreichbaren Mitarbeiter befragt. Durch die vorherige Überzeugungsarbeit konnte die Erhebung reibungslos durchgeführt und eine Rücklaufquote von über 95 % erreicht werden.

Ergebnisse:

Die Fragebogendaten wurden vom betreuenden Institut ausgewertet. Damit wurde zugleich die Güte des verwendeten Instruments überprüft. Es erwies sich als gut verwendbar. Die mit Spannung erwartete Präsentation zeigte deutlich den Vorteil eines so breit angelegten methodischen Ansatzes. Denn in den vorher geäußerten Diskussionen kamen immer wieder hypothesenartige Argumente zutage, die nun empirisch überprüft werden konnten. Die Vermutungen der Führungskräfte über schlechte Beurteilungen bei der Übereinstimmung mit persönlichen Zielen/ Bedürfnissen erwiesen sich als nicht zutreffend. Denn der Arbeitslohn/Gehalt, die Arbeitszeit, der Arbeitsplatz und der Betrieb wurden von den Mitarbeitern allgemein als zufriedenstellend bis gut erlebt. Als Kernprobleme erwiesen sich vor allem Themen, die die Beeinflußbarkeit der Prozesse betreffen. Der Handlungsspielraum, die Befugnisse und die Beteiligung/Mitsprache wurden deutlich schlechter bewertet. Gleichermaßen fiel in bezug auf die Transparenz der betrieblichen Strukturen und Abläufe besonders die Rückmeldung über Arbeitsergebnisse auf.

Weiterhin wurden auch arbeitsbereichbezogene Auswertungen vorgenommen, in denen ein Querschnitt über alle Themenbereiche dargestellt wird. Hierbei ließen sich ebenfalls Bereiche identifizieren, die in bezug auf den Gesamtbetrieb überwiegend kritische Beurteilungen erkennen ließen – ein Ergebnis, das die Vermutungen der Werksleitung über Probleme in diesem Bereich stützte.

Neben der Auswertung der absoluten Beurteilungen wurden aber auch die Beziehungen zwischen den im Fragebogen erfaßten potentiellen Einflußfaktoren und der ebenfalls erhobenen Veränderungsbereitschaft der Mitarbeiter untersucht. Dadurch zeigte sich beispielsweise, daß man bei THIMM ein vollkommen irrelevantes Feld bearbeitet hätte, wenn wir am Anfang der These des Managements gefolgt wären, uns vorwiegend mit Qualifizierungsaspekten zu beschäftigen.

Insgesamt gesehen konnten also durch diese organisationspsychologische Untersuchung einige betriebliche Hypothesen relativiert und andere wichtige Themenkreise entdeckt werden. Zudem läßt das eingesetzte Instrument zahlreiche weitere Auswertungen zu.

4. Erarbeiten neuer Konzepte

Zunächst wurden die Ergebnisse der Befragung in einstündigen Informationsveranstaltungen allen Mitarbeitern rückgemeldet. Dabei kam es bereits zu ersten Diskussionen. Für das weitere Vorgehen war es aber notwendig, in der Steuergruppe die übergreifenden Probleme herauszuarbeiten sowie die weiteren Arbeitsschritte festzulegen. Folgende drei Arbeitsbereiche wurden festgelegt:

1. Führung
2. Rückmeldung/Information
3. Handlungsspielraum/Befugnisse

Führung:
Im Verlauf der die Befragung vorbereitenden Diskussionen äußerten Mitarbeiter mehrfach Ängste der Identifizierbarkeit und auch das mittlere Management zeigte (teilweise durch vorgeschobene Argumente, die durch die Art der Mitarbeiterbefragung nicht begründet waren) mitunter massive Vorbehalte aufgrund der Angst vor direkter Beurteilung ihrer Tätigkeit.

Dies waren deutliche Anzeichen dafür, auch Führungsprobleme zu thematisieren. Die Fragebogendaten gaben dabei wertvolle Hinweise – da dieser unter den verschiedenen Themen auch Führungsfragen enthielt. Diese zeigten, daß Führung offensichtlich sehr differenziert und nicht generell negativ bewertet wird.

Rückmeldung/Information:
Hier gilt es, eine offene Kommunikation sicherzustellen. Dies beinhaltet einerseits Führungsaspekte, andererseits aber auch eine grundsätzlich neue Informationskultur sicherzustellen.

Handlungsspielraum/Befugnisse:
Für die einzelnen Arbeitsbereiche und Tätigkeiten soll überprüft werden, welche Erwartungen bestehen und wie sich deren Tätigkeits- und Entscheidungsspielräume erweitern lassen.

Diese Ergebnisse wurden nun mit den im Rahmen der vom IFF geleiteten Arbeitsgruppen erreichten Resultaten zusammengeführt. Deren Hauptergebnisse waren folgende:

AG Kosten:
Es sind nur geringfügige Einsparungen direkt im Werk beeinflußbar. Die hauptsächlichen Kostenfaktoren können unter vertretbarem Aufwand kaum gesenkt werden. Daher hat es keinen Sinn, sich weitergehend mit dieser Problematik zu befassen.

AG Flexibilität:
Es zeigten sich deutliche Schranken: Flexibilität besteht hier vor allem aufgrund des hohen Engagements der Mitarbeiter (vor allem in der hohen Bereitschaft auch kurzfristig Überstunden zu machen) aber nicht grundsätzlich.

AG Struktur:
Hier wurden deutliche Widersprüche sichtbar: Einerseits sind die Organisationsstrukturen sehr "lean", andererseits werden Entscheidungen aber trotzdem in einer herkömmlichen Art und Weise getroffen. Die Potentiale dieser flachen Hierarchie sind noch nicht ausgeschöpft.

Die von den beiden Querschnittsfunktionen gewonnenen Erfahrungen und Ergebnisse weisen deutliche Parallelen auf. Strukturelle Hindernisse, die durch die Arbeitsgruppen aufgedeckt wurden, werden durch die Ergebnisse der Mitarbeiterbefragung unterstützt, in der deutlich wurde, daß die Mitarbeiter größere Handlungsspielräume erwarten. So zeigte sich, daß eine Entwicklung zu einem dynamischen und wandlungsfähigen Unternehmen nicht durch vereinzelte Korrekturen erreicht werden kann. Die so zusammengeführten Erkenntnisse bildeten die Grundlage für ein breites Arbeitsspektrum.

Zunächst wurde die Führungsproblematik aufgegriffen. Dabei zeigte sich, daß die Mitarbeiter in den nun folgenden Arbeitsgruppen zunehmend offener diskutierten. Nachdem grundsätzliche Fragen über die Führungskultur bei THIMM diskutiert wurden, wurde von einer Gruppe von Mitarbeitern ein Führungskonzept erarbeitet und anschließend diskutiert. Trotz anfänglicher Bedenken der Schichtleiter, die darin zunächst eine komplette Kritik an ihrer Arbeit sahen, zeigte sich in der folgenden Zeit ein schrittweises Umdenken im Hinblick auf die Zielsetzungen der Führungsgrundsätze. Dies kam der weiteren Projektarbeit zugute.

5. Gegenwärtige Arbeit

Aufbauend auf diesen Erfahrungen widmeten wir uns einer neuen Thematik, in der alle oben genannten Aspekte zum Tragen kommen und von den beiden Querschnittsfunktionen gemeinsam erarbeitet werden konnten. Unter dem Titel „Pull on demand" werden seitdem die Möglichkeiten einer auftrags- und damit kundenorientierten Produktion überprüft. Folgende Ziele werden damit verfolgt:

–   Es soll die konsequente Ausrichtung auf den Kunden verdeutlicht werden
–   Produktionsaufträge sollen nur nach Eingang eines Kundenauftrages starten
–   Den Mitarbeitern soll der jeweilige Erfüllungsstand der Kundenaufträge transparent gemacht werden, dabei soll geprüft werden, inwiefern die Liefertreue auch in das Prämiensystem eingebunden werden kann.

Diese Thematik fand auch große Unterstützung von Seiten der Unternehmensleitung. In diesem Rahmen wird es zu organisatorischen Veränderungen kommen, in deren Verlauf auch die Verantwortlichkeiten im Betrieb neugeordnet werden müssen. Damit ergeben sich Möglichkeiten der Erweiterung der Handlungsspielräume der Mitarbeiter und der Verbesserung der Transparenz – beides wichtige Einflußfaktoren, um die Wandlungsfähigkeit des Betriebes durch die Entwicklung der Veränderungsbereitschaft dauerhaft zu sichern.

6. Ausblick

Nach fast eineinhalb Jahren DYNAPRO-Projektarbeit zogen wir in der Steuergruppe eine Zwischenbilanz über die bisherige Arbeit, die in Angriff genommenen Probleme und die durchgeführten Aktionen. Im weiteren Projektverlauf müssen nun die Konzepte schrittweise umgesetzt werden. Dabei wird eine noch stärkere Einbindung der Beschäftigten notwendig sein. Dies eröffnet weitere Chancen, den zukünftigen Anforderungen gerecht zu werden.

Effekte durch DYNAPRO:

– Die Mitarbeiter, besonders aber das Management und der Betriebsrat, wurden für die anstehenden Fragen sensibilisiert.
– Die Diskussion in den Arbeitsgruppen zeigen das Engagement der Teilnehmer und ihre Bereitschaft, in die inneren Prozesse der Betriebsabläufe einzudringen.
– Die Mitarbeiterbefragung aktivierte fast alle Mitarbeiter und erbrachte wichtige Aussagen zur weiteren Auswertung. Erste Wirkungen vor allem bei der Entwicklung der Leitungstätigkeit sind bereits erkennbar.
– Mitarbeiter werden auch bei arbeitsorganisatorischen Fragen stärker einbezogen, da das Management zu Diskussionen über eine Neuordnung ihrer Tätigkeitsfelder bereit ist.

5 Evolution statt Revolution

Der kontinuierliche Veränderungsprozeß
Carl Schenck AG
von Joachim Klink und Helmut Mählert

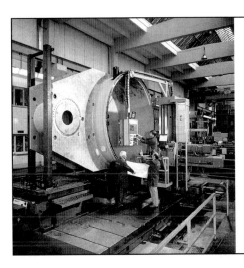

**Das Unternehmen
auf einen Blick**

Name: Carl Schenck AG
Sitz: Darmstadt
Branche: Maschinenbau
Mitarbeiter: ca. 3500
Produkte: Auswuchttechnik,
Schwingmeßtechnik

1. Ausgangssituation und Unternehmensentwicklung vor DYNAPRO

Der Schenck-Konzern bestand zu Beginn der DYNAPRO-Arbeiten aus zwölf verti-
kal orientierten, sogenannten Produktbereichen, die den Endkunden jeweils eine
Palette ähnlicher Produkte anboten. Diese Produktbereiche übernahmen in der
Wertschöpfungskette vielfältige produktspezifische Funktionen von der Angebots-
verhandlung bis hin zum Versand. Andere Funktionen dagegen, die stärker durch
produktübergreifende Synergien geprägt waren, wurden als zentrale Funktionsbereiche in horizontaler Orientierung geführt. Hierzu gehörten neben der zentralen
Beschaffung oder dem Personalwesen beispielsweise auch Fertigungsbereiche, die
in drei Cost-Centern zu der Zentralfunktion „Werke" zusammengefaßt waren.

Die Fertigung hatte unter starkem Kostendruck und mangelnder Kapazitätsaus-
lastung bereits zu diesem Zeitpunkt einen massiven Personalabbau hinter sich. Die
drei Cost-Center führten ein starkes Eigenleben und hatten aufgrund der Unternehmensstruktur und -größe nur geringen Kundenbezug.

In der jüngeren Vergangenheit war die Entwicklung der Schenck-Fertigungsbe-
reiche durch einen schrittweisen Prozeß von Veränderungen geprägt. Dabei wurden strukturelle, systemische Veränderungen im Einklang mit Personalentwicklungsmaßnahmen durchgeführt. Die Fertigung sollte sich in Richtung verstärkten
wettbewerblichen Denkens entwickeln, um bei der Auftragvergabe durch die
Produktbereiche gegenüber externen Anbietern bestehen zu können.

Die einzelnen Schritte dieses Veränderungsprozesses bis zun Beginn der DYNA-PRO-Arbeiten, beispielsweise das Programm „Neue Formen der Zusammenarbeit – NFZ" oder das „KICK-Programm zur Veränderung von Verhalten und Unternehmenskultur" sind bereits in zahlreichen Publikationen ausführlich beschrieben und seien hier nur erwähnt.

2. Ziele in DYNAPRO

Als logische Folge der Marktanforderungen hatte die Schenck-Fertigung zu Beginn des Projektes folgende Zielstellungen formuliert:

- Stärkung der Wettbewerbsfähigkeit,
- Steigerung der Produktionsflexibilität,
- Reduzierung von Durchlaufzeiten,
- Reduzierung der Kapitalbindung,
- Stärkung der Kunden- und Marktorientierung,
- Steigerung der Motivation der Mitarbeiter,
- Förderung von Eigeninitiative, Kreativität und unternehmerischem Denken.

Durch die (zunächst räumliche) Integration zweier Cost-Center sollten die jeweils vorhandenen Fähigkeiten, nämlich die Beherrschung einer ablauforientierten Produktionsweise einerseits sowie werkstattorientierter Fähigkeiten andererseits, kombiniert werden. Im Zuge des Aufbrechens der alten Strukturen war auch die Chance gegeben, neue Strukturen noch konsequenter auf die Aspekte der Dynamik auszurichten. Dabei mußte der Weg evolutionärer Entwicklung konsequent weitergegangen werden, zumal der Ansatz „alles auf einmal" durch die angespannte Wettbewerbssituation, durch komplexe, technologieintensive Produkte und Produktionsprozesse von vornherein auszuschließen war.

3. Schritte und Methoden zur Umsetzung

Die Meilensteine der Entwicklung bei Schenck lassen sich im Überblick wie folgt darstellen:

1994: Carl Schenck AG . Der Zentralbereich Werke gewinnt Profil
1995: Die Schenck Fertigung auf dem Weg in die rechtliche Selbständigkeit
1996: Die Schenck-Fertigungs-GmbH im Wettbewerb
1997: Die Schenck Fertigungs-GmbH als offensive Marktgröße

Nach den wichtigen Vorarbeiten zur Integration der einzelnen Fertigungsbereiche im Jahr 1994, stand das Folgejahr unter der Devise „Wenn die Fertigung nicht näher an den Markt kommt, muß man den Markt näher an die Fertigung bringen". Konkret hieß dies, daß die Fertigung sich darauf vorbereiten sollte, zum Jahreswechsel 1995/96 als rechtlich selbständiges Unternehmen am Markt präsent zu sein.

Um das notwendige strategische Management der Fertigung zu stärken, wurde eine einschlägige Methodik entwickelt: das Leitsystem. Dieses Leitsystem stellt die Konsistenz aller Aktivitäten in der Fertigung sicher – von der Unternehmensphilosophie über Strategie und übergeordnete Ziele bis hin zu einem operativen Zielsystem. Durch ständige Aktualisierung wird dieses Leitsystem zu einem Instrument für die dynamische Unternehmensausrichtung. Das gemeinsame Erarbeiten von Aufbau, Umgang und konkreten Inhalten des Leitsystems waren wesentliche Bausteine des neuen Selbstverständnisses der Fertigung. Als dringlichstes Ziel wurde die Erhöhung der Termintreue benannt.

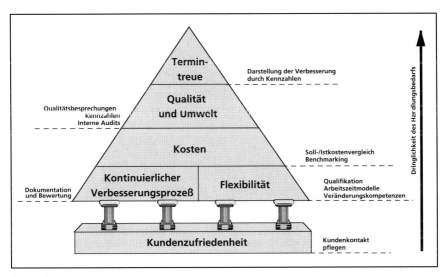

Bild 1: Zielsystem

Um die Verbindung zwischen den Zielen und Strategien des Leitsystems (Denken) und dem operativen Tagesgeschäft (Handeln) herzustellen, wurde anschließend das „allgemeine Regelkreismodell" entwickelt. Es stellt eine generelle Vorgehensweise für kontinuierliche Optimierungsvorgänge dar. Die darin zugrundegelegte Methodik unterstützt den Menschen in der permanenten Reflexion und Gestaltung von Arbeit, Prozessen und Abläufen. Dadurch, daß er „nur" den Lösungsweg, nicht aber die Lösung erhält, wird er gezwungen, seine Kreativität im Sinne der Unternehmensziele einzusetzen und weiterzuentwickeln. Mittels vernetzter Regelkreise können auch bereichsübergreifende Optimierungsvorgänge unterstützt werden.

Die Startphase der rechtlichen Selbständigkeit war zunächst geprägt von betriebswirtschaftlichen und organisatorischen Feinarbeiten. Im Sommer 1996 wurde dann das Regelkreismodell detailliert und in zwei Pilotbereichen umge-

setzt. Die Auswirkungen zeigten sich direkt auf der Motivations- und Verhaltens-
ebene. Die Mitarbeiter wurden durch die Arbeit mit dem Regelkreismodell derart
für die Thematik Termintreue sensibilisiert, daß die Termintreue spontan um cirka
20 % Prozent verbessert werden konnte. Ein weiterer, unerwarteter Effekt war, daß
für das in einem ersten Regelzyklus betrachtete Produkt eines Pilotbereichs eine
Neukonstruktion angeregt wurde.

Eine weitere Methode wurde im Zusammenhang mit der organisatorischen Integration entwickelt und erfolgreich eingesetzt. Die „Methode zur Erarbeitung organisatorischer Mischformen" machte es einem sechsköpfigen Kernteam und
zwanzig weiteren Beteiligten möglich, in nur fünf Wochen die Ablauf- und Aufbauorganisation für das „Cost-Center Mechanik" mit mehr als 400 Mitarbeitern
festzulegen. Durch die Methodik wurde eine strukturierte, sachliche Diskussion
erzwungen, was außer der kurzen Planungszeit vor allem die Akzeptanz der
Lösung verbesserte.

Ergebnis dieser Planung ist eine neue Ablauf-/Aufbauorganisation, die sich
durch mehr Objektorientierung, weniger Schnittstellen entlang der Auftragsabwicklung und mehr Freiräume für flexiblen Mitarbeiteraustausch auszeichnet. In
der Gesamtbetrachtung der Maßnahmen konnte bis Januar 1997 eine Verbesserung
der Termintreue um 30 Prozentpunkte verzeichnet werden.

4. Ausblick

Gemäß dem evolutionären Ansatz werden 1997 weitere Schritte zur Verbesserung
von Marktnähe und Dynamik unternommen. Im Rahmen der konsequenten Weiterentwicklung um agilen Wettbewerber werden Philosophie, Strategie und Ziele
der Schenck-Fertigungs-GmbH neu definiert. Das bisherige Grundverständnis,
kostendeckend zu arbeiten und sich fast ausschließlich auf die Schenck-Unter-
nehmensbereiche auszurichten, wird revidiert. Die Schenck-Fertigungs-GmbH
will jetzt als eigenständiger Wettbewerber auf dem Markt für technologisch anspruchsvolle Fertigungsdienstleistungen antreten, was eine noch stärkere Verankerung von Außenorientierung und damit letztlich eine weitere Dynamisierung
zur Folge hat.

Effekte durch DYNAPRO:

- Erhöhung der Termintreue um 30 Prozentpunkte
- Erhöhung der Produktivität
- Erhöhung der Ziel- und Chancenorientierung
- Verbesserung der Kundenzufriedenheit
- Verringerung von Auftragsliegezeiten

6   Der schwere Weg aus der Krise

Beispiel DLH
von Hans-Joachim Militky und Gottfried Rössel

Das Unternehmen auf einen Blick

Name: Druck- und Lederfarben Halle GmbH
Sitz: Halle/Saale
Branche: Chemie
Mitarbeiter: 52
Produkte: Druckfarben, Lederfarben

---

1.   Ausgangssituation und Entwicklung

Der bisherige Weg von DLH in Richtung dynamischer, fraktaler Strukturen ist im ersten DYNAPRO-Buch ausführlich beschrieben. Lesen Sie einfach dort nach (gez. Der Verlag).

Im Frühjahr 1996 waren die wesentlichen Aktivitäten für die Strukturveränderung weit fortgeschritten:

- das Konzept für die Gestaltung der fraktalen Fabrik existierte und war in mehreren Beratungen bestätigt worden,
- die Rechte und Pflichten sowie die Spielregeln für das Zusammenwirken der neuen Struktureinheiten wurden festgelegt,
- Voraussetzungen für die künftig erforderliche neue Arbeitsweise lagen in sehr differenziertem Umfang vor.

Dieser Entwicklungszeitraum war durch zwei Tendenzen bestimmt:

- einerseits wurden systematisch immer mehr Voraussetzungen für die bevorstehende Fraktalisierung geschaffen,
- andererseits beeinflußte die Geschäftslage die Veränderung der Produktionssortimente und auch die traditionell ausgerichtete Iso-Zertifizierung behinderte teilweise die Neustrukturierung.

Obwohl in diesem Zeitraum eine Reihe verschiedener Einzelaktivitäten erfolgreich abgeschlossen wurden, erfolgte der geplante fundamentale Umbruch noch nicht.

2. Hauptaufgaben und Stand der Realisierung

Für die weitere Entwicklung zur fraktalen Fabrik waren vier Aufgabenkomplexe von besonderer Bedeutung. Bei der Lösung dieser Aufgaben konnte das bisherige DLH-Niveau durchbrochen und entschieden verbessert werden, im einzelnen ging es dabei um:

- Zielfindung und Zielvereinbarungen für Fraktale,
- Kostentransparenz und Kostenrechnung für Fraktale,
- das Informationssystem unter den Bedingungen der fraktalen Fabrik und
- die Verstärkung der Kundenorientierung

2.1 Zielfindung und Zielvereinbarungen für Fraktale

Die bereits 1994 begonnene Zielberatung und Problemdiskussion mußte spezifiziert und konkretisiert werden, um die Zielfindung der Fraktale zu unterstützen. Dazu wurden zwei Gruppen von Zielen unterschieden, nämlich

- harte Ziele (Umsatzsteigerung, Kostenziele usw.) und
- weiche Ziele (Zeitmanagement, Innovationen usw.).

Bild 1: Entwurf des Zielsystems -„Weiche Ziele"

Harte und weiche Ziele bilden eine Einheit. Nur durch die aktive Steuerung und Sicherung der weichen Ziele wird es künftig möglich sein, die prinzipiellen ökonomischen Ziele, also die harten Ziele, zu erreichen. Das hier vorgestellte Zielsystem war wiederholt Gegenstand von Beratungen mit dem Management. Das System ist noch nicht voll implementiert.

250

Um die Manager der Fraktale, insbesondere aber die Mitarbeiter der Fraktale zu mobilisieren und zu motivieren, wurden Zielvereinbarungen als wichtige Möglichkeit vorgeschlagen. Dabei ging es zuerst darum, Konsens zu finden zu den Zielen, dem Vorgehen und den wichtigsten Ergebnissen von Zielvereinbarungen in den Arbeitsgruppen. Gleichzeitig mußte ein Weg zur Umsetzung der Ziele gefunden werden. Im Zentrum der Diskussion um diesen Weg stand die Frage der Schaffung der notwendigen speziellen Bedingungen als Voraussetzung zur Sicherung der Ziele. Durchgängig wichtig war der Gedanke, den Konsens von Management und Fraktalen im Zielfindungsprozeß zu sichern sowie die beiderseitige Verpflichtung, günstige Bedingungen für die Zielerreichung zu schaffen.

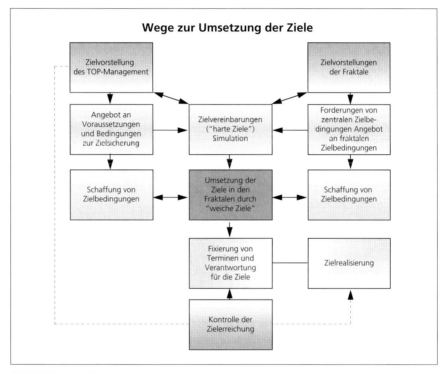

Bild 2: Wege zur Umsetzung der Ziele

2.1 Kostentransparenz und Kostenrechnung für Fraktale

Im Zusammenhang mit dem Kostenthema waren zwei Aufgabenkomplexe bedeutsam. Zum einen war es notwendig, eine bessere Kostentransparenz für Produkte zu schaffen, die insbesondere über den Produktions- und Forschungsaufwand sowie über Gewinn- und Verlustprodukte Auskunft geben. Man verspricht sich von diesen Maßnahmen eine nachhaltige Unterstützung von Produkt- und Innovationsstrategien.

Bild 3:Ökonomische Produktbewertung

Zum anderen waren Voraussetzungen für die Einführung der Kostenrechnung für die Fraktale zu schaffen. Wenn die Fraktale als „Unternehmen im Unternehmen" wirken sollen, so ist der Nachweis der entsprechenden Leistungen und der Kosten ein zwingendes Erfordernis.

Das Vorgehen erfolgte in mehreren Schritten.

a) Im Rahmen von Diskussionen zu den Rechten und Pflichten der Fraktale auf dem Gebiet der Kostenarbeit wurden zunächst einige Prinzipien formuliert, die bestimmte Grundorientierungen beinhalten. So wurde festgeschrieben, daß die Kostenstrategien und Kostensenkungsziele, aber auch die Kostenkontrolle, in der gemeinsamen Verantwortung von Unternehmen und Fraktalen liegen. Kostenplanung, Kostenerfassung und Kostensteuerung liegen aber in den Händen der Fraktale. Damit wird die Kostenverantwortung der Fraktale deutlich.

b) Ein Fraktalkostenmodell wurde entwickelt und diskutiert. Die Bildung der Fraktalkosten kann einerseits über eine entsprechende Gruppierung der zugeordneten Kostenstellen erfolgen, andererseits ist die Fraktalkostenermittlung über die Erfassung der direkten und indirekten Kosten bzw. deren Aufschlüsselung möglich.

c) Gestützt auf die Fraktalkostenrechnung wurde ein Modell zur Erfolgsrechnung mit entsprechend gestaffelten Systemen mehrerer Deckungsbeiträge entwickelt und zur Diskussion gestellt.

2.3 Das Informationssystem unter den Bedingungen der fraktalen Fabrik

Das Ziel bestand darin, ein Informationssystem zu gestalten, das den fraktalen Prinzipien entspricht. Zunächst mußten die hierarchischen Informationsprinzipien aufgebrochen werden, um den Informationsbedarf der Fraktale ins Zentrum zu rücken. Um das informationelle Zusammenspiel aller Strukturelemente auf möglichst rationelle Weise sicherzustellen, wurden fünf Informationskreise definiert:

1. Das informelle Gesamtsystem, das die wichtigsten Informationsflüsse wie Zielvereinbarungen, Informationen über Umsätze, Deckungsbeiträge, Kunden usw. enthält. Diese Informationen sind weitgehend offen und ständig zugriffsbereit.

2. Die Auftragserledigung in den Fraktalen beinhaltet vor allem fraktalinterne Informationsflüsse (Vertrieb, Innendienst, Forschung und Entwicklung, Produktionsvorbereitung, Produktion, Qualitätssicherung, Versand) sowie die Kundenbeziehungen, deren Informationsbasis in letzter Zeit angereichert wurde. Die Informationsflüsse in den Fraktalen laufen unreglementiert in Eigenverantwortung und gestützt auf die Eigeninitiative der Mitarbeiter. Für die Informationsgestaltung in den Fraktalen gelten folgende Prinzipien:

- ein neues Niveau der Kundeninformationen und des Kundenfeedbacks muß erreicht werden,
- in den Fraktalen gilt ein offenes Informationsgeschehen als Grundlage dafür, daß jeder Mitarbeiter denken, informieren, handeln und verantworten kann.
- das Manövrieren der Fraktale erfordert aktuelle Information, Tempo und Flexibilität.

3. Das Informationssystem zur Strategieentwicklung dient der schrittweisen Entwicklung von Unternehmensstrategien im Zusammenspiel von Top-Management, Fachkreisen und Fraktalen.

4. Der Informationskreis „Zusammenspiel zwischen den Fraktalen" beinhaltet die wechselseitigen Informationen zwischen den Fraktalen.

5. der letzte Informationskreis enthält Kopplungen zwischen Stabsorganen und Fraktalen. Dabei arbeiten die Stabsorgane verstärkt als Dienstleister für die Fraktale.

Die rechentechnischen Vorbereitungen zur Umsetzung des Informationssystems sind weit fortgeschritten, wichtige Teile funktionieren bereits, weitere werden mit dem Start fraktaler Strukturen nutzbar sein.

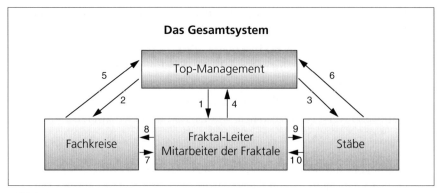

Bild 4: Das Gesamtsystem

2. 4 Die Verstärkung der Kundenorientierung

Hierbei ging es im Kern um die Qualifizierung der Kundenanalysen, die Bewertung der Kunden und die Ermittlung der Kundenzufriedenheit.

- Die Qualifizierung der Kundenanalysen

DLH besitzt schon seit einiger Zeit Erfahrungen mit der Arbeit an Kundenanalysen. Diese Analysen differierten nach Umfang, Art und Inhalt sehr stark. Die Arbeitsgruppe einigte sich auf bestimmte Schwerpunkte (Kategorisierung der Kunden, wirtschaftliche Lage und Spezifika des Kunden, Kaufverhalten und Vertriebsinformationen). Damit wurde zunächst eine Vereinheitlichung erreicht. Informationen werden systematisch erfaßt und bewertet.

- Die Bewertung der Kunden

Bei DLH wird ein differenziertes Verhalten gegenüber den Kunden immer wichtiger. Hieraus erwuchs die Notwendigkeit, Kundenbewertungen durchzuführen. Zunächst erfolgte die Abgrenzung von Kundengruppen (A, B, C, D – Kunden) nach bestimmten Kriterien. Für die A-Kunden werden bereits differenzierte Verhaltensnormen wirksam.

- Die Ermittlung der Kundenzufriedenheit

Die Kundenzufriedenheit erlangt als wesentliche Steuerungsgröße bei DLH immer größere Bedeutung. Ausgehend von der inhaltlichen Bestimmung der Kundenzufriedenheit als „Empfindung des Kunden durch seinen Vergleich von wahrgenommenem Wertgewinn (als Resultat des Kaufs) und erwartetem Wertgewinn (vor dem Kauf) wurde ein System zur Messung und Bewertung der Kundenzufriedenheit entwickelt (Bild 5). Die praktische Umsetzung des Modells auf die Belange von DLH machte vor allem die Festlegung entsprechender Kriterien erforderlich. Als für die Kundenzufriedenheit besonders wichtig wurden die Kriteri-

254

en Service, Timing, Qualität, Preis, Produktmix und Reaktion auf Sonderwünsche eingeschätzt. Dabei wurde deutlich, daß die Kundenerwartung keinesfalls in allen Punkten nur Spitzenleistungen erfordern. Typisch ist, daß sehr differenzierte Kundenerwartungen vorliegen. Die Ermittlung der Kundenzufriedenheit befindet sich bei DLH in der Erprobung.

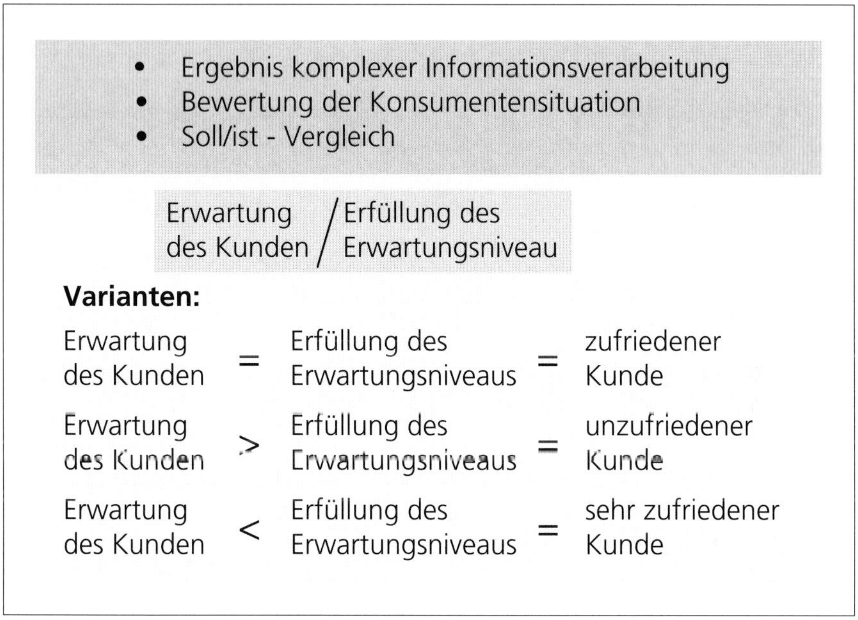

- Ergebnis komplexer Informationsverarbeitung
- Bewertung der Konsumentensituation
- Soll/ist - Vergleich

$$\frac{\text{Erwartung des Kunden}}{\text{Erfüllung des Erwartungsniveau}}$$

Varianten:

$$\frac{\text{Erwartung des Kunden}}{} = \frac{\text{Erfüllung des Erwartungsniveaus}}{} = \text{zufriedener Kunde}$$

$$\frac{\text{Erwartung des Kunden}}{} > \frac{\text{Erfüllung des Erwartungsniveaus}}{} = \text{unzufriedener Kunde}$$

$$\frac{\text{Erwartung des Kunden}}{} < \frac{\text{Erfüllung des Erwartungsniveaus}}{} = \text{sehr zufriedener Kunde}$$

Bild 5: Messung der Kundenzufriedenheit

Die Arbeit in diesen Bereichen hat bei DLH die Kundenorientierung spürbar verstärkt. Infolge der Analysen wurden intensive Diskussionen über die die Kundenzufriedenheit bestimmenden Leistungsparameter geführt und Verbesserungen eingeleitet.

3. Ausblick

DLH steht unmittelbar vor der Fraktalisierung. einige Vorarbeiten sind noch zu leisten, das betrifft u.a. personelle Abklärungen, die Neugestaltung der Abläufe und die Entwicklung des Stimulierungssystems. Wichtig ist jetzt die schrittweise Entwicklung einer neuen Arbeitsweise, die sich einerseits auf neue Führungsstile und Führungsprinzipien, andererseits auf dezentrale Entscheidungen und erhöhte Teamverantwortung stützen wird. Auf dieser Basis soll die dauerhafte Wettbewerbsfähigkeit von DLH umfassend gesichert werden.

Effekte durch DYNAPRO:

- innovative Erneuerung des Produktsortiments (ca. 40 %)
- Steigerung der Produktivität (Zeitraum 1994-1997 um ca. 102 %)
- Senkung der Bestände (ca. 30 %)
- Verkürzung der Lieferfristen (ca. 10 %)
- Verbesserung der Kundenorientierung und Erhöhung der
- Kundenzufriedenheit.

7 Condat: ein DV-Dienstleister im turbulenten Umfeld

von Erika Grimm, Dirk Markfort und Claudia Schulz

1. Das Unternehmen Condat

Als Software- und Beratungshaus bietet Condat integrierte Systemlösungen für alle Elemente komplexer Informations- und Kommunikationsaufgaben. Die Leistungen reichen dabei von der Beratung zu Organisations- und Technologiefragen über die Realisierung der Softwareentwicklung bis hin zu Wartung, Support und Schulung.

Das Unternehmen wurde 1979 gegründet und beschäftigt heute 100 Mitarbeiter, im Hauptsitz in Berlin, der Condat DV-Beratung, Organisation, Software GmbH, und in der Tochtergesellschaft in München, der Condat Informationssysteme für die Industrie GmbH.

2. Entwicklung von Condat

Flexible Arbeitszeiten – das Condat-Arbeitszeitmodell

Die DV-Branche ist vor allem durch rasante Technologie-Entwicklung und damit verbundene permanente Veränderung charakterisiert. Um ihre Marktposition halten und ausbauen zu können, müssen sich die betreffenden Unternehmen auf diesen stetigen Wandel einstellen. Die Condat hat seit ihrer Gründung Erfahrungen damit gesammelt, die eigene Organisation an den Anforderungen des Marktes auszurichten. Eine Hauptforderung ist Flexibiltät. Condat reagierte darauf mit einem Arbeitszeitmodell, das die tägliche Arbeitszeit frei wählen läßt. Zum einen lassen sich damit die persönlichen Arbeitszeitbedürfnisse der Mitarbeiter berücksichtigen. Zum anderen gestattet es Anpassung an die Schwankungen der Arbeitsnachfrage. Das Condat-Arbeitszeitmodell, das 1989 festgeschrieben wurde, überläßt Beginn, Ende und Dauer der täglichen Arbeitszeit jedem einzelnen Mitarbeiter. Langzeiturlaub oder Sabbatjahr sind weitere Bausteine des Condat-Arbeitszeitmodells.

Zertifiziertes Qualitätsmanagementsystem

Nach der Diskussion, Dokumentation und Umsetzung von Produktionsprozessen (Projektabwicklung) in den einzelnen Bereichen begann Condat 1993 mit der Einführung eines unternehmensweiten Qualitätsmanagementsystems. Dabei wurden auch die bereichsübergreifenden Produktionsprozesse diskutiert und dokumentiert. Ergebnis dieser Auseinandersetzung ist das Condat-Qualitätsmanagementsystem, das 1995 nach DIN EN ISO 9001 zertifiziert wurde. Dieses Zertifikat belegt den Anspruch der Condat auf höchste Qualität bei der Projektabwicklung, aber auch bei der Gestaltung interner Prozesse (Marketing, Verwaltung).

Förderung der Kooperation

Kunden erwarten integrierte Gesamtlösungen. Dafür ist die Zusammenführung und Kombination verschiedensten Spezialwissens erforderlich. Ein Unternehmen allein kann unmöglich alles Spezial-Know-how erwerben. Die Lösung heißt Kooperation. Sie ist zu einem zentralen Element der Geschäftsfeldfestigung und -erweiterung geworden.

3. Neue Herausforderungen – der Markt

Die Marktsituation, in der Condat operiert, macht folgende Aussage des Geschäftsführers Pedro Schäffer deutlich:

„Vor zehn Jahren ging es bei Preisverhandlungen meistens darum, inwieweit wir unsere Preise erhöhen konnten, während es heutzutage nur noch darum geht, ob wir 20 oder 30 % im Preis nachgeben müssen!"

Was ist geschehen? Viele Produkte und Entwicklungen in der Softwareindustrie sind nicht mehr auf Technologien und Know-how von Industrieländern angewiesen. Geeignete Hardware läßt sich mittlerweile überall auf der Welt finden und auch die notwendigen Programmierkenntnisse sind heutzutage weltweit verfügbar. So ist es kein Wunder, daß bei der Softwareentwicklung ähnliche Tendenzen wie in einigen Bereichen der Fertigungsindustrie zu verzeichnen sind: Die Abwanderung der Arbeit in die sogenannten Billiglohnländer. In diesem Zusammenhang hat sich in jüngster Zeit der südostasiatische Raum besonders hervorgetan. In Indien beispielsweise arbeitet ein Softwareentwickler für einen Stundenlohn von 20,– DM (bei nur einem Bruchteil der hiesigen Lohnnebenkosten) und verfügt dennoch über dieselbe Technologie und dasselbe Know-how.

Dieser Trend zwingt deutsche DV-Unternehmen zum Umdenken. Das Augenmerk liegt deshalb auf höherwertigen Dienstleistungen, auf dem Kundenservice und auf der Art und Weise der Leistungserbringung. „Hier liegen die Potentiale für Verbesserungen: Für das Unternehmen selbst, und für den Kundennutzen."

Ein weiterer Markttrend ist die zunehmende Nachfrage von Standardlösungen. Während früher jedes Unternehmen eine spezifische Lösung für sich beanspruchte (auch aus Ermangelung von Alternativen), kommen heute vor allem flexible Standardlösungen zum Einsatz. Eine der wesentlichsten Dienstleistungen der Condat ist daher die Beratung der Kunden bei Auswahl, Anpassung und Einführung der geeigneten Standardlösungen. Das erfordert die Kenntnis des Angebotes sowie die genaue Analyse der spezifischen Anforderungen der Kunden.

Für die Mitarbeiter resultiert aus diesen Entwicklungen permanentes Um- und Neulernen. Bereitschaft und Fähigkeit zur Veränderung werden zum entscheidenden Erfolgsfaktor.

Es gab für Condat zwei Gründe, am Projekt DYNAPRO mitzuarbeiten: Erstens erwartet das Unternehmen Anregungen für die eigene Entwicklung, und zweitens soll die Chance genutzt werden, eigene Erfahrungen weiterzugeben.

4. Das Projekt DYNAPRO

4.1 Ziele

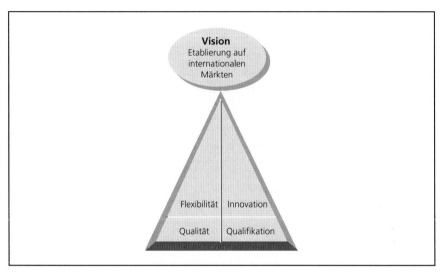

Bild 1: Zielpyramide

Zukünftig will Condat ihre traditionellen Leistungsschwerpunkte erweitern und Software-Produkte aus dem Kommunikationsbereich international vermarkten.

Auf der operationalen Ebene stehen – neben der Flexibilität gegenüber den Kunden und der Entwicklung von innovativen Produkten – die Entwicklung der Veränderungskompetenz im Vordergrund. Veränderungskompetenz zielt dabei auf die Bereitschaft der Mitarbeiter, sich neuen Aufgaben und Anforderungen zu stellen. Für das Produktgeschäft sind neben dem vorhandenen Entwicklungsteam vor allem ein kompetentes Produktmanagement und ein überzeugendes Marketing mit einem schlagkräftigen Vertrieb aufzubauen.

Auf der Grundlage dieser Zielstellungen wurden die konkreten Projektziele abgeleitet:

– Entwicklung eines dynamischen Produktentwicklungs-Prozesses, welcher Entwicklung, Management und Marketing umfaßt
– Analyse und Weiterentwicklung der Unternehmenskultur.

Die Projektziele wurden von den Wissenschaftlern des IFF und a&o research GmbH zunächst getrennt, später in gemeinsamer Arbeit aufgegriffen und bearbeitet.

4.2 Das Projektvorgehen

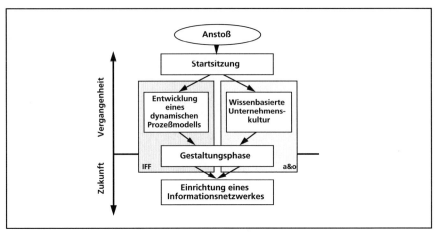

Bild 2: Phasen des Projektes

5. Entwicklung eines dynamischen Prozeßmodells

5.1 Produktentwicklung bei Condat

Eine der Zielsetzungen im Projekt DYNAPRO beinhaltet die Gestaltung und transparente Darstellung des Produktentwicklungsprozesses, welche das Qualitätsmanagementsystem der Condat ergänzen wird. Dadurch soll zum einen ein Innovationsprozeß sichergestellt werden, welcher die erfolgreiche Vermarktung der Produkte gewährleistet, und zum anderen den Mitarbeitern der Condat bei der Bearbeitung eines solchen Prozesses als Leitfaden dienen.

Um das gegenwärtige Vorgehen bei der Produktinnovation beurteilen zu können, wurde die Entwicklung des Condat Radio Tester (Condat RT) (s. Abb.) exemplarisch über den gesamten Zeitraum verfolgt.

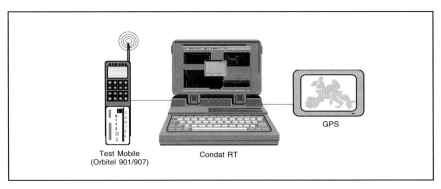

Bild 3: Condat Radio Tester (RT)

260

Dabei stellt sich der Prozeß zur Produktentwicklung wie folgt dar:

Ausgehend von einer Idee oder dem Erwerb von Rechten aus anderen Entwicklungsprojekten werden die Marktpotentiale und geforderten Produktanforderungen in einem ersten Wurf eruiert.

In dieser Phase müssen erste Anforderungen an mögliche Partner (z.B. in bezug auf die zu nutzende Technologie oder den notwendigen Vertrieb) berücksichtigt werden. Daraufhin kann von der Geschäftsführung eine Entscheidung über den Start der Produktentwicklung getroffen werden. Erfolgt dieser, wird ein Budget verabschiedet und ein Produktmanager eingesetzt. Von da an übersieht der Produktmanager die weitere Entwicklung und Vermarktung des Produktes. Wesentliche Teilaspekte sind dabei die Konzeption der Marketing- und Vertriebsaktivitäten, die Suche nach Kooperationspartnern, die Beobachtung des Marktes und die Ableitung von Funktionalitäten für das Produkt. Daran anschließend werden durch den Produktmanager die gesammelten Anforderungen in Lasten- und Pflichtenhefte projiziert und als interne Projekte vergeben.

Der Einsatz des Produktmanagers ist zur Trennung in „Außen- und Innenaktivitäten" notwendig. Positiv wirkt sich die Trennung von Markt- und Produktverantwortlichkeit auf die Bearbeitung/Handhabung des Projektes und die Abbildung im existierenden Prozeßmodell / Qualitätsmanagementsystem aus. Wichtige Voraussetzung ist allerdings eine übergreifende Kompetenz des zu bestimmenden Produktmanagers, welche sich über den gesamten Bereich des Phasenmodells erstrecken sollte. Eine weitere Notwendigkeit ist der kontinuierliche Abgleich zwischen Produktmanager und Bearbeitern. Ziel dieses kontinuierlichen Abgleichs ist aber nicht nur der Austausch von Informationen, sondern auch der permanente Fokus auf das angestrebte Ziel.

6. Unternehmenskultur

Mit dem Anspruch, sich permanent auf dem Weg zum „Lernenden Unternehmen" zu bewegen, fördert Condat eine Unternehmenskultur, die auf offenen Kommunikationsbeziehungen, Nutzung des hohen Kompetenzpotentials der Mitarbeiter, Lernen in der Arbeit und Identifikation der Mitarbeiter mit den Unternehmensaufgaben beruht und diese Merkmale zugleich weiter ausprägen hilft. Es lag daher nahe, daß im Projekt die Analyse der Unternehmenskultur und die Erarbeitung von Handlungserfordernissen für ihre weitere Ausgestaltung im Vordergrund standen.

Mitarbeiterbefragung
Als Basis für eine Analyse der Unternehmenskultur diente eine Mitarbeiterbefragung mit dem Ziel, die subjektiven Deutungen der verschiedenen Situationen durch die Organisationsmitglieder zu erheben und danach zu fragen, ob und wodurch sie sich als „Sinngemeinschaft" ausweisen bzw. welche Werte, Normen und Überzeugungen im Unternehmensalltag das Verhalten der Organisationsmitglieder prägen.

Die Befragung wurde schriftlich durchgeführt, mit teilstandardisierten (offene und geschlossene) Fragen zu unternehmenskulturellen Merkmalen wie zum Beispiel Unternehmensziele, Betriebsklima, Führungsstile und Führungserleben, Arbeitsinhalt, Partizipation, Information und Kommunikation. Der Fragebogen wurde gemeinsam in der Projektgruppe erarbeitet. Der Vorteil dieses Instrumentes ist vor allem darin zu sehen, alle Mitarbeiter einbeziehen zu können.

Diskussion der Ergebnisse und Beschreibung der Unternehmenskultur
Die Ergebnisse der Befragung lassen sich wie folgt zusammenfassen:

Die Beschäftigten bei Condat empfinden sich als selbständige Mitarbeiter. Sie sind bestrebt, ein maximales Maß an Eigenverantwortung zu tragen und besitzen den entsprechenden Handlungsspielraum.

Bei der Bewertung ihrer Leistungen werden Mitarbeiter nicht auf ihre spezifischen Fachkompetenzen reduziert, sondern in ihrer Ganzheitlichkeit gesehen. Dabei rangiert die Fähigkeit und Bereitschaft zum Kommunizieren und Lernen auf der Wertescala auf derselben Position wie die fachliche Qualifikation. Die Tätigkeits- und Anforderungsprofile erfordern bei Condat eine hohe Lernbereitschaft und ständige interne und externe Weiterbildung. Die Qualifikationsstruktur der Beschäftigten entspricht diesen Anforderungen. In erster Linie haben die Mitarbeiter Fachhochschul -(24 %) und Hochschulabschlüsse (62 %) erworben.

An die Stelle festgeschriebener Organisationsstrukturen und Organigramme treten in der Condat selbständige Einheiten und flexible Arbeitsgruppen. Es sind heterogene Gruppen, die aus Fachleuten unterschiedlicher Herkunft bestehen. Die Mitarbeiter, vor allem Softwareentwickler und Organisationsberater, sind in einer Vielzahl verschiedener Projekte, die zeitlich befristet sind (Aufträge), tätig. Die Hierarchien sind sehr flach (Projektebene, Bereichsebene und Geschäftsführung). Diese Arbeitsweise erfordert eine entsprechende Führungskultur. Anstelle von Kontrolle und Überwachung sind Vertrauen, Kompetenzentwicklung selbständiges Handeln der Mitarbeiter die Führungsprinzipien der Condat.

Offenheit in den zwischenmenschlichen – und Arbeitsbeziehungen, Offensein sowohl für Probleme und Fragen als auch Neuem gegenüber, gegenseitige Hilfe und Unterstützung, Anerkennung und Selbstbestimmung sind wichtige Säulen des Betriebsklimas bei Condat. Mit dem flexibel gestalteten Arbeitszeitsystem und der praktizierten Teamarbeit erleben die Mitarbeiter, wie individuelle und Unternehmensziele in Übereinstimmung gebracht werden können, wenn in Mitarbeitern mehr als nur Fachkräfte oder Experten gesehen werden. Die Mitarbeiter bei Condat haben dazu viele Möglichkeiten. Anspruchsvolle Arbeitsinhalte, ständig neue Projektthemen, wechselnde Projektteams und Konfrontation mit neuesten wissenschaftlich-technischen Entwicklungen sind gut geeignet, Leistungsbereitschaft und Leistungsmotivation zu fördern.

Verschiedene Foren (Projekt-, Bereichs- und Mitarbeiterberatungen) werden dafür genutzt, den Mitarbeitern Rollenerwartungen und Ziele zu vermitteln. Einen besonderen Stellenwert nehmen dabei Mitarbeitergespräche ein. Diese werden bei

Condat einmal im Jahr mit allen Mitarbeitern durchgeführt. Im Rahmen der Zertifizierung wurde ein Handbuch für Mitarbeitergespräche entwickelt. Gesprächsinhalte, Ziele der Gesprächsführung und Gesprächsablauf finden damit für alle Mitarbeiter nach einem gewissen „Standard" statt. Sie umfassen neben einer Selbst- und Fremdeinschätzung zum Leistungsstand auch andere Faktoren, wie beispielsweise die Beziehung zwischen Vorgesetzten und Mitarbeitern.

7. Der Übergang von der Analyse- zur Gestaltungsphase

Informationsbedürfnisse und Zugänglichkeit von Information

Es wurde schon auf das bei Condat aufgeschlossene Informations- und Kommunikationsklima an anderer Stelle eingegangen. Ausgeblendet blieb bisher die Frage, wie die Dialogfähigkeit (gegenseitiger Austausch) der Informations- und Kommunikations-Syteme beurteilt wird. In der Mitarbeiterbefragung wurden deshalb die verschiedenen Aspekte zu diesem Thema aufgegriffen.

Übertragen auf das betriebsspezifische Informationssystem bei Condat läßt sich die Ist-Situation wie folgt charakterisieren:

Die informationspolitische Ausrichtung der Geschäftsführung weist eine stark ausgeprägte Mitarbeiterorientierung auf. Das Informationsverhalten der Führungskräfte, hat als Vermittlungsglied einen entscheidenden Einfluß auf die Qualität des Informationsprozesses. In der Untersuchung wurde deutlich, daß sowohl Häufigkeit als auch Intensität des Informationsaustausches zwischen Führungskräften und Mitarbeitern weiter verbessert werden sollte.

Die Vielzahl der Informationskanäle und -formen bei Condat sind gut geeignet, um den verschiedenen Informationsbedürfnissen der Mitarbeiter gerecht zu werden. Regelmäßige Beratungen, Mitarbeitergespräche, E-Mail, Intranet, Internet, Mitarbeiterzeitung, Broschüren, Ausstellungen, Feste, Ausflüge prägen das innerbetriebliche Informationswesen.

Trotzdem bleibt festzustellen, daß die vielfältigen Formen des Informationsaustausches noch nicht in dem von den Mitarbeitern gewünschten Maße zur Transparenz der bereichsübergreifenden Prozesse beitragen.

Folgende vier Informationsgebiete sind von den Mitarbeitern als relevant für Verbesserungen von Information und Kommunikation bezeichnet worden:

- Organisation
  z.B. Entscheidungsfindung und -begründung zu interessierenden Themen, Verbesserung der Kommunikationsformen

- Wirtschaftliche Lage der Firma
  z.B. beabsichtigte Veränderungen in der Firma

- Arbeit und Arbeitsplatz
  z.B. Erwartungen und Anforderungen an die Arbeit, Karriere- und
  Aufstiegsmöglichkeiten

- Projektübergreifende Informationen
  z.B. Arbeit der anderen Projektgruppen, Ressortdenken vermeiden
  und Transparenz zwischen den Bereichen erhöhen

8. Ein dialogfähiges Informationsnetzwerk

Das Projektvorgehen knüpft zum einen an die Rückkopplungsfähigkeit der Informationskanäle und zum anderen an die Zugänglichkeit von Informationen an.

Diese Orientierung ergibt sich aus den Intentionen der Geschäftsführung zur effektiveren und leistungsförderlichen Informationsgestaltung. Weitere Faktoren sind die Informationsbedürfnisse der Mitarbeiter und der Stellenwert, den die Zugänglichkeit von Informationen besitzt. Sie wirken sich unmittelbar auf die Unternehmenskultur des Unternehmens aus. Eine besondere Rolle bei Condat spielen dabei elektronische Informationskanäle, das Intranet.

Das Ziel besteht darin, ein Intranet als betriebsinternes Informationsnetzwerk einzurichten, um den hierarchie- sowie unternehmensweiten Informationsaustausch zu fördern, die Zugänglichkeit zu Informationen zu erhöhen und die Transparenz im Unternehmen zu verbessern. Informationen sollen ebenso frei von oben nach unten wie von unten nach oben fließen. Das Informationsnetzwerk soll direkten Informationsaustausch ermöglichen, um produktive Impulse für die dynamische Weiterentwicklung auf neuen Märkten zu sichern.

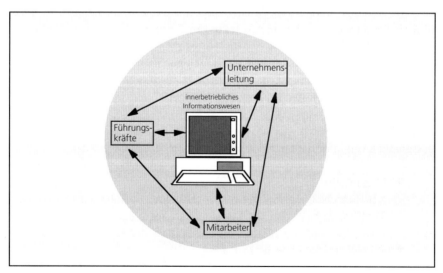

Bild 4: Intranet als Informationsnetzwerk

8   Der lokale Kooperationsverbund

Ein Weg Uebigauer Unternehmen in DYNAPRO
von Oliver Siegler, Helmut Hoffmann und Holger Lenk

Die Unternehmen auf einen Blick

Name: Uebigauer Elektro- und Schaltanlagenbau UESA GmbH
Sitz: Uebigau
Branche: Elektro, Engineering
Mitarbeiter: 201
Produkte: Schaltanlagen, Software, Engineering

Name: Felten & Guilleaume Schaltanlagen Uebigau GmbH
Sitz: Uebigau
Branche: Elektroindustrie
Mitarbeiter: 29
Produkte: Schaltanlagen

1.   Ausgangssituation und Entwicklung

Der Anstoß für die Entwicklung der Unternehmen in Uebigau erfolgte krisengetrieben. Zunächst waren es hauptsächlich Probleme im Zulieferkomplex, die den Betrieben zu schaffen machten. Bereits seit 1990 verschärften sich hier die Sorgen.

Zum einen werden aufgrund der Fertigung von Einzelprodukten viele unterschiedlich Liefanten benötigt, auf der anderen Seite verringern sich die Bestellvolumina dementsprechend. Die Zulieferfrage wurde mit Hilfe eines ganzen Maßnahmenbündels angegangen – der Kooperationsverbund war nur eines davon.

Hinzu kam eine zum Teil kurzfristig stark schwankende Auftragslage und die damit verbundene Personalkapazität – nicht immer stand genug qualifiziertes Personal zur Verfügung. Durch die geringen Volumina hatte das einzelne Unternehmen die mittelstandstypischen Probleme bei Verhandlungspositionen und Marktmacht. Man saß häufig am kürzeren Hebel. Ein weiteres Feld waren die Ressourcen: Investitionen in Maschinen, Software und dergleichen überstiegen oft die Möglichkeiten des Einzelunternehmens.

Unterstützt durch das Projekt DYNAPRO entwickelt sich der Standort Uebigau zu einem attraktiven Gewerbestandort. Infolge strategischer Überlegungen wurden dabei die Beziehungen der hier ansässigen Unternehmen untereinander entwickelt. Heute werden unterschiedliche Formen überbetrieblicher Kooperation betrieben. Wir bezeichnen diese angestrebte und entwickelte Struktur als lokalen Kooperationsverbund. Entscheidend ist hierbei das Merkmal „lokal". Nähe ist bei den angestrebten und umgesetzten Kooperationsbeziehungen ein wesentliches Element.

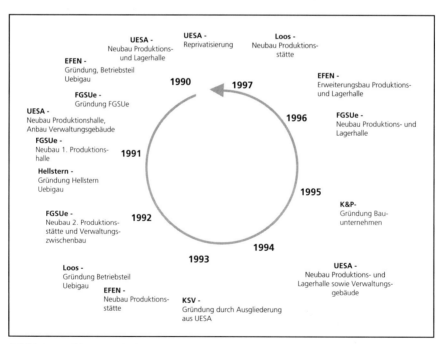

Bild 1: Entwicklungsgeschichte Uebigau

2. Ziele in DYNAPRO

Ansatzpunkt für die Zielsetzung war, daß die eigentlichen Wettbewerbsvorteile für ein mittelständisches Unternehmen, dessen Konkurrenz vorwiegend Konzerne darstellen, nur in der Schnelligkeit sowie der kundenindividuellen Behandlung bestehen können. Flexibel und schnell, also dynamisch zu sein heißt die Devise. Die Zielstellung besteht somit darin, Dynamik und Schnelligkeit als Wettbewerbsvorteile zu entwickeln.

Das geeignete Mittel schien in kooperativen Strukturen ausgemacht. Dabei ging es nicht um Kooperationen generell, auch strategische Allianzen oder Joint Ventures sind Kooperationsformen. Die Idee, die wir hatten, konzentrierte sich auf Kooperationen vor Ort. Wir setzten uns ein konkretes Ziel, das folgendermaßen lautete:

Ziel ist der Aufbau eines lokalen, nachhaltig wirksamen Wertschöpfungsverbundes, der sich auf dauerhafte Kooperationsbeziehungen stützt. Also ein lokaler Kooperationsverbund.

Dabei ging es darum, Unternehmen – und zwar nicht irgendwelche Unternehmen, sondern Zulieferer und Abnehmer unserer Produkte – am Standort Uebigau zu etablieren und mit diesen Kooperationen zu entwickeln, die diesen Namen auch verdienen. Die Kooperationsmöglichkeiten erstrecken sich potentiell über alle Ebenen unternehmerischer Aktivität, vom Personal bis zur Logistik.

Identifiziert werden die Kooperationspartner aus bestehenden Lieferbeziehungen, als Ansprechgelegenheit haben sich auch Messen und Ausstellungen bewährt. Die Kooperationspartner müssen in irgendeiner Form ein Nutzenpotential für

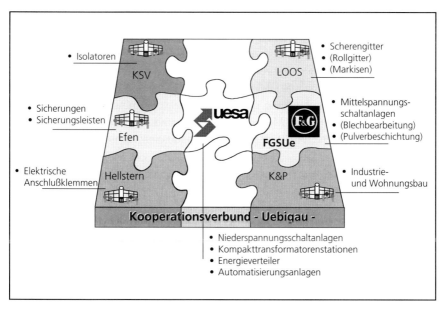

Bild 2: Kooperationsverbund Uebigau

die anderen Unternehmen darstellen. Folgende Voraussetzungen für die Teilnahme am Kooperationsverbund sind dabei von potentiellen Kooperationspartnern zu erfüllen:

- Vorhandensein individueller Kernkompetenzen,
- in verschiedenen Produktmärkten tätig (keine Konkurrenz) und
- ähnliche Produktionsanforderungen.

3. Beispiele der Zusammenarbeit im lokalen Kooperationsverbund

Die sich aus dem lokalen Kooperationsverbund ergebenden konkreten Kooperationen sind sehr vielfältig und zahlreich. Vieles findet auf einer informellen Plattform statt. Es gehen ihnen also keine großen Planungen und Dokumentationen voraus. Nachfolgend sind einzelne Beispiele der Zusammenarbeit aufgeführt, die das Spektrum der tatsächlich erfolgten Kooperationen veranschaulichen sollen:

- Gemeinsame Produktentwicklung ausgehend vom Kundenwunsch, z. B. „Klemme-Lasche" durch die UESA, EFEN und Hellstern.
- Herstellung von „gemeinsamen Produkten", d.h. der eine liefert das Material für den anderen. So sind z. B. bei den Mittelspannungsverteilungen der FGSUe wesentliche Zulieferkomponenten aus den Unternehmen UESA, Efen, Hellstern und KSV enthalten.
- Durchführung von kurzfristigem und mittelfristigem Personalaustausch, regelmäßig insbesondere zwischen der UESA und der FGSUe.
- Gemeinsame Nutzung von Maschinen und sonstigen Investitionsgütern (z. B auch die gemeinsame Nutzung einer EDV-Anlage).
- Gemeinsame Kundenaquisition: Tritt ein Unternehmen beim Kunden auf, verkauft es direkt oder indirekt auch die weiteren Unternehmen von Standort Uebigau mit bzw. baut Kontakte für diese auf.
- Gemeinschaftliche Nutzung und Erarbeitung von Know-How, insbesondere technisch, aber auch im Managementbereich und in sonstigen Bereichen wie z. B. bei der Erarbeitung von Qualitätsmanagementsystemen nach ISO 9000f..

Ein Grundsatz zum lokalen Kooperationsverbund, der auch als Fazit aus diesen Beispielen gezogen werden kann, ist folgender:

> Wenn ein Unternehmen am Standort Erfolg hat, profitieren auch die anderen Unternehmen davon.

Letztlich führen die Kooperationsbeziehungen auch zu einer gegenseitigen Motivation der Unternehmen am Gewerbestandort Uebigau. Man versucht sich gegenseitig zu entwickeln, weil ein starkes Eigeninteresse daran geknüpft ist.

Erste Erfahrungen

Durch die Erfahrungen, die wir mit der Umsetzung des Konzeptes „Lokaler Kooperationsverbund" gewonnen haben, können wir heute bestätigen, daß sich die meisten unserer Erwartungen erfüllt haben.

Im Ergebnis sind wir heute vor allem wesentlich dynamischer und flexibler als früher. Diese Dynamik resultiert daraus, daß wir u.a.

- schneller auf Anfragen reagieren können,
- Personal und Betriebsmittel kurzfristig austauschen können,
- neue Produkte gemeinsam schnell dem Umfeld entsprechend entwickeln können und
- in vielen Belangen unkompliziert und schnell zusammenarbeiten können.

Wir haben versucht, die sich für uns aus dem lokalen Kooperationsverbund ergebenden Vor- und Nachteile in einer Bilanz einander gegenüberzustellen. Für uns stellt sich ein eindeutiger Gewinn durch den lokalen Kooperationsverbund ein. Die aufgestellte Bilanz stellt dabei nur eine unvollständige, schematische Skizze unserer Verhältnisse dar. Sie kann infolge der vielen qualitativen Aspekte einer solchen Betrachtung nicht durch Zahlen belegt werden. Jedoch spricht der Erfolg der Unternehmen am Standort Uebigau für sich.

In der Kooperationsbilanz fällt auf, daß der wesentliche Vorteil in dem Dynamik- und Flexibilitätsvorteil ausgemacht werden kann. Gerade dieser Vorteil führt nach unserer Einschätzung und für unsere Situation zum Gewinn. Die Vorteile des lokalen Kooperationsverbundes überwiegen erheblich über die Nachteile. Zudem ist anzumerken, daß die theoretischen Nachteile des Kooperationsverbundes, die Kosten der Kooperation und teilweiser Verlust der Eigenständigkeit, als solche bisher von keinem Unternehmen empfunden wurden und daher vielleicht nicht zwangsläufig vorhanden sind bzw. als Investitionen für einen lokalen Kooperationsverbund zu betrachten sind.

Empfehlungen

Im Verlauf der Entwicklung des lokalen Kooperationsverbundes in Uebigau konnten wir viele Erfahrungen hinsichtlich der Kooperationsthematik sammeln, von denen die wesentlichsten im folgenden wiedergegeben werden. Zunächst einmal erfordert die Initiierung und Umsetzung von Kooperation in dem Sinne wie wir sie mit dem lokalen Kooperationsverbund verstanden wissen ein Kooperationsmanagement. Kooperation wird damit zu einer expliziten Aufgabe der Geschäftsführungen der beteiligten Unternehmen. Darüber hinaus wird es faktisch zu einer Aufgabe für jeden Mitarbeiter.

Bei diesem Kooperationsmanagement gibt es nach unseren Erfahrungen zum einen Dinge, die befolgt werden sollten, und zum anderen Dinge, die vermieden werden sollten. Das was vermieden werden sollte, die „Sünden des Kooperationsmanagements", sind unserer Meinung nach folgende:

Sünden des Kooperationsmanagements:

- komplizierte Vertragswerke
- nur den Ausbau/ die Optimierung üblicher vertikaler Zulieferbeziehungen anstreben
- vorschnelle Partnerauswahl

Dinge, mit denen wir im Verlauf unserer Arbeit gute Erfahrungen gemacht haben, für uns „Leitsätze zur Kooperation", sind folgende:

Leitsätze zur Kooperation:

- Kooperation funktioniert nicht sofort, sondern ist ein Ergebnis langfristiger Vertrauensbeziehungen
- Kooperation erfordert einen beiderseitigen Vertrauensvorschuß
- die Gegenseitigkeit (gegenseitige Abhängigkeit zur Zielerreichung) ist zu beachten und zu pflegen – alle müssen profitieren !
- in der Unternehmenskultur sind Kooperation und Flexibilität als wesentliches Element zu verankern – Kooperationskultur

Entscheidend für einen lokalen Kooperationsverbund sind gewachsene und wachsende Vertrauensbeziehungen. Kooperation ist damit eine langfristige strategische Option, die durch viele kurzfristige Operationen Inhalte erfährt.

4. Ausblick

Die Perspektive, die sich bei uns für das letzte DYNAPRO-Projektjahr sowie vor allem darüber hinaus ergibt, ist zweigeteilt. Zum einen soll der lokale Kooperationsverbund in Uebigau weiterentwickelt werden. Die Potentiale sowie die Dynamik am Standort Uebigau sind unserer Meinung nach noch lange nicht ausgeschöpft. Dieses gilt sowohl in der Hinsicht, daß weitere Kooperationspartner erwünscht sind, als auch dahingehend, daß zwischen den bereits ansässigen Unternehmen die Kooperationsbeziehungen noch weiter ausgebaut und intensiviert werden können.

Die eigentliche Projektperspektive zum anderen besteht jedoch darin, das Uebigauer Modell eines lokalen Kooperationsverbundes auf das Ausland zu übertragen. Durch die immer schwierigeren Absatzchancen in Deutschland, die auch, aber weniger mit einer starken inländischen Konkurrenz und entsprechenden Preiskriegen mit Großunternehmen, sondern vor allem mit Sättigungserscheinungen des nationalen Marktes zu tun haben, wird dieses erforderlich. Die Sättigungserscheinungen sind damit zu begründen, daß viele der in Uebigau gefertigten Produkte, z.B die Kompakttransformatorenstationen, eine Lebenszeit von mindestens 30 Jahren besitzen.

Neben der Entwicklung von neuen Produkten für den inländischen Markt sehen wir unsere Zukunft daher vor allem im Auslandsgeschäft, insbesondere in Osteuropa. Nationale Marktschwächen können so durch neue Märkte kompensiert bzw. überkompensiert werden. Da es für ein einzelnes Unternehmen relativ schwer ist, diesen Schritt zu wagen, sehen wir hier ebenfalls die Möglichkeit für den Kooperationsverbund. Zum einen soll dieses durch Kooperation ermöglicht werden, zum anderen, und darin liegt die Besonderheit, soll das „Modell Uebigau" real auch in einem osteuropäischen Staat entwickelt werden (vgl. Bild 3).

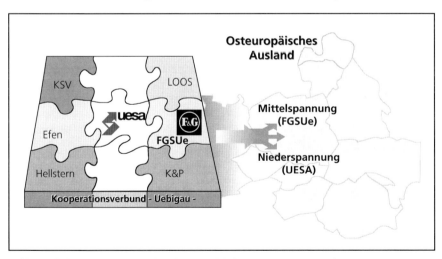

Bild 3: Lokaler Kooperationsverbund zur Erschließung eines neuen Marktes

Dies soll zunächst in einer kompakten Version geschehen. Entscheidend sind hierbei die Elemente Mittelspannung (FGSUe) und Niederspannung (UESA). Durch diese von Beginn an praktizierte Kooperation sollen die bereits erfahrenen Vorteile in Uebigau auch für die im Ausland zu erwartenden schwierigen Verhältnisse nutzbar gemacht werden. Wir erhoffen uns dadurch intern, d.h. innerhalb des Kooperationsverbundes und in der Zusammenarbeit der beiden Kooperationsverbunde, und extern gegenüber Turbulenzen absichern zu können. Die Planungen für dieses Vorhaben laufen und werden noch in diesem Jahr zu Umsetzungen führen.

Der Uebigauer Kooperationsverbund hat also das Feld krisengetriebener Veränderung in Richtung chancenorientierten Ausbaus verlassen.

Effekte durch DYNAPRO:

- Strategische Unternehmensausrichtung
- Dynamik- und Flexibilitätsvorteile
- Stärkung der Wettbewerbsfähigkeit

9 Vom Teilefertiger zum Komponentenlieferanten

vom Autorenteam Federnwerke Marienberg GmbH und PROREC Chemnitz GmbH

Leitaussagen:

- Der Strukturwandel in der Zulieferindustrie erfordert eine neue Unternehmensausrichtung mit starker Kundenorientierung.

- Dynamisch agieren bedeutet, den auf das Unternehmen einwirkenden äußeren Kräften adäquat innere Kräfte zur Gewährleistung des Gleichgewichtes entgegenzuhalten.

- Durch die spezifische Anwendung der Prinzipien Selbstverantwortung, Selbstähnlichkeit und Selbststeuerung im Zusammenwirken mit der Entwicklung von Veränderungsbereitschaft bei den Mitarbeitern konnte dynamisches Strukturverhalten im Unternehmen erreicht werden.

1. Das Unternehmen

Am Standort Marienberg (südlich von Chemnitz gelegen) werden heute in den Firmen Federnwerke Marienberg GmbH, mollana Polsterfederungen GmbH, WEMA Werkzeugbau Marienberg GmbH & Co. KG und SMB Spezialmaschinenbau GmbH & Co. KG folgende Produkte hergestellt:

- technische Federn,
- Draht- und Stanzbiegeteile,
- Komponenten für die Fahrzeugausstattung,
- Montagebaugruppen für Bremssysteme,
- Federungen für Polstermöbel und Matratzen,
- Werkzeuge und
- Spezialmaschinen

Die Firmen gehören seit 1991 zur oberfränkischen Unternehmensgruppe SCHERDEL Marktredwitz, einem europäischen Marktführer und weltweit tätigen Produzenten von technischen Federn.

Im Sinne einer überschaubaren Unternehmensorganisation innerhalb der Unternehmensgruppe wurden die Werke mollana, WEMA und SMB aus der Federn-werke Marienberg GmbH ausgegliedert.

Mit 580 Mitarbeitern, deren Anzahl seit 1992 im wesentlichen konstant geblie-ben ist, werden derzeit ca. 6.000 unterschiedliche Artikel pro Jahr an mehr als 800 Kunden geliefert.

Alle 4 Unternehmen sind nach DIN EN ISO 9001 zertifiziert. In den Bereichen der Fahrzeugteilefertigung wird gegenwärtig ein Qualitätsmanagementsystem nach VDA 6.1 und zukünftig auch nach QS 9000 aufgebaut.

Die weiteren Ausführungen konzentrieren sich auf die Federnwerke.

2. Die Ziele

Für die Geschäftstätigkeit und Entwicklung der Federnwerke sind die Unterneh-mensziele der SCHERDEL*Gruppe*

– Kundenzufriedenheit / optimalen Nutzen bieten
– Mitarbeiterzufriedenheit / Motivation
– Erweiterung der Marktanteile
– Innovationserfolg
– Schonung der Umwelt
– Verzinsung des Kapitals

uneingeschränkt maßgebend.

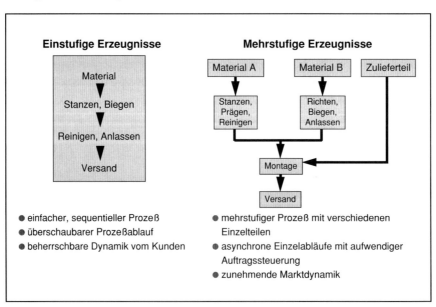

Bild 1: Prozeßschema für einstufige und mehrstufige Erzeugnisse

Spezifische Untersetzungen ergeben sich u. a. aus der Kunden- und Produktstruktur, dem Standort und den Besonderheiten bei der Umgestaltung zu einem marktwirtschaftlich arbeitenden Unternehmen. Ein zentrales Ziel ist dabei für die Federnwerke, die konsequente Entwicklung vom Teilefertiger (einstufige Erzeugnisse) zum Komponentenlieferanten (mehrstufige Erzeugnisse) fortzusetzen. Diese Wandlung wird durch Bild 1 illustriert:

3. Die Ausgangslage

Die Ausgangslage für die Federnwerke war durch die permanenten Veränderungen der äußeren Bedingungen und besonders den Strukturwandel in der Zulieferindustrie gekennzeichnet.

3.1. Permanente Veränderungen der äußeren Bedingungen

In den letzten Jahren haben sich Umfang, Art und Zeitverhalten der Umfeldbedingungen eines Unternehmens stark gewandelt. Dabei ist immer die Gesamtheit der auf ein Unternehmen einwirkenden äußeren Bedingungen zu betrachten.

Typische äußere Bedingungen, die auf ein Unternehmen wirken, sind:

1. Absatzmarkt
   – Kundenstruktur und Kundenverhalten
   – Wettbewerbsverhalten

2. Beschaffungsmarkt
   – Lieferantenstruktur und Lieferantenverhalten

3. Kapitalmarkt
   – Kreditwesen
   – Vergabe staatlicher Förderungen
   – Kursschwankungen,
   – Einführung Euro
   – Zusammenarbeit mit Banken

4. weitere Bedingungen
   – Zusammenarbeit mit Behörden, Institutionen der Region und des Staates
   – Steuerwesen und -gesetzgebung
   – Umweltschutz und -gesetzgebung
   – Sozialgesetzgebung und Tarifsystem

Welche von den genannten Bedingungen für ein Unternehmen die wesentlichen und entscheidenden sind, ist immer von dem konkreten Unternehmen, seinem konkreten Umfeld und der Zeit abhängig.

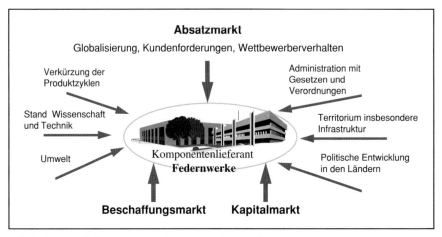

Absatzmarkt
Globalisierung, Kundenforderungen, Wettbewerberverhalten

Verkürzung der
Produktzyklen

Administration mit
Gesetzen und
Verordnungen

Stand Wissenschaft
und Technik

Territorium insbesondere
Infrastruktur

Umwelt

Komponentenlieferant
Federnwerke

Politische Entwicklung
in den Ländern

Beschaffungsmarkt **Kapitalmarkt**

Bild 2: Systematik der äußeren Einflüsse auf ein Unternehmen

Die aufgezeigten Bedingungen erforderten gerade für einen Betrieb der neuen Bundesländer, frühzeitig Maßnahmen einzuleiten, die ein Reagieren grundsätzlich ermöglichen. Die 1991 durch die Firmengruppe SCHERDEL mit der Übernahme der Geschäftsanteile der Federnwerke vollzogene Privatisierung war Basis für jede weitere Handlung des Unternehmens.

Ausgehend von der weiteren Diversifizierung der Produkte, der Vergrößerung der Fertigungstiefe, der Aufnahme und dem Ausbau der Produktion von Zusammenbauteilen und Baugruppen mußte die Unternehmensorganisation grundsätzlich neu gestaltet werden. Mit den für die Fertigung verantwortlichen 6 Profit Centern, davon 3 ausgegliedert (SMB, WEMA, mollana), und einem Overhead für Vertrieb, Einkauf, Finanzen, Personal, Technik und Qualität wurden Voraussetzungen geschaffen, die den neuen äußeren Anforderungen gerecht wurden. Durch die damit verbundene Einschränkung auf grundsätzlich 2 Leitungsebenen trat insgesamt eine beachtliche Reduzierung des Verwaltungsapparates ein.

Mit der Bildung der Profit Center verbunden war eine weitgehende Verselbständigung der Fertigung und die Dezentralisierung der Arbeitsvorbereitung. Die Profit Center sind für die Realisierung der Kundenaufträge einschließlich Fakturierung, die Wirtschaftlichkeit ihrer Prozesse und eine optimale Auftragsdurchführung selbst verantwortlich.

Der Vertrieb orientiert sich an der Kundenstruktur nach Branchen und konzentriert sich auf die Marketingaktivitäten bis zum Vertragsabschluß. Der Vertrieb arbeitet direkt mit der Arbeitsvorbereitung und -disposition der Profit Center zusammen. Mit dieser Strukturierung wurden bereits unnötige Schnittstellen beseitigt und die Voraussetzungen für eine ganzheitliche Auftragsbearbeitung im Profit Center geschaffen.

Diese neu geschaffenen Strukturen waren ein erster Schritt auf dem Wege zur veränderten Unternehmensorganisation und bildeten eine gute Ausgangssituation für die Mitarbeit der Federnwerke im Projekt DYNAPRO. Als Kerngedanke wurde deshalb formuliert, daß mit den Aktivitäten und Ergebnissen im Rahmen von DYNAPRO „den stark wachsenden Anforderungen an Zeit, Kosten und Flexibilität in unterschiedlichen Zulieferketten bzw. -netzwerken durch Einführung dynamischer Produktions- und Organisationsstrukturen begegnet werden soll."

3.2. Strukturwandel in der Zulieferindustrie

Die generelle Entwicklung der großen Finalproduzenten, auf der Grundlage von Make-Or-Buy-Studien ihre Fertigungstiefe drastisch zu verringern, führte in der Automobilindustrie, einem Hauptkundenbereich der Federnwerke, zu mannigfaltigem Outsourcing der Produktion von ganzen Teilsystemen des Finalproduktes.

Diese bereits länger während Tendenz hat sich in den letzten Jahren ausgeweitet. Die Finalproduzenten können einerseits die Investmentaufwendungen in den Vorstufen nicht mehr wirtschaftlich betreiben. Andererseits bietet die Zusammenlegung von Fertigungskompetenzen bei den neu entstandenen Vorstufenproduzenten völlig neue Rationalisierungsmöglichkeiten durch umfassende Nutzung von Wissenschaft und Technik.

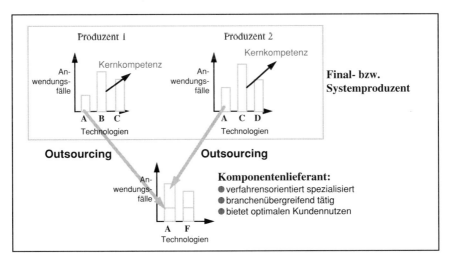

Bild 3: Herausbildung von System- und Komponentenlieferanten

Für die Finalproduzenten ergab sich der wirtschaftliche Zwang, die Konstruktion und Fertigung für solche Teilsysteme an Systemlieferanten zu übergeben.

In der weiteren Entwicklung waren auch die Systemlieferanten gezwungen, die Fertigung bestimmter Einzelteile und Komponenten an Partner zu vergeben, bei denen die Produktion dieser Teile und Komponenten wirtschaftlicher erfolgen konnte. Durch die damit entstehende Anhäufung von verfahrensspezifischen Kompetenzen bildeten sich die Komponentenlieferanten heraus, die nicht als „kleine Systemlieferanten" zu betrachten sind, sondern deren Kernkompetenzen anders gelagert sind. (Bild 3)

Die Kernkompetenzen des Komponentenlieferanten bestehen in:
– Verfahrensorientierung und -spezialisierung,
– höchste technologische Kompetenz für sein Produkt und seine Einzelteile, Entwicklung von hochproduktiven Verfahren zur Fertigung von Produkten,
– Konstruktion der Produkte zunehmend gemeinsam im Dialog mit dem Kunden als Optimum aus Funktionalität und wirtschaftlicher Fertigung
– Fertigungskompetenz für solche abgeschlossenen Komponenten, die sofort verbaut werden können
– besondere Logistikkompetenz für die Lieferung an eine Vielzahl von Systemlieferanten mit unterschiedlichsten Anforderungen an Verpackung und Transport

Für die Unternehmensstrukturierung und Prozeßorganisation beim Komponentenlieferanten sind bestimmend:
– Fertigung mehrstufiger Erzeugnisse,
– Beherrschung differenzierter Montageprozesse,
– Fertigung in Klein- bis Großserien,
– spezifische innerbetriebliche Logistik.

Ausgehend von einer langjährig gewachsenen Verfahrenskompetenz in der Drahtverarbeitung stellen sich die Federnwerke dieser Herausforderung und entwickeln sich vom Teilefertiger zum Komponentenlieferanten.

Die Kernkompetenz des Unternehmens umfaßt gegenwärtig im wesentlichen:
– die Kaltumformung von Federstahldrähten und Federstahlbändern zu technischen Federn
– das Umformen von Stahldrähten zu Drahtbiegeteilen
– die Verarbeitung von Bandmaterialien durch Schneiden und Umformen zu Stanz- und Stanzbiegeteilen
– die Wärme- und Oberflächenbehandlungsprozesse zur Fertigung vorgenannter Produktgruppen
– das Schutzgas-, Widerstands- und Kondensatorimpulsschweißen zur Fertigung von Schweißbaugruppen
– die Montage von Teilen zu Baugruppen durch produktbezogene Füge- und Verbindeverfahren

Als *Komponentenlieferant* Partner des Kunden, des Systemproduzenten, zu sein, heißt für die Federnwerke, ihm Vorteile und Nutzen zu bieten, mit verminderten Aufwendungen von einem Lieferanten in möglichst großer Sortimentsbreite seines Zukaufs termin- und qualitätsgerecht beliefert zu werden. Damit wird der Systemproduzent weitestgehend mit allen Teilen und Komponenten spartenbezogen aus „einer Hand" bedient. Das erfolgt bei geringstem logistischem Aufwand und wenig Kapitalbindung (JUST-IN-TIME). (Bild 4)

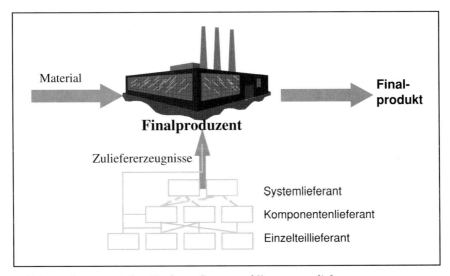

Bild 4: Beziehungen zwischen Finalisten, System- und Komponentenlieferanten

4. Der Markt

Die Umfeldbedingungen für ein mittelständisches Unternehmen, wie die Federnwerke, haben sich seit Ende der 80er Jahre durch Turbulenz, Unberechenbarkeit und Schnellebigkeit zunehmend verändert. Insbesondere aufgrund der Globalisierung der Märkte, einer verschärften Wettbewerbssituation, sich insgesamt rasch verändernden Beschaffungs- und Absatzmärkte, des extremen Zeit- und Kostendrucks für Entwicklung und Produktion der Erzeugnisse, sind die Parameter, auf die ein Unternehmen erfolgreich reagieren muß, komplex, kaum überschaubar und nur schwer beherrschbar.

Der Kurs eines Unternehmens in diesem Umfeld kann nur durch rasche, temporär-optimale Anpassungsmaßnahmen bestimmt sein.

Die Federnwerke mußten sich diesen Anpassungsmaßnahmen während der Überleitung und innerhalb der Gestaltung marktwirtschaftlicher Strukturen stellen. Dies wirkte somit als Doppelbelastung.

– Globalisierung und neue Wettbewerber

Durch die fortschreitende Internationalisierung der Märkte verlagern Unternehmen und Konzerne ihre Produktion in die Absatzmärkte hinein. In Niedrigtarifgebieten oder in bisherigen Schwellenländern entstehen völlig neue Kapazitäten. Dabei findet ein wesentlicher Technologie- und Wissenstransfer statt und es bilden sich „Weltprodukte" heraus. Das heißt, ein und dasselbe Erzeugnis wird an mehreren Standorten der Welt, also auf verschiedenen Kontinenten produziert. Rund um diese neuen Standorte der Finalproduzenten, die das gesamte Produktions-KNOW-HOW von ihren Mutterfirmen erhalten, siedeln sich auch System- und Komponentenlieferanten an, die ihrerseits durch meist äußerst günstige Fertigungspreise neue Wettbewerber und Konkurrenten der System- und Komponentenlieferanten an den Altstandorten darstellen. Die beschleunigte Entwicklung der heutigen Globalisierung reicht also von Finalproduzenten bis hin zu Zulieferern. Besonders betroffen sind arbeits- und damit lohnintensive Industrien.

Im Zuge dieser Entwicklung sind deutsche Unternehmen zunehmend mit bisher unbekannten Wettbewerbern konfrontiert oder werden im Interesse ihrer eigenen Wettbewerbsfähigkeit auf neue Märkte gezwungen.

– Verschärfte Wettbewerbssituation

Die genannte Globalisierung der Märkte betrifft auch Zulieferketten, in denen die Federnwerke agieren. Die damit verbundenen Produktionsauslagerungen in Niedrigtarifgebiete erzeugen einen verschärften Kosten- und Preisdruck. Immer mehr Unternehmen sind existentiell gezwungen, hohe Kompetenzen zur eigenen Fertigung mit niedrigsten Kosten zu entwickeln. Das löst unweigerlich einen Innovationsschub aus und sichert damit auch den Standort Deutschland.

Mit dieser Entwicklung wurden aber auch Strukturen aufgebrochen, die Unternehmen aus den neuen Bundesländern erst die Chance gab, Zulieferer z. B. bei großen Automobilherstellern zu werden.

– Beschaffungsmarkt

Der Anteil an Material und Zukaufteilen bei der Herstellung der Produkte liegt in den Federnwerken Marienberg durchschnittlich bei ca. 40 %. Aufgrund dieses wichtigen Kostenanteils und der hohen Umschlagmenge kommt den Einflüssen auf dem Beschaffungsmarkt eine hohe Bedeutung zu. Bereits geringe Veränderungen bei den Preisen der wichtigsten Materialarten und Kursschwankungen schlagen auf das Unternehmen unmittelbar durch und müssen durch schnelle Rationalisierungsmaßnahmen kompensiert werden. Denn in aller Regel ist es nicht möglich, die Kostenveränderungen beim Material im Preis an den Finalproduzenten weiterzugeben. Darüber hinaus ist ein einfacher Wechsel der Zulieferer ein untaugliches Mittel, da die Garantie für Qualitätsprodukte bereits von der Wahl der Materialzulieferer beeinflußt wird. Im Interesse einer ausgewogenen Kostenstruktur des Unternehmens kommt deshalb dem konzeptionell richtigen Einkaufsverhalten eine hohe Bedeutung zu.

– Administration und Staat

Erheblichen Einfluß auf die Entwicklung der Federnwerke hatte die Tarif- und Sozialpolitik. Durch die Lohnangleichungen war es für das Unternehmen erforderlich, überdurchschnittliche Umsatz- und Leistungsentwicklungen zu realisieren. Diese Notwendigkeit wird auch in den nächsten Jahren noch beachtlich auf die betriebliche Entwicklung wirken.

Gesetzliche Bestimmungen, sowohl nationale als auch EU-Richtlinien beeinflussen stark das Umfeld und die Abläufe im Unternehmen. Die aktuelle Situation ist gekennzeichnet durch die Diskussion über den Standort Deutschland und zahlreiche Unsicherheiten zukünftiger Entwicklungen, wie z. B. Steuerreform, Euro-Einführung und Zinspolitik.

5. Das dynamische Grundprinzip

Das dynamische Grundprinzip läßt sich wie folgt charakterisieren:

> Den auf ein System einwirkenden äußeren Kräften werden dynamisch zur Erzielung eines momentanen und künftigen Gleichgewichtes adäquat wirkende innere Kräfte entgegengesetzt.

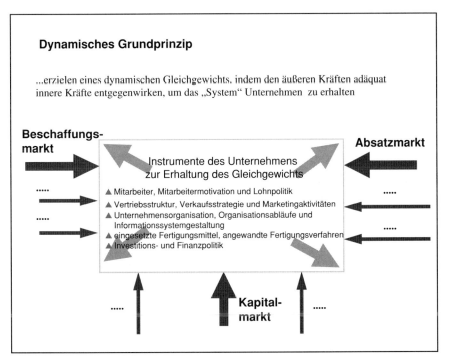

Bild 5: Dynamisches Grundprinzip

Das bedeutet für ein Unternehmen, daß zur Erhaltung der ökonomischen Stabilität alle inneren Kräfte und Aktivitäten darauf zu richten sind, die äußeren Einflußfaktoren durch gezielte Maßnahmen zu kompensieren.

Das tragende Element der inneren Kräfte (siehe Bild 5) sind die tätigen Mitarbeiter. (Wiendahl 1995, S. 10f) Dem dynamischen Grundprinzip entsprechend werden vom Overhead der Federnwerke die inneren Kräfte so formiert und mobilisiert, daß sie den auf das Unternehmen wirkenden äußeren Kräften und Faktoren rechtzeitig entgegenstehen. Dies erfolgt durch gezielte Entscheidungen und Maßnahmen. Den Kern der äußeren Kräfte bilden dabei die Globalisierung der Märkte, die Turbulenzen des Beschaffungsmarktes, die Veränderungen auf dem Kapitalmarkt sowie die Administration. Durch den Overhead veranlaßt, werden unter Einbeziehung der Mitarbeiter der entsprechenden Werke und Bereiche, innovative technische, betriebswirtschaftliche und organisatorische Konzepte entwickelt und angewandt.

6. Die Methoden zum Erfolg

Ausgehend von den Turbulenzen des Marktes und der anderen äußeren Bedingungen wurden in den Federnwerken, entsprechend des dynamischen Grundprinzips, besonders drei Methoden erfolgreich weiterentwickelt und eingeführt: Selbstverantwortung, Selbstähnlichkeit, Selbststeuerung.

Damit sollen zeitgerecht und dynamisch äußere Wirkungsfaktoren kompensiert werden.

6.1. Theoretische Grundlagen

– Selbstverantwortung
In der Unternehmensorganisation läßt sich zwischen den Prinzipien der Zentralisation und der Dezentralisation unterscheiden. Dezentralisierung und damit Selbstverantwortung bedeutet, daß Aufgaben und Kompetenzen auf Stellen der unteren Hierarchieebenen übertragen werden. (Dichtl, Issing 1987) Bei zu weitgehender Dezentralisierung besteht allerdings die Gefahr, daß der Koordinationsaufwand zur Gewährleistung der Gesamtprozesse überproportional ansteigt.

Dezentralisation als Organisationsprinzip beschreibt eine Verteilung der Funktionen in Richtung der Peripherie, die zu einer der Situation angepaßten Verteilung der Aufgaben innerhalb der Organisation führt. Konkret ist damit zum Beispiel die Verteilung von Entscheidungs- und Weisungsbefugnissen, Aufgaben, Standorten, Betriebsstätten, Räumen oder Ressourcen aller Art gemeint. Bei Dezentralisation werden selbstverantwortliche Organisationseinheiten gebildet.

Zentralisation als Prinzip der Aufgaben- und Verantwortungsverteilung kann vor allem dann erforderlich sein, wenn die dezentrale Kompetenz für bestimmte Aufgaben unzureichend ist.

– *Selbstähnlichkeit*

Unter selbstähnlichen Strukturen versteht man aus unternehmensorganisatorischer Sicht Einheiten, die so gestaltet sind, daß sie hinsichtlich strategischen, ökonomischen, technischen, informellen sowie mitarbeiterorientierten Belangen eine Ähnlichkeit zueinander vorweisen. (Warnecke 1993, S. 154f) Die Bildung, Erweiterung bzw. Auflösung dieser Strukturtypen kann entsprechend der wirtschaftlichen Bedingungen und Erfordernisse des Marktes erfolgen.

– *Selbststeuerung*

Unter Steuerung versteht man das Veranlassen, Überwachen und Sichern der Aufgabendurchführung hinsichtlich Menge, Termin, Qualität, Kosten und Arbeitsbedingungen. (REFA 1993, S. 23f)

Die Steuerung kann zentral und dezentral erfolgen. Eine Organisationsform der dezentralen Steuerung ist die Selbststeuerung. Selbststeuernde Prozesse gestalten sich ohne übergeordnete Regulations- und Steuerungseinflüsse.

6.2. Selbstverantwortung

Die Umsetzung des Prinzips der Selbstverantwortung durch Dezentralisation erfolgte in den Federnwerken in drei Stufen:
–   Einführung der Profit Center Struktur
–   Umsetzung der Gruppenarbeit
–   Erhöhung der Eigenverantwortung der Mitarbeiter

– *Profit Center*

Zunächst wurden die einzelnen Profit Center gebildet. Sie stellten gegenüber der früheren zentralistischen Struktur einen großen Umschnitt dar und waren für die Mitarbeiter der mittleren und oberen Leitungsebene zwar eine Herausforderung, führten aber auch bei manchen zu Problemen. Auf die Leiter der Profit Center kamen völlig neue Aufgaben und Verantwortungen zu. Da wurde auch manche Stelle aus guter Absicht vorschnell eingespart und dann erst über die neue erforderliche Struktur in den Profit Centern nachgedacht. Nach nunmehr 6 Jahren der Arbeit in und mit diesen Strukturen kann festgestellt werden, daß dies der richtige Weg war. Darüber hinaus hat diese Strukturveränderung den Übergang in die Marktwirtschaft nicht unwesentlich beeinflußt.

Hier hat sich bereits gezeigt und wurde dann auch in den folgenden 2 Stufen sichtbar, daß eine formelle Verlagerung von Verantwortung unzureichend ist. Es ist schrittweise mit geeigneten Maßnahmen eine dezentrale Kompetenz aufzubauen.

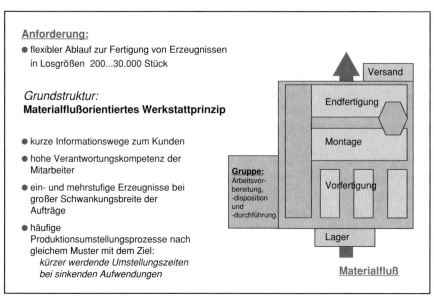

Bild 6: Dezentralisierung am Beispiel Profit Center

– *Gruppenarbeit in der Fertigungsvorbereitung und -steuerung*
Zur Vermeidung von hemmenden Kommunikationsbrücken innerhalb der Profit Center, insbesondere zwischen der Arbeitsvorbereitung (Ablaufplanung, Kalkulation, Disposition) und der Fertigung mit den Meistern, mußten neue Lösungen gefunden werden. Es bestand die Gefahr, daß innerhalb der Profit Center eine neue, für Großbetriebe typische „Verwaltung-Fertigung-Struktur" mit der althergebrachten Unflexibilität entsteht. Zur effektiven Zusammenarbeit und damit zum schnellstmöglichen Reagieren auf Kundenforderungen wurden neue Formen und Organisationsmethoden erforderlich.

Zunächst wurden die Meisterbereiche entsprechend der Produktgruppen innerhalb des Profit Centers gegliedert. Jeder Meister hat somit seinen direkten Anteil am Umsatz des Profit Centers mit eigenen zu liefernden Fertigerzeugnissen und darüber hinaus noch Zulieferverpflichtungen zu anderen Meisterbereichen des Profit Centers.

Die Arbeitsvorbereiter und Disponenten wurden den Meistern so zugeordnet, daß sachkundige, flexible und effektive Gruppen aus Arbeitsvorbereiter, Disponent, Meister und Qualitätskontrolleur entstanden. Hier hat jeder seine eigenen spezifischen Aufgaben zu erfüllen und die Pflicht, und ständig auch die direkte Möglichkeit, der schnellen und unkomplizierten Abstimmung mit seinen Partnern. Die räumliche Zusammenlegung der Gruppe ist ein nunmehr erforderlicher Arbeitsschritt. (Bild 7)

Als generelle Nutzung des Prinzips der Gruppenarbeit haben die Federnwerke mit dem Projektmanagement gute Erfahrungen gemacht. Für die Erfüllung ver-

284

schiedener Aufgaben, wie z. B. der Einführung neuer Erzeugnisse, der Einführung des Qualitätsmanagementsystems und der Vorbereitung betrieblicher Preisbildungsvorschriften, werden zeitweilig Gruppen gebildet, die aus Mitarbeitern verschiedener Bereiche zusammengesetzt sind, um alle Teilgebiete abzudecken. Im Rahmen des Projektmanagements erhalten die Mitarbeiter nicht nur die Möglichkeit, sich aktiv und zielgerichtet an Aufgaben zu beteiligen, die über ihre eigentlichen Arbeitsaufgaben hinaus gehen, sondern sie werden auch in die Pflicht genommen, sich umfassender für das Unternehmen einzubringen. Während der Projektarbeit lernen die Mitarbeiter Zusammenhänge besser zu verstehen, die Arbeit des anderen zu achten und zu bewerten. Sie können Schlußfolgerungen für ihre weitere eigene Arbeit ziehen und diese durch Entwicklung ihrer Kompetenz weiter qualifizieren.

	Arbeitsvorbereiter	Disponent	Meister	Qualitätskontrolleur
Leiter Profit Center				
Gruppe 1	AV1	D1	M1	QK1
Gruppe 2	AV2	D2	M2	QK2
Gruppe 3	AV3	D3	M3	QK3

Bild 7: Gruppenarbeit in der Fertigungsplanung und -steuerung der Profit Center

– *Erhöhung der eigenen Verantwortung der Mitarbeiter*
In den Führungsgrundsätzen der SCHERDELGruppe wird als zentrale Aufgabe die Eigenverantwortung der Mitarbeiter mit folgendem Leitsatz definiert:
„Jeder Mitarbeiter ist sein eigener Unternehmer an seinem Arbeitsplatz."
Die aufgezeigten Maßnahmen der Dezentralisierung erfordern und fördern die Erhöhung der Eigenverantwortung jedes einzelnen Mitarbeiters über seine Tätigkeit hinaus, für den Meister- oder den Verwaltungsbereich, das Werk oder den Geschäftsbereich und das gesamte Unternehmen. Diese neue Verantwortung, selbst aktiv zu werden, und nicht nur bei anderen Hilfe zu fordern, entsteht nicht im Selbstlauf und auch nicht durch administratives Einführen bestimmter organisatorischer Maßnahmen. Was Wirkungen erzielt, ist ein Maßnahmen-Mix aus den verschiedenen Methoden der Neuorganisation (siehe auch folgende Punkte) und der täglichen Argumentation, Anleitung und Kontrolle durch die jeweiligen Führungskräfte der obersten und mittleren Leitungsebene. Die Praxis zeigte, daß die Mitarbeiter das Prinzip der Eigenverantwortung erst dann richtig verstanden und umgesetzt hatten, als ihnen bewußt wurde, daß sie bestimmte Wirkungen

(positive, aber, insbesondere zu Beginn, auch negative und manchmal sogar schmerzliche) erzielten.

6.3. Selbstähnlichkeit

Die Selbstähnlichkeit wird in den Federnwerken bei Prozeßinseln, dem innerbetrieblichen Kunden-Lieferanten-Prinzip und bei der Erarbeitung des Organisationsleitfadens für Produktionsumstellungsprozesse angewendet.

– *Prozeßinseln*
Für die Fertigung von Produkten, die ständig vom Kunden abgefordert werden und für die die eingesetzten Fertigungsmittel allein durch diese Produkte ausgelastet sind, wurden in den Federnwerken Prozeßinseln aufgebaut. Innerhalb dieser Prozeßinseln sind erzeugnisabhängig mehrere Fertigungsverfahren zusammengefaßt. Die Prozeßinseln können unterschiedlich komplex sein, sie werden jedoch dem Fertigungsbereich zugeordnet, der den höchsten Anteil an der Wertschöpfung dieses Produktes hat. Entworfen wird die Anordnung in den Inseln vor allem unter Berücksichtigung von Logistikkosten. So wird ermittelt, welchen Aufwand und wieviel Zeit der Wechsel von Arbeitsplätzen oder Profit Centern aufgrund von Transporten, notwendigen Koordinierungen kostet.

Die Selbstähnlichkeit von Prozeßinseln ist in ihrer Grundstruktur „Eingangspuffer – Prozeß – Ausgangspuffer", in der Zusammenfassung mehrerer Fertigungsverfahren und der inneren Selbststeuerung gegeben. (Bild 8)

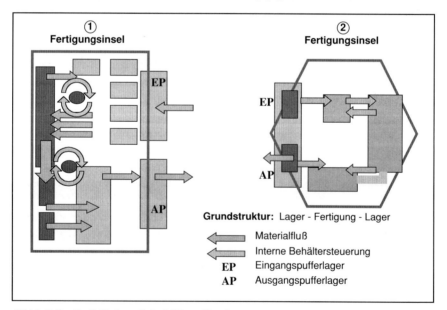

Bild 8: Selbstähnlichkeit am Beispiel Prozeßinseln

– innerbetriebliche Kunden-Lieferanten-Beziehungen

Das auch in den Federnwerken dominierende Werkstattprinzip, geordnet nach dem Materialfluß, ist jedoch mit einem hohen Steuerungsaufwand verbunden. Es ergab sich der Bedarf nach einem einfachen Selbststeuerungsprinzip, unabhängig von einem PPS-System, welches ohne großen Verwaltungsaufwand Grundsatzfragen klärt und die Abläufe dezentral regelt.

Eine solche Lösung wurde mit der Implementierung des Kunden-Lieferanten-Prinzips gefunden. Die Selbstähnlichkeit wird hier durch Grundsätze und allgemeinste Prinzipien für die innerbetriebliche Zusammenarbeit verwirklicht. Jeder Mitarbeiter ist damit aufgefordert, in seiner eigenen Arbeit so zu agieren, wie er als Kunde oder Lieferant selbst behandelt werden möchte.

– Organisationsleitfaden für Produktionsumstellungsprozesse

Für den umfassenden Wandel zum Komponentenlieferanten und für die zukünftigen Produktionsumstellungsprozesse im Unternehmen ist es erforderlich, den Mitarbeitern ein Instrument in die Hand zu geben, das es ihnen ermöglicht, auf der Grundlage von unternehmenseinheitlichen Prinzipien neue Fertigungslinien aufzubauen. In Anwendung der Methode der Selbstähnlichkeit wird mit dem Instrument des „Organisationsleitfadens" hierfür gegenwärtig ein System von Grundsätzen und Handlungsrichtlinien erarbeitet, das sowohl Begriffe und Definitionen für den einheitlichen Sprach- und Arbeitsgebrauch enthält, als auch Regeln und prinzipielle Ablaufmechanismen festschreibt. Durch fixierte Handlungsfreiräume werden Möglichkeiten und Notwendigkeiten der individuellen Entscheidung der Mitarbeiter nicht nur zugelassen, sondern gefordert und gefördert.

Der Organisationsleitfaden, der Bestandteil des Qualitätsmanagementsystems wird, soll die Basis für dezentral durchgeführte, weitgehend eigenverantwortlich organisatorische Anpassungen und Umstellungsprozesse sein. Er soll die Dynamik der Produktionsorganisation bei Sicherung der unternehmensweiten Einheitlichkeit grundlegender Prozesse garantieren. Damit wird es möglich, auf weitere Turbulenzen des Marktes kurzfristig und effektiv reagieren zu können.

6.4. Selbststeuerung

Das Prinzip der Selbststeuerung wird im Unternehmen bei der bestandsgesteuerten Fertigung, der belegarmen Steuerung und dem integrierten PPS-System umgesetzt.

– bestandsgesteuerte Fertigung

Entsprechend den Kundenforderungen nach spezifischen Produkten wurde bisher die Fertigung direkt auf der Grundlage der Kundenaufträge gesteuert. Das bedeutete, für jeden Kundenauftrag wurde der dazugehörige Fertigungsauftrag in gleicher Menge ausgelöst. Aufgrund der neuen Marktbedingungen, verbunden mit dem Abrufverhalten der Kunden innerhalb der Jahresverträge, waren aber bei dieser Steuerung keine optimalen Losgrößen für die Fertigung mehr möglich. Es mußten Pufferlösungen gefunden werden. Aus diesem Grund wurde ein Konzept erarbeitet, welches die Idee der Fertigwarenbestände als Puffermöglichkeit zwischen Produktion und schwankendem Abrufverhalten der Kunden neu umsetzt. Ziel war es, eine Kontinuität in die Produktion zu bringen.

Nach Einführung des Konzeptes fertigt die Produktion mit optimalen Losgrößen. Neue Betriebsaufträge werden – selbststeuernd – nur bei Unterschreiten von erzeugnis- und kundenspezifisch festgelegten Mindestbeständen im Fertigwarenlager ausgelöst und sind damit nur noch mittelbar (über den Jahresvertrag und die Mindestbestandsgröße) an den Kundenvertrag gekoppelt. Die Mindestbestände sind nach den Optimalitätskriterien kundenorientierte Reaktionszeit und betriebliche Kapitalbindung zu ermitteln.

– *belegarme Steuerung*

Ziel diese Konzeptes war, selbststeuernde Regelkreisläufe zu entwickeln, die Material- und Informationsflüsse zusammenfassen und eine belegarme, einfache Steuerung gewährleisten. Da die vorgelagerten Prozeßstufen zur Fertigung und Lieferung von Teilen leere Behälter benötigen und die nachgelagerten Prozeßstufen durch Verbrauch der Teile leere Behälter erzeugen, sind diese leer gewordenen Behälter der vorgelagerten Stufe anzuliefern und damit zu signalisieren, daß Bedarf nach weiteren Teilen besteht. Zusammen mit dem leeren Behälter ist die Information zu übergeben, welche Teile von wem benötigt werden. Dies kann sowohl durch die Nutzung von vereinbarten Spezialbehältern bzw. mit fester Kennzeichnung am Behälter als auch mit einer dem Behälter beigelegten Karte erfolgen. Da in den Federnwerken die Behälter multivalent eingesetzt werden, hat sich bei der Einführung dieses Systems das Beilegen einer entsprechenden Karte bewährt. Diese Karte wird nach Befüllen des Behälters zur Kennzeichnung der Teile einschließlich des Transportzieles benutzt.

Damit wird das bekannte KANBAN-Prinzip schrittweise überall dort eingeführt, wo eine vereinfachte Steuerung eine effizientere Lösung darstellt.

Das Behältersystem ist darüber hinaus nach Kreisläufen in und außerhalb der Profit Center und Teilearten/Baugruppen farblich gegliedert. Jeder Behältertyp enthält jeweils eine einheitliche Anzahl an Teilen. Damit werden zusätzliche Kontroll- und Umpackvorgänge eingespart und die Prozeßtransparenz erhöht.

Die belegarme Steuerung bei Nutzung von Behältern ist eine Form der Selbststeuerung, da sie Informationen direkt zwischen den liefernden und verbrauchenden Einheiten übergibt, ohne daß zentrale Stellen, wie Meister oder Disponent einbezogen werden.

– *Einführung eines integrierten PPS-Systems*

Die Beherrschung komplizierter Produktionsvorbereitungs- und -steuerungsprozesse ist nur mit einer integrierten, d.h. über alle Profit Center und Overheadbereiche gekoppelten und vernetzten rechen- technischen Software effektiv beherrschbar. Ausgehend von dieser Erkenntnis wird gegenwärtig im Unternehmen die arbeitsplatzbezogene, noch nicht durchgängig vernetzte Software in der Arbeitsvorbereitung durch ein modernes vernetztes und integriertes PPS-System als Werkzeug der Selbststeuerung abgelöst und in ihren Funktionalitäten wesentlich erweitert. Damit wird auch die erforderliche Transparenz sowohl bei der Planung der materiellen Flüsse einschließlich Logistik als auch bei den betriebswirtschaftlichen Kennziffern und Informationsflüssen erreicht. (Bild 9)

Als besondere Aufgaben sollen damit gelöst werden:

- Beseitigung von Informationsschnittstellen
- Verkürzung von Bearbeitungs- und Übergabezeiten der Kundenaufträge
- Erhöhung der Prozeßtransparenz
- integrierte Information für alle Unternehmensbereiche (Einkauf, Produktionsvorbereitung, -steuerung und Durchführung, Lagerwesen, Versand sowie Finanzbuchhaltung, Kostenrechnung, Lohn- und Gehaltsabrechnung)

Um die erforderliche Effektivität bei der Einführung des PPS-Systems zu erreichen, ist die Optimierung und Verbesserung der Organisationsabläufe gemeinsam mit den betroffenen Mitarbeitern eine Grundvoraussetzung. Die einheitliche Einführung in den Profit Centern erfolgt verzahnt mit dem o. g. Organisationsleitfaden.

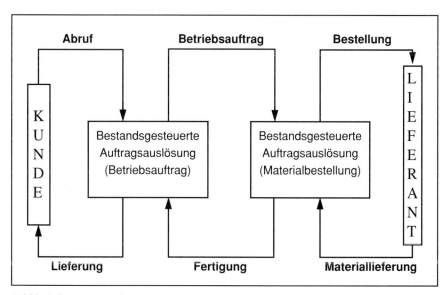

Bild 9: Selbststeuerung durch ein integriertes PPS-System

– Zusammenspiel aller Methoden in einer komplexen Prozeßinsel

Gegenwärtig wird in den Federnwerken in Vorbereitung der Produktion eines ausgewählten Produktes für ein neues Auto-Modell eine komplexe Prozeßinsel aufgebaut. In dieser Prozeßinsel sind sowohl Arbeitsgänge der Vorfertigung, wie Draht schneiden, richten und biegen (die Einzelteilfertigung), als auch Arbeitsgänge der Montage, das Verschweißen zu 3 verschiedenen, ähnlichen Fahrzeugkomponenten, räumlich und strukturell vereinigt.

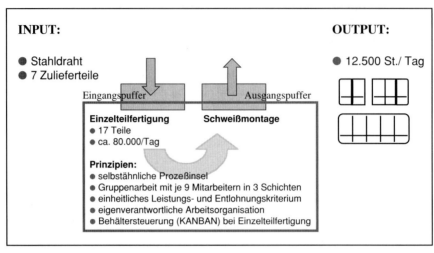

Bild 10: Komplexe Prozeßinsel

Wie im Bild 10 ersichtlich, sollen hier verschiedene Methoden angewendet werden, um diese äußerst anspruchsvollen Stückzahlen termin- und qualitätsgerecht mit minimiertem Steuerungsaufwand und Kosten für unsere Kunden bereitzustellen.

7. Schlußbemerkungen

Die Ergebnisse der Umgestaltung der Federnwerke Marienberg GmbH und der drei ausgegliederten Firmen lassen sich auf 3 große Quellenbereiche zurückführen:

1. die Privatisierung und Integration in den Verbund der Firmengruppe SCHERDEL,
2. die marktabhängige Veränderung des Fertigungsprofiles mit dem Übergang vom Teilefertiger zum Komponentenlieferanten,
3. das vorhandene Mitarbeiterpotential.

Die Privatisierung im Jahre 1991 sowie die Integration und Verflechtung mit den anderen Bereichen der Firmengruppe SCHERDEL war der zentrale und existenzerhaltende Schritt, da er durch die Vielzahl von Synergieeffekten bei der Gewinnung des Marktes von entscheidender Bedeutung war.

Es gelang, die Produktivität und den Umsatz von 1991 bis 1996 zu verdoppeln.

Durch die Anwendung neuer Methoden und die daraus resultierenden, durchgeführten Maßnahmen zur Reorganisation des Unternehmens war es den Federnwerken möglich, auf die veränderten äußeren Bedingungen zu reagieren.

Mit der Erhöhung der Verantwortung der Mitarbeiter, ihrem Verständnis für die Marktwirtschaft und ihrem Engagement für das Unternehmen, wurden Kräfte formiert, die eine weitere dynamische Entwicklung des Unternehmens im turbulenten Umfeld von Absatz-, Beschaffungs- und Kapitalmarkt garantieren.

DYNAPRO – Projektorganisation und Partner

Mit 11 Firmen und 5 Instituten (siehe Projektorganisation) werden durch eine interdisziplinäre Zusammenarbeit umsetzungsnahe und gleichsam wissenschaftlich wertvolle Ergebnisse und Methoden zur Gestaltung und Umsetzung dynamischer Produktions- und Organisationsstrukturen generiert.

Aufbauend auf die strategische Ausrichtung und Positionierung der beteiligten Unternehmen werden in DYNAPRO dynamische, wandlungsfähige Strukturen gestaltet und umgesetzt.

Wesentliche Zielstellung der Arbeit ist es, Leitfäden zu entwickeln, die eine breite Auswahl an Methoden, Instrumenten, Praxiserfahrungen und Hilfsmitteln zur Verfügung stellen. So wird ein firmenspezifisches Vorgehen bei der Gestaltung, Umsetzung und Weiterentwicklung dynamischer Produktions- und Organisationsstrukturen ermöglicht, das auch für unbeteiligte Partner aus Forschung und Praxis individuell nachvollziehbar und realisierbar ist.

Die Projektorganisation

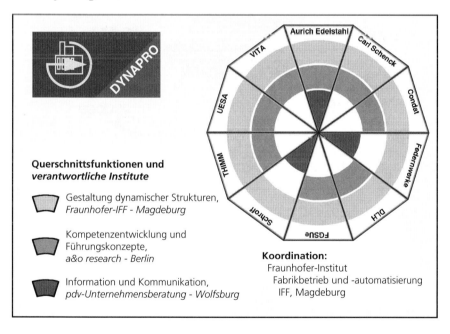

293

Projektpartner auf einen Bilck

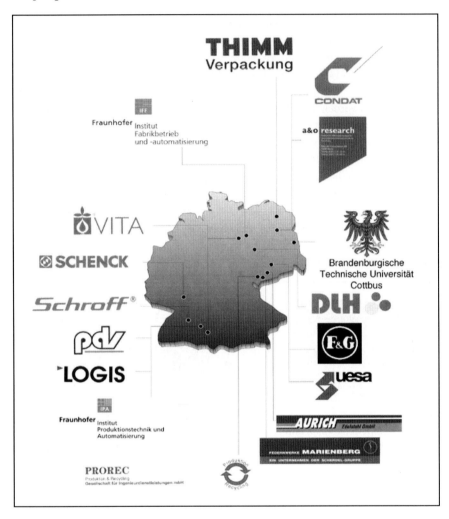

Autoren

Dipl.-Kfm. **Frank Barthold** ist Projektingenieur bei der PROREC GmbH. Im Rahmen des DYNAPRO-Projektes betreut er die Aurich Edelstahl GmbH.

Dipl.-Kaufmann **Thomas Binder** ist wissenschaftlicher Mitarbeiter bei der a&o research GmbH, Berlin. Im Rahmen von DYNAPRO entstand seine Diplomarbeit (Zweitstudium Psychologie) mit dem Thema „Betriebliche Bedingungen individueller Veränderungsbereitschaft". Sein Arbeitsschwerpunkt liegt in arbeits- und organisationspsychologischer Methodik sowie in Organisationsentwicklung.

Dipl.-Wirtsch.-Ing. **Claudius Borgmann** ist Projektleiter in der Abteilung Unternehmensstrategie und -strukturen des Fraunhofer-Instituts für Fabrikbetrieb und -automatisierung in Magdeburg. Im Rahmen von DYNAPRO betreut er die Firma THIMM in Fragen der Organisationsgestaltung und ist maßgeblich an der Methodenentwicklung für Gestaltung, Einführung und Betrieb dynamischer Strukturen beteiligt.

Dipl.-Wirtsch.-Ing. **Nick Brehmer** ist wissenschaftlicher Mitarbeiter am Fraunhofer-Institut für Fabrikbetrieb und -automatisierung, Abteilung Unternehmensstrategie und -strukturen in Magdeburg. Themenschwerpunkt seiner Arbeit im Verbundprojekt DYNAPRO ist die Gestaltung und Einführung dynamischer Unternehmensstrukturen.

Dipl.-Ing. **Tobias Förster** leitet die Abteilung Unternehmensstrategie und -strukturen am Fraunhofer-Institut für Fabrikbetrieb und -automatisierung in Magdeburg und ist im Verbundprojekt DYNAPRO verantwortlich für die Querschnittsfunktion „Gestaltung dynamischer Strukturen".

Diplom-Soziologin **Erika Grimm** ist wissenschaftliche Mitarbeiterin und Projektleiterin bei der a&o research GmbH. Bisherige Arbeitsschwerpunkte sind Reorganisation und Beteiligung, Führungskonzepte und Führungskräfte-Entwicklung sowie Arbeitsmarktpolitik.

Dr. Matthias Hartmann ist Direktor am Fraunhofer-Institut für Fabrikbetrieb und -automatisierung in Magdeburg. Als Leiter des Verbundprojektes DYNAPRO koordiniert er die Aktivitäten von Forschung und Unternehmen.

Dipl.-Ing. **Helmut Hoffmann** ist Hauptgeschäftsführer der UESA GmbH sowie der Geschäftsführer der Felten & Guilleaume Schaltanlagen Uebigau GmbH. Er beschäftigt sich intensiv mit der Entwicklung der Zusammenarbeit zwischen den Unternehmen in Uebigau. Er leitet das DYNAPRO-Projekt bei den Felten & Guilleaume Schaltanlagen Uebigau GmbH.

Dipl.-Wirtsch.-Ing. (FH) **Wolfgang Kiefer** ist Betriebsleiter bei der Firma Schroff GmbH im Werk Straubenhardt und als Projektleiter verantwortlich für die Planung und Umsetzung der im Rahmen des Projektes DYNAPRO bei Schroff vorgesehenen Umstrukturierung der Produktionsbereiche.

Dipl.-Wirtsch.-Ing. (FH) **Bernd Kiesel** beschäftigt sich in der Abteilung Unternehmensorganisation des Fraunhofer-Instituts für Produktionstechnik und Automatisierung in Stuttgart mit Fragen der angewandten Organisationsentwicklung, Restrukturierung und Fabrikplanung. Im Rahmen von DYNAPRO ist er bei der Methodenentwicklung für Gestaltung und Betrieb dynamischer Strukturen beteiligt.

Dipl.-Ing. **Joachim Klink** ist Projektleiter in der Abteilung Organisationsentwicklung des Fraunhofer-Instituts für Produktionstechnik und Automatisierung in Stuttgart. Im Rahmen von DYNAPRO beschäftigt er sich maßgebend mit der Methodenentwicklung für Gestaltung, Einführung und Betrieb dynamischer Strukturen.

Dipl.-Ing. **Fred Leidig** ist Mitarbeiter in der Abteilung Unternehmensstrategie und -strukturen am Fraunhofer-Institut für Fabrikbetrieb und -automatisierung in Magdeburg. Schwerpunktmäßig beschäftigt er sich mit der Gestaltung und Bewertung vitaler Unternehmensstrukturen.

Dipl.-Ing. oec. **Holger Lenk** ist Leiter des Finanzwesens und des Controllings der UESA GmbH. Sein Aufgabengebiet umfaßt darüber hinaus Fragen zur Reorganisation im Unternehmen. Er leitet das DYNAPRO-Projekt bei der UESA GmbH.

Dip.-Ing. **Helmut Mählert** ist Geschäftsführer der Schenck Fertigungs-GmbH und in Personalunion Leiter des Profit-Centers „Mechanische Fertigung". Als Projektleiter in DYNAPRO zeichnet er verantwortlich für die praktische Umsetzung der in DYNAPRO entwickelten Methoden.

Dipl.-Ing. M.Sc. **Dirk Markfort** ist wissenschaftlicher Mitarbeiter am Fraunhofer-Institut für Fabrikbetrieb und -automatisierung in Magdeburg. Im Rahmen von DYNAPRO betreut er die Firma Condat in Fragen der Organisationsgestaltung und ist maßgeblich im Rahmen der Querschnittsfunktion „Gestaltung dynamischer Strukturen" an der Methodenentwicklung für Gestaltung, Einführung und Betrieb dynamischer Strukturen beteiligt. Neben seiner Arbeit in Industrieprojekten auf dem Gebiet der Struktur- und Strategieentwicklung gilt sein weiteres Interesse dem globalen Forschungsprojekt „Intelligent Manufacturing Systems".

Dipl.-Ing. **Jörg Martinetz** ist wissenschaftlicher Mitarbeiter in der Abteilung Unternehmensstrategie und -strukturen am Fraunhofer-Institut für Fabrikbetrieb und -automatisierung in Magdeburg. Die Arbeits- und Forschungsschwerpunkte liegen auf dem Gebiet der Unternehmensstrukturierung und in der Gestaltung betrieblicher Informations- und Kommunikationsprozesse bei einem dynamischen Umfeld.

Diplom-Wirtschafter **Hans-Joachim Militky** ist als Geschäftsführer bei DLH Druck- und Lederfarben Halle (Saale) GmbH tätig und ist im Verbundprojekt DYNAPRO verantwortlich für die Einführung dynamischer Strukturen bei DLH.

Dr. Dietmar Müller ist Personalleiter im Werk Eberswalde der THIMM Verpackung GmbH + Co. Im Rahmen von DYNAPRO leitet und koordiniert er die Umsetzungsmaßnahmen im Hause THIMM.

Dipl.-Kfm. (t.o.) **Ulrich Müller** bearbeitet im Auftrag des Fraunhofer-Instituts für Produktionstechnik und Automatisierung in Stuttgart den Themenkomplex „Kundenzufriedenheit" innerhalb DYNAPRO. In diesem Zusammenhang betreut er die Firma VITA.

Dipl.-Ing. **Wolfgang Nümann** ist Geschäftsführer der Aurich Edelstahl GmbH. Im Rahmen des DYNAPRO-Projektes leitet er die Umsetzungsaktivitäten bei der Aurich Edelstahl GmbH.

Prof. Dr. sc. **Gottfried Rössel** ist Professor für Marketing und Innovationsmanagement an der Hochschule Wismar. Im Projekt DYNAPRO arbeitet er wissenschaftlich in der Querschnittsfunktion „Gestaltung dynamischer Strukturen" und leitet das Teilprojekt DLH Druck- und Lederfarben Halle GmbH.

Dipl.-Kfm. **Oliver Siegler** ist wissenschaftlicher Mitarbeiter am Lehrstuhl für Produktionswirtschaft der Brandenburgischen Technischen Universität Cottbus. Sein Arbeits- und Forschungsschwerpunkt liegt in der Organisationstheorie sowie der praktischen Organisationsentwicklung.

Dipl.-Ing. **Mario Spiewack** ist Mitarbeiter auf dem Gebiet der Unternehmensstrategie und -strukturen am Fraunhofer-Institut für Fabrikbetrieb und -automatisierung in Magdeburg. Neben der Gestaltung und Umsetzung marktnaher, vitaler Unternehmensstrukturen in der Praxis („Fraktales Unternehmen") unterstützt er im Rahmen von DYNAPRO die Projektkoordination und beschäftigt sich mit Aspekten der Organisationsentwicklung.

Jochen Stephan ist der Firmengründer und Geschäftsführender Gesellschafter bei VITA.

Literaturverzeichnis

Bleicher, K.:
Organisation – Strategien-Strukturen-Kulturen, Gabler, Wiesbaden, 1991.

Bullinger, H.-J.; Warnecke, H. J. (Hrsg.):
Neue Organisationsformen im Unternehmen – Ein Handbuch für das moderne Management, Springer Verlag, Berlin u.a., 1996.

Chandler, A. D.:
Strategy and Structure, Chapters in the History of Industrial Enterprise, Cambridge, Mass., London, 1962.

Clifford, D.K.; Cavanagh, R.E.:
The Winning Performance, New York, 1985.

Davidow, W.H.; Malone, M.S.:
Das virtuelle Unternehmen – Der Kunde als Co-Produzent, Campus Verlag, Frankfurt a. M., New York, 1993.

Dierkes, M.; v. Rosenstiel, L.; Steger, U.:
Unternehmenskultur in Theorie und Praxis – Konzepte aus Ökonomie, Psychologie und Ethnologie, Campus Verlag, Frankfurt a. M., New York, 1993.

Doppler K.; Lauterburg, C.:
Change Management – Den Unternehmenswandel gestalten, Campus Verlag, Frankfurt a. M., New York, 1995.

Dreher, C.; Fleig, J.; Harnischer, M.; Klimmer, M.:
Neue Produktionskonzepte in der deutschen Industrie, Bestandsaufnahme, Analyse und wirtschaftspolitische Implikation, Fraunhofer ISI, Physica-Verlag, Heidelberg, 1995.

Elblinger, O.; Kreuzer, Chr,:
Handbuch der strategischen Instrumente, Wirtschaftsverlag Ueberreuter, Wien, 1994.

Eversheim, W.:
Prozeßorientierte Unternehmensorganisation, Springer Verlag, Berlin u.a., 1995.

Förster, T.:
Zielorientierte Potentialanalyse – Ein Weg zu neuen Unternehmensstrukturen, In: io Management Zeitschrift 64 (1995) Nr. 12, S. 39 – 44.

Förster, T.; Widmaier, G.:
Die Verfolgung von Unternehmenszielen in der Fraktalen Fabrik: Alle ziehen an einem Strang, In: io Management Zeitschrift 65 (1996) Nr. 12.

Freese, M.; Plüddemann, K.:
Umstellungsbereitschaft im Osten und Westen Deutschlands, In: Zeitschrift für Sozialpsychologie, 1993, S. 198 – 210.

Freimuth, J.; Hoets, A.:
Mitarbeiterbefragungen – Aktionsforschung, Personalforschung, Sozialforschung oder was?, In: Freimuth, J.; Kiefer, B.-U. (Hrsg.): Geschäftsberichte von unten – Konzepte für Mitarbeiterbefragungen, Verlag für Angewandte Psychologie, Göttingen, 1995.

French, W.L.; Bell, C.H.:
Organisationsentwicklung – Sozialwissenschaftliche Strategien zur Organisationsveränderung, Haupt, Bern, 1994.

Friedrichs, J.:
Methoden empirischer Sozialforschung, Westdeutscher Verlag, Opladen, 1990.

Gausemeier, J.; Finke, A.; Schlacke, O.:
Szenario Management, Carl Hanser Verlag, München, Wien, 1995.

Gebert, D.:
Interventionen in Organisationen, In: Schuler, H. (Hrsg.): Lehrbuch Organisationspsychologie, Huber, Bern, 1995, S. 481 – 494.

Griebel, U.:
Die Fraktale Fabrik auf der „grünen Wiese" – Standortsicherung durch Organisation auf Zeit, 1. Magdeburger Forum Fabrikengestaltung, 13.–14. November 1996, Magdeburg.

Grote, H.:
Vor einem zweiten Wirtschaftswunder?, Deutscher Management Kongreß '92, München, 20.11.1992.

Hartmann, M.; Förster, T.:
Auf dem Weg zu neuen Ufern – Zielorientierte Potentialanalyse, In: Der Team-
leiter, Handbuch für betriebliche Führungskräfte, 1995.

Hartmann, M.; Heinen, H.; Widmaier, G.:
Neuer Schwung in alten Hallen, In: Warnecke, H.-J.: Aufbruch zum Fraktalen
Unternehmen, Springer Verlag, Berlin u.a., 1995.

Hartmann, M. (Hrsg.):
DYNAPRO, Erfolgreich produzieren in turbulenten Märkten, Logis Verlag,
Stuttgart, 1996.

Hartmann, M.; Borgmann, C.:
Strengthening the linkage of strategy with operations in decentralized units, in
Advances in Production Management System – APMS'96, IFIP – International
Federation for Information Processing, Kyoto, Japan, 1996.

Hartmann, M.:
Managing Change in turbulent markets-Framework for selforganized Manufactu-
ring-Networks, 29th CIRP – International Seminar on Manufacturing Systems,
Osaka, Japan, 11.-13.05.1997.

Heinrich, P.:
Aussöhnung mit der Verwaltung – Ein Projektbericht: Von der Veränderung des
beruflichen Selbstverständnisses im Verlauf der beruflichen Sozialisation, Deutsche Verwaltungspraxis, 1982.

Henderson, B. D.:
The Anatomy of Competition, In: Journal of Marketing, 47, 1983.

Henn, G.; Kühnle, H.:
Strukturplanung, In: Eversheim, W.; Schuh, G. (Hrsg.): Betriebshütte, Produktion
und Management, Springer Verlag, Berlin u.a., 1996.

Henning; Volkholz; Risch; Hacher (Hrsg.):
Moderne Lern-Zeiten, Springer Verlag, Berlin u.a., 1995.

Henzler, H.A.:
Handbuch strategische Führung, Gabler, Wiesbaden, 1988.

Heskett, J.L.; Hart, C.; Sasser, J.E., Jr.:
The Profitable Art of Service Recovery, In: Harvard Business Review, 68, July-
August 1990.

Holling, H.; Liepmann, D.:
Personalentwicklung, In: Schuler, H. (Hrsg.): Lehrbuch Organisationspsychologie, Huber, Bern, 1995, S. 285 – 316.

Homburg, C.:
Kundennähe von Industriegüterunternehmen – Konzeptualisierung: Erfolgswirkungen und organisationale Determinanten, Habilitation, Universität Mainz, 1995.

Imai, M.:
Kaizen – Der Schlüssel zum Erfolg der Japaner im Wettbewerb, Langen Müller/ Herbig, München, 1992.

Isermann, K.; Jentschke, M. L.:
Der Zusammenhang zwischen der beruflichen Veränderungsbereitschaft von un- und angelernten Industriearbeiterinnen und der generellen Selbstwirksamkeitserwartung, Unveröffentlichte Diplomarbeit, Institut für Psychologie, FU Berlin, 1993.

Jacob, K.; Rössel, G.:
Alle Mann an Bord. Mitarbeiterintegration und Veränderungsbereitschaft, In: Hartmann, M. (Hrsg.): DYNAPRO, Erfolgreich produzieren in turbulenten Märkten, Logis Verlag, Stuttgart, 1996.

Kanfer, F. H.; Phillips, J. S.:
Learning foundations of behavior theory, Wiley, New York, 1970.

Kees, U.:
Gezielter Einsatz von Mensch und Technik im lernenden Unternehmen, In: Managementtagung Fraktale Fabrik, 23. und 24. Oktober 1996, Oldenburg.

Kieser, A.; Kubicek, H.:
Organisation, de Gruyter, Berlin, 1992.

Kirsch, W.; Esser, W.- M.; Gabele, E.:
Reorganisation – Theoretische Perspektive des geplanten organisatorischen Wandels, München, 1978.

Kobi, J.-M.; Wüthrich, U.:
Unternehmenskultur verstehen, erfassen und gestalten, Verlag Moderne Industrie, Landsberg/Lech, 1986.

Kriz, J.; Lück, H. E.; Heidbrink, H.:
Wissenschafts- und Erkenntnistheorie – Eine Einführung für Psychologen und Sozialwissenschaftler, Leske + Budrich, Opladen, 1996.

Kühnle, H.:
Prinzip der Fraktalen Fabrik ändert betrieblichen Informationsfluß, MM-Maschinenmarkt 101 (1995), 18.

Kühnle, H.; Spengler, G.:
Wege zur Fraktalen Fabrik, In: io Management Zeitschrift 62 (1993) Nr. 4.

Kühnle, H.; Braun, J.; Hüser, M:
Produzieren im turbulenten Umfeld, In: Warnecke H.J. (Hrsg.): Aufbruch zum Fraktalen Unternehmen, Springer Verlag, Berlin u.a., 1995.

Kühnle, H. (Hrsg.); Hartmann, M.:
Merkmale zur Wandlungsfähigkeit von Produktionssystemen bei turbulenten Aufgaben – Innovative Produktionsforschung, Band 1, Dissertation Universität Magdeburg, 1995.

Lay, G.; Mies, C. (Hrsg.):
Erfolgreich reorganisieren, Springer Verlag, Berlin u.a., 1997.

Lewin, K.:
Die Lösung sozialer Konflikte, Christian-Verlag, Bad Nauheim, 1953.

Lutz; Hartmann; Hirsch-Kreinsen (Hrsg.):
Produzieren im 21. Jahrhundert – Herausforderungen für die deutsche Industrie, Campus Verlag, Frankfurt a. M., New York, 1996.

Marr, R.:
Kooperationsmanagement, In: Handwörterbuch des Personalwesens, 2. Aufl., Stuttgart, 1992.

Markfort, D.; Borgmann, C.:
Auf der Suche nach dem komparativen Konkurrenzvorteil oder Strategie und Struktur beeinflussen sich gegenseitig!, In: Leistungen und Ergebnisse, Fraunhofer-Institut für Fabrikbetrieb und -automatisierung, Jahresbericht 1996.

Meyers Lexikon in drei Bänden, Bibliographisches Institut & F.A. Brockhaus AG, Mannheim, 1995.

Mintzberg, H.; Quinn, J.:
The Strategy Process, concepts, contexts and cases, Prentice Hall, 1996, S. 325.

Moser, H.:
Praxis der Aktionsforschung – Ein Arbeitsbuch, Kösel, München, 1977.

Neuberger, O.:
Führen und geführt werden, Enke, Stuttgart, 1990.

Olbrich, T. J.:
Das Modell der „Virtuellen Unternehmen" als unternehmensinterne Organisation-
und unternehmensexterne Kooperationsform, In: Information Management 9,
1994.

Peter, T.J.; Waterman, R.H.:
In Search of Excelence – Lessons from Americas Best-Run Companies, New York,
1982.

Pritchard, R.; Kleinbeck, U.; Schmidt, H.:
Das Managementsystem PPM – Durch Mitarbeiterbeteiligung zu höherer Produktivität, Beck, München, 1993.

Probst, G. J. B.; Gomez, P. (Hrsg.):
Vernetztes Denken – Ganzheitliches Führen in der Praxis, Gabler Verlag, Wiesbaden, 2. erw. Auflage, 1991.

REFA (Hrsg.):
Methodenlehre des Arbeitsstudiums, Teil 2: Datenermittlung, 7. Auflage, Hanser
Verlag, München, 1992.

Rieckmann, H.:
Organisationsentwicklung – von der Euphorie zu den Grenzen, In: Sattelberger,
Th. (Hrsg.): Die lernende Organisation – Konzepte für eine neue Qualität der
Unternehmensentwicklung, Gabler, Wiesbaden, 1996, S. 125 – 143.

Sarges, W. (Hrsg.):
Management-Diagnostik, Hogrefe, Göttingen, 1990.

Schein, E.H.:
Unternehmenskultur – Ein Handbuch für Führungskräfte, Campus Verlag, Frankfurt a. M., New York, 1995.

Scholz, C.:
Personalmanagement – Informationsorientierte und verhaltenswissenschaftliche Grundlagen, Vahlen, München, 1991.

Schrein, E.H.:
Unternehmenskultur – Ein Handbuch für Führungskräfte, Campus Verlag, Frankfurt a. M., New York, 1995.

Schreyögg, G.:
Organisation – Grundlagen moderner Organisationsgestaltung, Gabler, Wiesbaden 1996.

Schulz, C.; Schäffer, P.:
Informationstechnik für Manager, Carl Hanser Verlag, München, 1997.

Schulz-Wild; Lutz:
Industrie vor dem Quantensprung, Springer Verlag, Berlin u.a., 1997.

Seitz, K.:
Die japanisch-amerikanische Herausforderung, Bonn Aktuell, Stuttgart, München, 1991.

Simon, H.:
Die heimlichen Gewinner – Die Erfolgsstrategien unbekannter Weltmarktführer, Campus Verlag, Frankfurt a. M., New York, 1996

Stalk, G.; Houth, Th.M.:
Zeitwettbewerb – Schnelligkeit entscheidet auf den Märkten der Zukunft, Campus Verlag, Frankfurt a. M., New York, 1990.

Stangl, W.:
Eigenschaften-Situationen-Verhaltensweisen-ESV – Eine ökonomische Ratingform des 16PF, Zeitschrift für angewandte und experimentelle Psychologie, 36, 1989.

Staudt, E.; Kriegesmann, B.; Behrendt, S.:
Zwischenbetriebliche Kooperation, In: Handwörterbuch der Produktionswirtschaft, 2. Aufl., Stuttgart, 1996.

Tannenbaum, R.; Schmidt, W.H.:
How to choose a leadership pattern, In: Harvard Business Review, March/April 1958, S. 95 – 101.

Tannenbaum, R.; Schmidt, W.H.:
Retrospective commentary to how to choose a leadership pattern, In: Harvard Business Review, May/June 1973.

Taylor, F.W.:
Die Grundsätze wissenschaftlicher Betriebsführung (Übers. a.d. Engl.), München, 1913 (Originalausgabe 1911).

Tiby, C.:
Die Basis unternehmerischer Initiative – Systematisch neue Produkte und Leistungen entwickeln, Gabler, Wiesbaden, 1988.

Tominaga, M.:
Erfolgsstrategien für deutsche Unternehmer – Erhöhen Sie die Produktivität durch den Einsatz japanischer und deutscher Managementtechniken, 3. Aufl., Econ, Düsseldorf, 1996.

Warnecke , H.-J.:
Revolution der Unternehmenskultur – Das Fraktale Unternehmen, 2. Auflage, Springer Verlag, Berlin u.a., 1993.

Warnecke, H. J.:
Aufbruch zum Fraktalen Unternehmen – Praxisbeispiele für neues Denken und Handeln, Springer Verlag, Berlin, Heidelberg, 1995.

Warnecke, H. J. (Hrsg.), u.a.:
Neue Organisationsformen im Unternehmen – Ein Handbuch für das moderne Management, Springer Verlag, Berlin u.a., 1996.

Warnecke, H. J. (Hrsg.); Becker, B.-D.:
Strategien für die Produktion – Standortsicherung im 21. Jahrhundert, Raabe Verlag, Stuttgart, 1994.

Wheatley, M. J.:
Quantensprung der Führungskunst – Leadership and the new science, Rowohlt Verlag, Reinbek, 1997.

Winterstein, H.:
Mitarbeiterinformation, Hampp Verlag, Mering, 1996.

Wildemann, H.:
Die modulare Fabrik – Kundennahe Produktion durch Fertigungssegmentierung, gfmt, München, 1988.

Wildemann, H.:
Die modulare Fabrik, 4. neubearbeitete Auflage, München, 1994.

Willke, H.:
Systemtheorie – Eine Einführung in die Grundprobleme der Theorie sozialer Systeme, Gustav Fischer, Jena, 1993.

Wittek, B.:
Strategische Unternehmensführung bei Diversifikation, de Gruyter, Berlin, New York, 1980.

Zapf, D.:
Selbst- und Fremdbeobachtung in der psychologischen Arbeitsanalyse – Methodische Probleme bei der Erfassung von Stress am Arbeitsplatz, Hogrefe, Göttingen, 1989.

Stichwortregister

A

Aktionsforschung 164ff
Allgemeines Regelkreismodell 48, 60, 181ff
Analyse (Vernetztes Vorgehen) 41
Analyse der Zukunft 87ff
Anpassungsfähigkeit 11, 20, 22
Arbeitsgruppen 135ff, 237, 242
Arbeitszeitmanagement 217
Ausgangslage 22, 42

B

BCG-Portfolio 21
Bestandsstrategie 156ff
Betrieb und Weiterentwicklung (Vernetztes Vorgehen) 41
Bewegungsraum 48, 193ff
Beziehungsdreieck: Kunde-Unternehmen-Wettbewerb 107
Bottom-up-Planung 131

C

Cash Flow 105ff
Chancenorientierung 19, 119
Controlling 79

D

Datenauswertung 81
Dezentralisierbarkeit 144ff
Dezentralisierung 13, 153, 222, 229
Diagnose des Systems 162
Diagonale Kooperation 206ff
Differenzierte Steuerungskonzeption 48, 151
Dreischritt der Organisationsentwicklung (nach Lewin) 25
Dynamische Organisationen 13
Dynamische Strukturen 28, 39, 88

D (cont.)

Dynamisches Verhalten 96
DYNAPRO-Leitfäden und Methoden 32, 39
DYNAPRO-Matrix 33

E

Ebenenmodell 26f
Effektivität 107ff
Effizienz 106, 112ff
Entscheidungsprämissen 127ff
Entwicklung der DYNAPRO-Unternehmen 31
Entwicklung von Zukunftsbildern 87ff
Erfolgsfaktoren 41

F

Fehler bei der Zielformulierung 84
Finanzierungsprozesse 99
Flexibilität 235
Fraktale Fabrik 26f, 206ff, 253
Fraktale Produktion 221ff
Führungsanalye 172ff

G

Ganzheitliches Vorgehen 117
Generalisierungsniveau 65
Gesamtzeiteffizienz 114
Gestaltungseinheiten 126ff
Gruppenarbeit 14

H

Handlungsmaximen 160
Handlungsspielraum 241
Hierarchisch-tayloristische Strukturen 193
Horizontale Kooperation 206ff